ÁRABE
VOCABULÁRIO

PALAVRAS MAIS ÚTEIS

PORTUGUÊS
ÁRABE

Para alargar o seu léxico e apurar
as suas competências linguísticas

9000 palavras

Vocabulário Português-Árabe - 9000 palavras
Por Andrey Taranov

Os vocabulários da T&P Books destinam-se a ajudar a aprender, a memorizar, e a rever palavras estrangeiras. O dicionário é dividido em temas, cobrindo todas as principais esferas de atividades quotidianas, negócios, ciência, cultura, etc.

O processo de aprendizagem, utilizando os dicionários baseados em temáticas da T&P Books dá-lhe as seguintes vantagens:

- Informação de origem corretamente agrupada predetermina o sucesso em fases subsequentes da memorização de palavras
- Disponibilização de palavras derivadas da mesma raiz, o que permite a memorização de unidades de texto (em vez de palavras separadas)
- Pequenas unidades de palavras facilitam o processo de estabelecimento de vínculos associativos necessários para a consolidação do vocabulário
- O nível de conhecimento da língua pode ser estimado pelo número de palavras aprendidas

T&P Books Publishing
www.tpbooks.com

ISBN: 978-1-78716-769-8

Este livro também está disponível em formato E-book.
Por favor visite www.tpbooks.com ou as principais livrarias on-line.

VOCABULÁRIO ÁRABE
palavras mais úteis

Os vocabulários da T&P Books destinam-se a ajudar a aprender, a memorizar, e a rever palavras estrangeiras. O vocabulário contém mais de 9000 palavras de uso comum organizadas tematicamente.

O vocabulário contém as palavras mais comummente usadas
Recomendado como adicional para qualquer curso de línguas
Satisfaz as necessidades dos iniciados e dos alunos avançados de línguas estrangeiras
Conveniente para o uso diário, sessões de revisão e atividades de auto-teste
Permite avaliar o seu vocabulário

Características especias do vocabulário

- As palavras estão organizadas de acordo com o seu significado, e não por ordem alfabética
- As palavras são apresentadas om três colunas para facilitar os processos de revisão e auto-teste
- As palavras compostas são divididas em pequenos blocos para facilitar o processo de aprendizagem
- O vocabulário oferece uma transcrição simples e adequada de cada palavra estrangeira

O vocabulário contém 256 tópicos incluindo:

Conceitos básicos, Números, Cores, Meses, Estações do ano, Unidades de medida, Roupas & Acessórios, Alimentos & Nutrição, Restaurante, Membros da Família, Parentes, Caráter, Sentimentos, Emoções, Doenças, Cidade, Passeios, Compras, Dinheiro, Casa, Lar, Escritório, Trabalho no Escritório, Importação & Exportação, Marketing, Pesquisa de Emprego, Desportos, Educação, Computador, Internet, Ferramentas, Natureza, Países, Nacionalidades e muito mais ...

TABELA DE CONTEÚDOS

GUIA DE PRONUNCIAÇÃO

Alfabeto fonético T&P	Exemplo Árabe	Exemplo Português
[a]	[ṭaffa] طفّى	chamar
[ā]	[iχtār] إختار	rapaz
[e]	[hamburger] هامبورجر	metal
[i]	[zifāf] زفاف	sinónimo
[ī]	[abrīl] أبريل	cair
[u]	[kalkutta] كلكتا	bonita
[ū]	[ʒāmūs] جاموس	trabalho
[b]	[bidāya] بداية	barril
[d]	[saʿāda] سعادة	dentista
[ḍ]	[waḍ'] وضع	[d] faringealizaçãda
[ʒ]	[arʒantīn] الأرجنتين	talvez
[ð]	[tiðkār] تذكار	[z] - fricativa dental sonora não-sibilante
[z]	[ẓahar] ظهر	[z] faringealizaçãda
[f]	[χafīf] خفيف	safári
[g]	[gūlf] جولف	gosto
[h]	[ittiʒāh] إتجاه	[h] aspirada
[ḥ]	[aḥabb] أحبّ	[h] faringealizaçãda
[y]	[ðahabiy] ذهبيّ	géiser
[k]	[kursiy] كرسيّ	kiwi
[l]	[lamaḥ] لمح	libra
[m]	[marṣad] مرصد	magnólia
[n]	[ʒanūb] جنوب	natureza
[p]	[kaputʃīnu] كابتشينو	presente
[q]	[waθiq] وثق	teckel
[r]	[rūḥ] روح	riscar
[s]	[suχriyya] سخريّة	sanita
[ṣ]	[miʿṣam] معصم	[s] faringealizaçãda
[ʃ]	[ʿaʃā'] عشاء	mês
[t]	[tannūb] تنّوب	tulipa
[ṭ]	[χarīṭa] خريطة	[t] faringealizaçãda
[θ]	[mamūθ] ماموث	[s] - fricativa dental surda não-sibilante
[v]	[vitnām] فيتنام	fava
[w]	[wadda'] ودّع	página web
[χ]	[baχīl] بخيل	fricativa uvular surda
[ɣ]	[taɣadda] تغدّى	agora

Alfabeto fonético T&P **Exemplo Árabe** **Exemplo Português**

[z]	ماعز [mā'iz]	sésamo
['] (ayn)	سبعة [sab'a]	fricativa faríngea sonora
['] (hamza)	سأل [sa'al]	oclusiva glotal

ABREVIATURAS
usadas no vocabulário

Abreviaturas do Árabe

du	- substantivo plural (duplo)
f	- nome feminino
m	- nome masculino
pl	- plural

Abreviaturas do Português

adj	- adjetivo
adv	- advérbio
anim.	- animado
conj.	- conjunção
desp.	- desporto
etc.	- etecetra
ex.	- por exemplo
f	- nome feminino
f pl	- feminino plural
fem.	- feminino
inanim.	- inanimado
m	- nome masculino
m pl	- masculino plural
m, f	- masculino, feminino
masc.	- masculino
mat.	- matemática
mil.	- militar
pl	- plural
prep.	- preposição
pron.	- pronome
sb.	- sobre
sing.	- singular
v aux	- verbo auxiliar
vi	- verbo intransitivo
vi, vt	- verbo intransitivo, transitivo
vr	- verbo reflexivo
vt	- verbo transitivo

CONCEITOS BÁSICOS

Conceitos básicos. Parte 1

1. Pronomes

eu	ana	أنا
tu (masc.)	anta	أنت
tu (fem.)	anti	أنت
ele	huwa	هو
ela	hiya	هي
nós	naḥnu	نحن
vocês	antum	أنتم
eles, elas	hum	هم

2. Cumprimentos. Saudações. Despedidas

Bom dia! (formal)	as salāmu 'alaykum!	السلام عليكم!
Bom dia! (de manhã)	ṣabāḥ al ẖayr!	صباح الخير!
Boa tarde!	nahārak sa'īd!	نهارك سعيد!
Boa noite!	masā' al ẖayr!	مساء الخير!
cumprimentar (vt)	sallam	سلم
Olá!	salām!	سلام!
saudação (f)	salām (m)	سلام
saudar (vt)	sallam 'ala	سلم على
Como vai?	kayfa ḥāluka?	كيف حالك؟
O que há de novo?	ma aẖbārak?	ما أخبارك؟
Até à vista!	ma' as salāma!	مع السلامة!
Até breve!	ilal liqā'!	إلى اللقاء!
Adeus!	ma' as salāma!	مع السلامة!
despedir-se (vr)	wadda'	ودع
Até logo!	bay bay!	باي باي!
Obrigado! -a!	ʃukran!	شكرًا!
Muito obrigado! -a!	ʃukran ʒazīlan!	شكرًا جزيلًا!
De nada	'afwan	عفوا
Não tem de quê	la ʃukr 'ala wāʒib	لا شكر على واجب
De nada	al 'afw	العفو
Desculpa!	'an iðnak!	عن أذنك!
Desculpe!	'afwan!	عفوًا!
desculpar (vt)	'aðar	عذر
desculpar-se (vr)	i'taðar	إعتذر
As minhas desculpas	ana 'āsif	أنا آسف

Desculpe!	la tu'āχiðni!	لا تؤاخذني!
perdoar (vt)	'afa	عفا
por favor	min faḍlak	من فضلك

Não se esqueça!	la tansa!	لا تنس!
Certamente! Claro!	ṭab'an!	طبعًا!
Claro que não!	abadan!	أبدًا!
Está bem! De acordo!	ittafaqna!	إتفقنا!
Basta!	kifāya!	كفاية!

3. Como se dirigir a alguém

senhor	ya sayyid	يا سيّد
senhora	ya sayyida	يا سيدة
rapariga	ya 'ānisa	يا آنسة
rapaz	ya ustāð	يا أستاذ
menino	ya bni	يا بني
menina	ya binti	يا بنتي

4. Números cardinais. Parte 1

zero	ṣifr	صفر
um	wāḥid	واحد
uma	wāḥida	واحدة
dois	iθnān	إثنان
três	θalāθa	ثلاثة
quatro	arba'a	أربعة

cinco	χamsa	خمسة
seis	sitta	ستّة
sete	sab'a	سبعة
oito	θamāniya	ثمانية
nove	tis'a	تسعة

dez	'aʃara	عشرة
onze	aḥad 'aʃar	أحد عشر
doze	iθnā 'aʃar	إثنا عشر
treze	θalāθat 'aʃar	ثلاثة عشر
catorze	arba'at 'aʃar	أربعة عشر

quinze	χamsat 'aʃar	خمسة عشر
dezasseis	sittat 'aʃar	ستّة عشر
dezassete	sab'at 'aʃar	سبعة عشر
dezoito	θamāniyat 'aʃar	ثمانية عشر
dezanove	tis'at 'aʃar	تسعة عشر

vinte	'iʃrūn	عشرون
vinte e um	wāḥid wa 'iʃrūn	واحد وعشرون
vinte e dois	iθnān wa 'iʃrūn	إثنان وعشرون
vinte e três	θalāθa wa 'iʃrūn	ثلاثة وعشرون
trinta	θalāθīn	ثلاثون
trinta e um	wāḥid wa θalāθūn	واحد وثلاثون

trinta e dois	iθnān wa θalāθūn	إثنان وثلاثون
trinta e três	θalāθa wa θalāθūn	ثلاثة وثلاثون
quarenta	arba'ūn	أربعون
quarenta e um	wāḥid wa arba'ūn	واحد وأربعون
quarenta e dois	iθnān wa arba'ūn	إثنان وأربعون
quarenta e três	θalāθa wa arba'ūn	ثلاثة وأربعون
cinquenta	χamsūn	خمسون
cinquenta e um	wāḥid wa χamsūn	واحد وخمسون
cinquenta e dois	iθnān wa χamsūn	إثنان وخمسون
cinquenta e três	θalāθa wa χamsūn	ثلاثة وخمسون
sessenta	sittūn	ستّون
sessenta e um	wāḥid wa sittūn	واحد وستّون
sessenta e dois	iθnān wa sittūn	إثنان وستّون
sessenta e três	θalāθa wa sittūn	ثلاثة وستّون
setenta	sab'ūn	سبعون
setenta e um	wāḥid wa sab'ūn	واحد وسبعون
setenta e dois	iθnān wa sab'ūn	إثنان وسبعون
setenta e três	θalāθa wa sab'ūn	ثلاثة وسبعون
oitenta	θamānūn	ثمانون
oitenta e um	wāḥid wa θamānūn	واحد وثمانون
oitenta e dois	iθnān wa θamānūn	إثنان وثمانون
oitenta e três	θalāθa wa θamānūn	ثلاثة وثمانون
noventa	tis'ūn	تسعون
noventa e um	wāḥid wa tis'ūn	واحد وتسعون
noventa e dois	iθnān wa tis'ūn	إثنان وتسعون
noventa e três	θalāθa wa tis'ūn	ثلاثة وتسعون

5. Números cardinais. Parte 2

cem	mi'a	مائة
duzentos	mi'atān	مائتان
trezentos	θalāθumi'a	ثلاثمائة
quatrocentos	rub'umi'a	أربعمائة
quinhentos	χamsumi'a	خمسمائة
seiscentos	sittumi'a	ستّمائة
setecentos	sab'umi'a	سبعمائة
oitocentos	θamānimi'a	ثمانمائة
novecentos	tis'umi'a	تسعمائة
mil	alf	ألف
dois mil	alfān	ألفان
De quem são ...?	θalāθat 'ālāf	ثلاثة آلاف
dez mil	'aʃarat 'ālāf	عشرة آلاف
cem mil	mi'at alf	مائة ألف
um milhão	milyūn (m)	مليون
mil milhões	milyār (m)	مليار

6. Números ordinais

primeiro	awwal	أوّل
segundo	θāni	ثان
terceiro	θāliθ	ثالث
quarto	rābi'	رابع
quinto	χāmis	خامس
sexto	sādis	سادس
sétimo	sābi'	سابع
oitavo	θāmin	ثامن
nono	tāsi'	تاسع
décimo	'āʃir	عاشر

7. Números. Frações

fração (f)	kasr (m)	كسر
um meio	niṣf	نصف
um terço	θulθ	ثلث
um quarto	rub'	ربع
um oitavo	θumn	ثمن
um décimo	'uʃr	عشر
dois terços	θulθān	ثلثان
três quartos	talātit arbā'	ثلاثة أرباع

8. Números. Operações básicas

subtração (f)	ṭarḥ (m)	طرح
subtrair (vi, vt)	ṭaraḥ	طرح
divisão (f)	qisma (f)	قسمة
dividir (vt)	qasam	قسم
adição (f)	ʒam' (m)	جمع
somar (vt)	ʒama'	جمع
adicionar (vt)	ʒama'	جمع
multiplicação (f)	ḍarb (m)	ضرب
multiplicar (vt)	ḍarab	ضرب

9. Números. Diversos

algarismo, dígito (m)	raqm (m)	رقم
número (m)	'adad (m)	عدد
numeral (m)	ism al 'adad (m)	إسم العدد
menos (m)	nāqiṣ (m)	ناقص
mais (m)	zā'id (m)	زائد
fórmula (f)	ṣīɣa (f)	صيغة
cálculo (m)	ḥisāb (m)	حساب
contar (vt)	'add	عدّ

calcular (vt)	ḥasab	حسب
comparar (vt)	qāran	قارن

Quanto, -os, -as?	kam?	كم؟
soma (f)	maʒmūʻ (m)	مجموع
resultado (m)	natīʒa (f)	نتيجة
resto (m)	al bāqi (m)	الباقي

alguns, algumas ...	ʻiddat	عدة
um pouco de ...	qalīl	قليل
resto (m)	al bāqi (m)	الباقي
um e meio	wāḥid wa niṣf (m)	واحد ونصف
dúzia (f)	iθnā ʻaʃar (f)	إثنا عشر

ao meio	ila ʃaṭrayn	إلى شطرين
em partes iguais	bit tasāwi	بالتساوى
metade (f)	niṣf (m)	نصف
vez (f)	marra (f)	مرّة

10. Os verbos mais importantes. Parte 1

abrir (vt)	fataḥ	فتح
acabar, terminar (vt)	atamm	أتم
aconselhar (vt)	naṣaḥ	نصح
adivinhar (vt)	χamman	خمن
advertir (vt)	ḥaððar	حذر

ajudar (vt)	sāʻad	ساعد
almoçar (vi)	taɣadda	تغدّى
alugar (~ um apartamento)	istaʼʒar	إستأجر
amar (vt)	aḥabb	أحبّ
ameaçar (vt)	haddad	هدد

anotar (escrever)	katab	كتب
apanhar (vt)	amsak	أمسك
apressar-se (vr)	istaʻʒal	إستعجل
arrepender-se (vr)	nadim	ندم
assinar (vt)	waqqaʻ	وقّع

atirar, disparar (vi)	aṭlaq an nār	أطلق النار
brincar (vi)	mazaḥ	مزح
brincar, jogar (crianças)	laʻib	لعب
buscar (vt)	baḥaθ	بحث
caçar (vi)	iṣṭād	إصطاد

cair (vi)	saqaṭ	سقط
cavar (vt)	ḥafar	حفر
cessar (vt)	tawaqqaf	توقّف
chamar (~ por socorro)	istaɣāθ	إستغاث
chegar (vi)	waṣal	وصل
chorar (vi)	baka	بكى

começar (vt)	badaʼ	بدأ
comparar (vt)	qāran	قارن

compreender (vt)	fahim	فهم
concordar (vi)	ittafaq	إتّفق
confiar (vt)	waθiq	وثق

confundir (equivocar-se)	iχtalaṭ	إختلط
conhecer (vt)	ʻaraf	عرف
contar (fazer contas)	ʻadd	عدّ
contar com (esperar)	iʻtamad ʻala ...	إعتمد على...
continuar (vt)	istamarr	إستمرّ

controlar (vt)	taḥakkam	تحكّم
convidar (vt)	daʻa	دعا
correr (vi)	ʒara	جرى
criar (vt)	χalaq	خلق
custar (vt)	kallaf	كلّف

11. Os verbos mais importantes. Parte 2

dar (vt)	aʻṭa	أعطى
dar uma dica	aʻṭa talmīḥ	أعطى تلميحًا
decorar (enfeitar)	zayyan	زيّن
defender (vt)	dāfaʻ	دافع
deixar cair (vt)	awqaʻ	أوقع

descer (para baixo)	nazil	نزل
desculpar-se (vr)	iʻtaðar	إعتذر
dirigir (~ uma empresa)	adār	أدار
discutir (notícias, etc.)	nāqaʃ	ناقش
dizer (vt)	qāl	قال

duvidar (vt)	ʃakk fi	شكّ في
encontrar (achar)	waʒad	وجد
enganar (vt)	χadaʻ	خدع
entrar (na sala, etc.)	daχal	دخل
enviar (uma carta)	arsal	أرسل
errar (equivocar-se)	aχṭaʼ	أخطأ
escolher (vt)	iχtār	إختار
esconder (vt)	χabaʼ	خبأ
escrever (vt)	katab	كتب
esperar (o autocarro, etc.)	intazar	إنتظر

esperar (ter esperança)	tamanna	تمنّى
esquecer (vt)	nasiy	نسي
estudar (vt)	daras	درس
exigir (vt)	ṭālib	طالب
existir (vi)	kān mawʒūd	كان موجودًا

explicar (vt)	ʃaraḥ	شرح
falar (vi)	takallam	تكلّم
faltar (clases, etc.)	ɣāb	غاب
fazer (vt)	ʻamal	عمل
ficar em silêncio	sakat	سكت
gabar-se, jactar-se (vr)	tabāha	تباهى
gostar (apreciar)	aʻʒab	أعجب

gritar (vi)	ṣaraχ	صرخ
guardar (cartas, etc.)	ḥafaẓ	حفظ
informar (vt)	aχbar	أخبر
insistir (vi)	aṣarr	أصرّ
insultar (vt)	ahān	أهان
interessar-se (vr)	ihtamm	إهتمّ
ir (a pé)	maʃa	مشى
ir nadar	sabaḥ	سبح
jantar (vi)	ta'aʃʃa	تعشّى

12. Os verbos mais importantes. Parte 3

ler (vt)	qara'	قرأ
libertar (cidade, etc.)	ḥarrar	حرّر
matar (vt)	qatal	قتل
mencionar (vt)	ðakar	ذكر
mostrar (vt)	'araḍ	عرض
mudar (modificar)	ɣayyar	غيّر
nadar (vi)	sabaḥ	سبح
negar-se a ...	rafaḍ	رفض
objetar (vt)	i'taraḍ	إعترض
ordenar (mil.)	amar	أمر
ouvir (vt)	sami'	سمع
pagar (vt)	dafa'	دفع
parar (vi)	waqaf	وقف
participar (vi)	iʃtarak	إشترك
pedir (comida)	ṭalab	طلب
pedir (um favor, etc.)	ṭalab	طلب
pegar (tomar)	aχað	أخذ
pensar (vt)	ẓann	ظنّ
perceber (ver)	lāḥaẓ	لاحظ
perdoar (vt)	'afa	عفا
perguntar (vt)	sa'al	سأل
permitir (vt)	raχχaṣ	رخّص
pertencer a ...	χaṣṣ	خصّ
planear (vt)	χaṭṭaṭ	خطّط
poder (vi)	istaṭā'	إستطاع
possuir (vt)	malak	ملك
preferir (vt)	faḍḍal	فضّل
preparar (vt)	ḥaḍḍar	حضّر
prever (vt)	tanabba'	تنبّأ
prometer (vt)	wa'ad	وعد
pronunciar (vt)	naṭaq	نطق
propor (vt)	iqtaraḥ	إقترح
punir (castigar)	'āqab	عاقب

13. Os verbos mais importantes. Parte 4

quebrar (vt)	kasar	كسر
queixar-se (vr)	ʃaka	شكا
querer (desejar)	arād	أراد
recomendar (vt)	naṣaḥ	نصح
repetir (dizer outra vez)	karrar	كرر

repreender (vt)	wabbaχ	وبّخ
reservar (~ um quarto)	ḥaӡaz	حجز
responder (vt)	aӡāb	أجاب
rezar, orar (vi)	ṣalla	صلّى
rir (vi)	ḍaḥik	ضحك

roubar (vt)	saraq	سرق
saber (vt)	ʿaraf	عرف
sair (~ de casa)	χaraӡ	خرج
salvar (vt)	anqaδ	أنقذ
seguir ...	tabaʿ	تبع

sentar-se (vr)	ӡalas	جلس
ser necessário	kān maṭlūb	كان مطلوبا
ser, estar	kān	كان
significar (vt)	ʿana	عنى

sorrir (vi)	ibtasam	إبتسم
subestimar (vt)	istaχaff	إستخفّ
surpreender-se (vr)	indahaʃ	إندهش
tentar (vt)	ḥāwal	حاول

ter (vt)	malak	ملك
ter fome	arād an yaʼkul	أراد أن يأكل
ter medo	χāf	خاف
ter sede	arād an yaʃrab	أراد أن يشرب

tocar (com as mãos)	lamas	لمس
tomar o pequeno-almoço	afṭar	أفطر
trabalhar (vi)	ʿamal	عمل
traduzir (vt)	tarӡam	ترجم
unir (vt)	waḥḥad	وحّد

vender (vt)	bāʿ	باع
ver (vt)	raʼa	رأى
virar (ex. ~ à direita)	inʿaṭaf	إنعطف
voar (vi)	ṭār	طار

14. Cores

cor (f)	lawn (m)	لون
matiz (m)	daraӡat al lawn (m)	درجة اللون
tom (m)	ṣabүit lūn (f)	لون
arco-íris (m)	qaws quzaḥ (m)	قوس قزح
branco	abyaḍ	أبيض

| preto | aswad | أسود |
| cinzento | ramādiy | رمادي |

verde	aχḍar	أخضر
amarelo	aṣfar	أصفر
vermelho	aḥmar	أحمر

azul	azraq	أزرق
azul claro	azraq fātiḥ	أزرق فاتح
rosa	wardiy	وردي
laranja	burtuqāliy	برتقالي
violeta	banafsaჳiy	بنفسجي
castanho	bunniy	بنّي

| dourado | ðahabiy | ذهبي |
| prateado | fiḍḍiy | فضي |

bege	bɛ:ჳ	بيج
creme	ʿāჳiy	عاجي
turquesa	fayrūziy	فيروزي
vermelho cereja	karaziy	كرزي
lilás	laylakiy	ليلكي
carmesim	qirmiziy	قرمزي

claro	fātiḥ	فاتح
escuro	ɣāmiq	غامق
vivo	zāhi	زاه

de cor	mulawwan	ملوّن
a cores	mulawwan	ملوّن
preto e branco	abyaḍ wa aswad	أبيض وأسود
unicolor	waḥīd al lawn, sāda	وحيد اللون، سادة
multicor	mutaʿaddid al alwān	متعدّد الألوان

15. Questões

Quem?	man?	من؟
Que?	māða?	ماذا؟
Onde?	ayna?	أين؟
Para onde?	ila ayna?	إلى أين؟
De onde?	min ayna?	من أين؟
Quando?	mata?	متى؟
Para quê?	li māða?	لماذا؟
Porquê?	li māða?	لماذا؟

Para quê?	li māða?	لماذا؟
Como?	kayfa?	كيف؟
Qual?	ay?	أي؟
Qual? (entre dois ou mais)	ay?	أي؟

A quem?	li man?	لمن؟
Sobre quem?	ʿamman?	عمّن؟
Do quê?	ʿamma?	عمّا؟
Com quem?	maʿ man?	مع من؟

| Quanto, -os, -as? | kam? | كم؟ |
| De quem? (masc.) | li man? | لمن؟ |

16. Preposições

com (prep.)	ma'	مع
sem (prep.)	bi dūn	بدون
a, para (exprime lugar)	ila	إلى
sobre (ex. falar ~)	'an	عن
antes de ...	qabl	قبل
diante de ...	amām	أمام
sob (debaixo de)	taht	تحت
sobre (em cima de)	fawq	فوق
sobre (~ a mesa)	'ala	على
de (vir ~ Lisboa)	min	من
de (feito ~ pedra)	min	من
dentro de (~ dez minutos)	ba'd	بعد
por cima de ...	'abr	عبر

17. Palavras funcionais. Advérbios. Parte 1

Onde?	ayna?	أين؟
aqui	huna	هنا
lá, ali	hunāk	هناك
om algum lugar	fi makānin ma	في مكان ما
em lugar nenhum	la fi ay makān	لا في أي مكان
ao pé de ...	bi ʒānib	بجانب
ao pé da janela	bi ʒānib aʃʃubbāk	بجانب الشباك
Para onde?	ila ayna?	إلى أين؟
para cá	huna	هنا
para lá	hunāk	هناك
daqui	min huna	من هنا
de lá, dali	min hunāk	من هناك
perto	qarīban	قريبًا
longe	ba'īdan	بعيدًا
perto de ...	'ind	عند
ao lado de	qarīban	قريبًا
perto, não fica longe	ɣayr ba'īd	غير بعيد
esquerdo	al yasār	اليسار
à esquerda	'alaʃʃimāl	على الشمال
para esquerda	ilaʃʃimāl	إلى الشمال
direito	al yamīn	اليمين
à direita	'alal yamīn	على اليمين

para direita	llal yamīn	إلى اليمين
à frente	min al amām	من الأمام
da frente	amāmiy	أمامي
em frente (para a frente)	ilal amām	إلى الأمام
atrás de ...	warā'	وراء
por detrás (vir ~)	min al warā'	من الوراء
para trás	ilal warā'	إلى الوراء
meio (m), metade (f)	wasaṭ (m)	وسط
no meio	fil wasat	في الوسط
de lado	bi ʒānib	بجانب
em todo lugar	fi kull makān	في كل مكان
ao redor (olhar ~)	ḥawl	حول
de dentro	min ad dāχil	من الداخل
para algum lugar	ila ayy makān	إلى أيّ مكان
diretamente	bi aqṣar ṭarīq	بأقصر طريق
de volta	īyāban	إيابًا
de algum lugar	min ayy makān	من أي مكان
de um lugar	min makānin ma	من مكان ما
em primeiro lugar	awwalan	أوَّلاً
em segundo lugar	θāniyan	ثانيًا
em terceiro lugar	θāliθan	ثالثًا
de repente	faʒ'a	فجأة
no início	fil bidāya	في البداية
pela primeira vez	li 'awwal marra	لأوّل مرّة
muito antes de ...	qabl ... bi mudda ṭawīla	قبل...بمدّة طويلة
de novo, novamente	min ʒadīd	من جديد
para sempre	ilal abad	إلى الأبد
nunca	abadan	أبدًا
de novo	min ʒadīd	من جديد
agora	al 'ān	الآن
frequentemente	kaθīran	كثيرًا
então	fi ðalika al waqt	في ذلك الوقت
urgentemente	'āʒilan	عاجلاً
usualmente	kal 'āda	كالعادة
a propósito, ...	'ala fikra ...	على فكرة...
é possível	min al mumkin	من الممكن
provavelmente	la'alla	لعلَّ
talvez	min al mumkin	من الممكن
além disso, ...	bil iḍāfa ila ðalik ...	بالإضافة إلى...
por isso ...	li ðalik	لذلك
apesar de ...	bir raɣm min ...	بالرغم من...
graças a ...	bi faḍl ...	بفضل...
que (pron.)	allaði	الذي
que (conj.)	anna	أنّ
algo	ʃay' (m)	شيء
alguma coisa	ʃay' (m)	شيء

nada	la ʃay'	لا شيء
quem	allaði	الذي
alguém (~ teve uma ideia …)	aḥad	أحد
alguém	aḥad	أحد

ninguém	la aḥad	لا أحد
para lugar nenhum	la ila ay makān	لا إلى أي مكان
de ninguém	la yaχuṣṣ aḥad	لا يخص أحدا
de alguém	li aḥad	لأحد

tão	hakaða	هكذا
também (gostaria ~ de …)	kaðalika	كذلك
também (~ eu)	ayḍan	أيضا

18. Palavras funcionais. Advérbios. Parte 2

Porquê?	li māða?	لماذا؟
por alguma razão	li sababin ma	لسبب ما
porque …	li'anna …	لأن...
por qualquer razão	li amr mā	لأمر ما

e (tu ~ eu)	wa	و
ou (ser ~ não ser)	aw	أو
mas (porém)	lakin	لكن
para (~ a minha mãe)	li	لـ

demasiado, muito	kaθīran ʒiddan	كثير جدا
só, somente	faqaṭ	فقط
exatamente	biḍ ḍabṭ	بالضبط
cerca de (~ 10 kg)	naḥw	نحو

aproximadamente	taqrīban	تقريبا
aproximado	taqrībiy	تقريبي
quase	taqrīban	تقريبا
resto (m)	al bāqi (m)	الباقي

cada	kull	كلّ
qualquer	ayy	أي
muito	kaθīr	كثير
muitas pessoas	kaθīr min an nās	كثير من الناس
todos	kull an nās	كل الناس

em troca de …	muqābil …	مقابل...
em troca	muqābil	مقابل
à mão	bil yad	باليد
pouco provável	hayhāt	هيهات

provavelmente	la'alla	لعلّ
de propósito	qaṣdan	قصدا
por acidente	ṣudfa	صدفة

muito	ʒiddan	جدا
por exemplo	maθalan	مثلا
entre	bayn	بين

entre (no meio de)	bayn	بين
tanto	haðihi al kammiyya	هذه الكمية
especialmente	χāṣṣa	خاصّة

Conceitos básicos. Parte 2

19. Opostos

rico	γaniy	غنيّ
pobre	faqīr	فقير
doente	marīḍ	مريض
são	salīm	سليم
grande	kabīr	كبير
pequeno	ṣaγīr	صغير
rapidamente	bi sur'a	بسرعة
lentamente	bi buṭ'	ببطء
rápido	sarī'	سريع
lento	baṭī'	بطيء
alegre	farḥān	فرحان
triste	ḥazīn	حزين
juntos	ma'an	معًا
separadamente	bi mufradih	بمفرده
em voz alta (ler ~)	bi ṣawt 'āli	إصوات عال
para si (em silêncio)	sirran	سرًا
alto	'āli	عال
baixo	munχafiḍ	منخفض
profundo	'amīq	عميق
pouco fundo	ḍaḥl	ضحل
sim	na'am	نعم
não	la	لا
distante (no espaço)	ba'īd	بعيد
próximo	qarīb	قريب
longe	ba'īdan	بعيدًا
perto	qarīban	قريبًا
longo	ṭawīl	طويل
curto	qaṣīr	قصير
bom, bondoso	ṭayyib	طيّب
mau	ʃarīr	شرير
casado	mutazawwiʒ	متزوّج

solteiro	a'zab	أعزب
proibir (vt)	mana'	منع
permitir (vt)	samaḥ	سمح
fim (m)	nihāya (f)	نهاية
começo (m)	bidāya (f)	بداية
esquerdo	al yasār	اليسار
direito	al yamīn	اليمين
primeiro	awwal	أوّل
último	'āχir	آخر
crime (m)	ʒarīma (f)	جريمة
castigo (m)	'uqūba (f), 'iqāb (m)	عقوبة، عقاب
ordenar (vt)	amar	أمر
obedecer (vt)	ṭāʻ	طاع
reto	mustaqīm	مستقيم
curvo	munḥani	منحن
paraíso (m)	al ʒanna (f)	الجنّة
inferno (m)	al ʒaḥīm (f)	الجحيم
nascer (vi)	wulid	وُلد
morrer (vi)	māt	مات
forte	qawiy	قويّ
fraco, débil	ḍaʻīf	ضعيف
idoso	'aʒūz	عجوز
jovem	ʃābb	شابّ
velho	qadīm	قديم
novo	ʒadīd	جديد
duro	ṣalb	صلب
mole	ṭariy	طريّ
tépido	dāfi'	دافئ
frio	bārid	بارد
gordo	θaχīn	ثخين
magro	naḥīf	نحيف
estreito	ḍayyiq	ضيّق
largo	wāsiʻ	واسع
bom	ʒayyid	جيّد
mau	sayyi'	سيئ
valente	ʃuʒāʻ	شجاع
cobarde	ʒabān	جبان

20. Dias da semana

segunda-feira (f)	yawm al iθnayn (m)	يوم الإثنين
terça-feira (f)	yawm aθ θulāθā' (m)	يوم الثلاثاء
quarta-feira (f)	yawm al arbi'ā' (m)	يوم الأربعاء
quinta-feira (f)	yawm al χamīs (m)	يوم الخميس
sexta-feira (f)	yawm al ʒum'a (m)	يوم الجمعة
sábado (m)	yawm as sabt (m)	يوم السبت
domingo (m)	yawm al aḥad (m)	يوم الأحد

hoje	al yawm	اليوم
amanhã	ɣadan	غدًا
depois de amanhã	ba'd ɣad	بعد غد
ontem	ams	أمس
anteontem	awwal ams	أوّل أمس

dia (m)	yawm (m)	يوم
dia (m) de trabalho	yawm 'amal (m)	يوم عمل
feriado (m)	yawm al 'uṭla ar rasmiyya (m)	يوم العطلة الرسمية
dia (m) de folga	yawm 'uṭla (m)	يوم عطلة
fim (m) de semana	ayyām al 'uṭla (pl)	أيام العطلة

o dia todo	ṭūl al yawm	طول اليوم
no dia seguinte	fil yawm at tāli	في اليوم التالي
há dois dias	min yawmayn	قبل يومين
na véspera	fil yawm as sābiq	في اليوم السابق
diário	yawmiy	يومي
todos os dias	yawmiyyan	يوميًا

semana (f)	usbū' (m)	أسبوع
na semana passada	fil isbū' al māḍi	في الأسبوع الماضي
na próxima semana	fil isbū' al qādim	في الأسبوع القادم
semanal	usbū'iy	أسبوعي
cada semana	usbū'iyyan	أسبوعيًا
duas vezes por semana	marratayn fil usbū'	مرتين في الأسبوع
cada terça-feira	kull yawm aθ θulaθā'	كل يوم الثلاثاء

21. Horas. Dia e noite

manhã (f)	ṣabāḥ (m)	صباح
de manhã	fiṣ ṣabāḥ	في الصباح
meio-dia (m)	ẓuhr (m)	ظهر
à tarde	ba'd aẓ ẓuhr	بعد الظهر

noite (f)	masā' (m)	مساء
à noite (noitinha)	fil masā'	في المساء
noite (f)	layl (m)	ليل
à noite	bil layl	بالليل
meia-noite (f)	muntaṣif al layl (m)	منتصف الليل

segundo (m)	θāniya (f)	ثانية
minuto (m)	daqīqa (f)	دقيقة
hora (f)	sā'a (f)	ساعة

meia hora (f)	niṣf sā'a (m)	نصف ساعة
quarto (m) de hora	rub' sā'a (f)	ربع ساعة
quinze minutos	χamsat 'aʃar daqīqa	خمس عشرة دقيقة
vinte e quatro horas	yawm kāmil (m)	يوم كامل
nascer (m) do sol	ʃurūq aʃ ʃams (m)	شروق الشمس
amanhecer (m)	faʒr (m)	فجر
madrugada (f)	ṣabāḥ bākir (m)	صباح باكر
pôr do sol (m)	ɣurūb aʃ ʃams (m)	غروب الشمس
de madrugada	fis ṣabāḥ al bākir	في الصباح الباكر
hoje de manhã	al yawm fiṣ ṣabāḥ	اليوم في الصباح
amanhã de manhã	ɣadan fiṣ ṣabāḥ	غدًا في الصباح
hoje à tarde	al yawm ba'd aẓ ẓuhr	اليوم بعد الظهر
à tarde	ba'd aẓ ẓuhr	بعد الظهر
amanhã à tarde	ɣadan ba'd aẓ ẓuhr	غدًا بعد الظهر
hoje à noite	al yawm fil masā'	اليوم في المساء
amanhã à noite	ɣadan fil masā'	غدًا في المساء
às três horas em ponto	fis sā'a aθ θāliθa tamāman	في الساعة الثالثة تماما
por volta das quatro	fis sā'a ar rābi'a taqrīban	في الساعة الرابعة تقريبا
às doze	ḥattas sā'a aθ θāniya 'aʃara	حتى الساعة الثانية عشرة
dentro de vinte minutos	ba'd 'iʃrīn daqīqa	بعد عشرين دقيقة
dentro duma hora	ba'd sā'a	بعد ساعة
a tempo	fi maw'idih	في موعده
menos um quarto	illa rub'	إلا ربع
durante uma hora	ṭiwāl sā'a	طوال الساعة
a cada quinze minutos	kull rub' sā'a	كل ربع ساعة
as vinte e quatro horas	layl nahār	ليل نهار

22. Meses. Estações

janeiro (m)	yanāyir (m)	يناير
fevereiro (m)	fibrāyir (m)	فبراير
março (m)	māris (m)	مارس
abril (m)	abrīl (m)	أبريل
maio (m)	māyu (m)	مايو
junho (m)	yūnyu (m)	يونيو
julho (m)	yūlyu (m)	يوليو
agosto (m)	aɣusṭus (m)	أغسطس
setembro (m)	sibtambar (m)	سبتمبر
outubro (m)	uktūbir (m)	أكتوبر
novembro (m)	nuvimbar (m)	نوفمبر
dezembro (m)	disimbar (m)	ديسمبر
primavera (f)	rabī' (m)	ربيع
na primavera	fir rabī'	في الربيع
primaveril	rabī'iy	ربيعي
verão (m)	ṣayf (m)	صيف
no verão	fiṣ ṣayf	في الصيف

de verão	ṣayfiy	صيفي
outono (m)	xarīf (m)	خريف
no outono	fil xarīf	في الخريف
outonal	xarīfiy	خريفي

inverno (m)	ʃitāʾ (m)	شتاء
no inverno	fiʃ ʃitāʾ	في الشتاء
de inverno	ʃitawiy	شتوي

mês (m)	ʃahr (m)	شهر
este mês	fi haða aʃ ʃahr	في هذا الشهر
no próximo mês	fiʃ ʃahr al qādim	في الشهر القادم
no mês passado	fiʃ ʃahr al māḍi	في الشهر الماضي

há um mês	qabl ʃahr	قبل شهر
dentro de um mês	baʿd ʃahr	بعد شهر
dentro de dois meses	baʿd ʃahrayn	بعد شهرين
todo o mês	ṭūl aʃ ʃahr	طول الشهر
um mês inteiro	ʃahr kāmil	شهر كامل

mensal	ʃahriy	شهري
mensalmente	kull ʃahr	كل شهر
cada mês	kull ʃahr	كل شهر
duas vezes por mês	marratayn fiʃ ʃahr	مرتين في الشهر

ano (m)	sana (f)	سنة
este ano	fi haðihi as sana	في هذه السنة
no próximo ano	fis sana al qādima	في السنة القادمة
no ano passado	fis sana al māḍiya	في السنة الماضية

há um ano	qabla sana	قبل سنة
dentro dum ano	baʿd sana	بعد سنة
dentro de 2 anos	baʿd sanatayn	بعد سنتين
todo o ano	ṭūl as sana	طول السنة
um ano inteiro	sana kāmila	سنة كاملة

cada ano	kull sana	كل سنة
anual	sanawiy	سنوي
anualmente	kull sana	كل سنة
quatro vezes por ano	arbaʿ marrāt fis sana	أربع مرات في السنة

data (~ de hoje)	tarīx (m)	تاريخ
data (ex. ~ de nascimento)	tarīx (m)	تاريخ
calendário (m)	taqwīm (m)	تقويم

meio ano	niṣf sana (m)	نصف سنة
seis meses	niṣf sana (m)	نصف سنة
estação (f)	faṣl (m)	فصل
século (m)	qarn (m)	قرن

23. Tempo. Diversos

| tempo (m) | waqt (m) | وقت |
| momento (m) | laḥẓa (f) | لحظة |

instante (m)	lahza (f)	لحظة
instantâneo	xātif	خاطف
lapso (m) de tempo	fatra (f)	فترة
vida (f)	hayāt (f)	حياة
eternidade (f)	abadiyya (f)	أبدية

época (f)	'ahd (m)	عهد
era (f)	'asr (m)	عصر
ciclo (m)	dawra (f)	دورة
período (m)	fatra (f)	فترة
prazo (m)	fatra (f)	فترة

futuro (m)	al mustaqbal (m)	المستقبل
futuro	qādim	قادم
da próxima vez	fil marra al qādima	في المرّة القادمة
passado (m)	al mādi (m)	الماضي
passado	mādi	ماض
na vez passada	fil marra al mādiya	في المرّة الماضية
mais tarde	fima ba'd	فيما بعد
depois	ba'd	بعد
atualmente	fi haðihi al ayyām	في هذه الأيام
agora	al 'ān	الآن
imediatamente	hālan	حالًا
em breve, brevemente	qarīban	قريبًا
de antemão	muqaddaman	مقدّمًا

há muito tempo	min zamān	من زمان
há pouco tempo	min zaman qarīb	من زمان قريب
destino (m)	masīr (m)	مصير
recordações (f pl)	ðikra (f)	ذكرى
arquivo (m)	arʃīf (m)	أرشيف
durante ...	aθnā'...	...أثناء
durante muito tempo	li mudda tawīla	لمدّة طويلة
pouco tempo	li mudda qasīra	لمدّة قصيرة
cedo (levantar-se ~)	bākiran	باكرًا
tarde (deitar-se ~)	muta'axxiran	متأخّرًا

para sempre	lil abad	للأبد
começar (vt)	bada'	بدأ
adiar (vt)	aʒʒal	أجّل

simultaneamente	fi nafs al waqt	في نفس الوقت
permanentemente	dā'iman	دائمًا
constante (ruído, etc.)	mustamirr	مستمرّ
temporário	mu'aqqat	مؤقّت

às vezes	min hīn li 'āxar	من حين لآخر
raramente	nādiran	نادرًا
frequentemente	kaθīran	كثيرًا

24. Linhas e formas

quadrado (m)	murabba' (m)	مربّع
quadrado	murabba'	مربّع

círculo (m)	dā'ira (f)	دائرة
redondo	mudawwar	مدور
triângulo (m)	muθallaθ (m)	مثلث
triangular	muθallaθ	مثلث

oval (f)	bayḍawiy (m)	بيضوي
oval	bayḍawiy	بيضوي
retângulo (m)	mustaṭīl (m)	مستطيل
retangular	mustaṭīliy	مستطيلي

pirâmide (f)	haram (m)	هرم
rombo, losango (m)	mu'ayyan (m)	معين
trapézio (m)	murabba' munḥarif (m)	مربع منحرف
cubo (m)	muka''ab (m)	مكعب
prisma (m)	manʃūr (m)	منشور

circunferência (f)	muḥīṭ munḥanan muɣlaq (m)	محيط منحني مغلق
esfera (f)	kura (f)	كرة
globo (m)	kura (f)	كرة
diâmetro (m)	quṭr (m)	قطر
raio (m)	niṣf qaṭr (m)	نصف قطر
perímetro (m)	muḥīṭ (m)	محيط
centro (m)	wasaṭ (m)	وسط

horizontal	ufuqiy	أفقي
vertical	'amūdiy	عمودي
paralela (f)	χaṭṭ mutawāzi (m)	خط متواز
paralelo	mutawāzi	متواز

linha (f)	χaṭṭ (m)	خط
traço (m)	ḥaraka (m)	حركة
reta (f)	χaṭṭ mustaqīm (m)	خط مستقيم
curva (f)	χaṭṭ munḥani (m)	خط منحن
fino (linha ~a)	rafī'	رفيع
contorno (m)	kuntūr (m)	كنتور

interseção (f)	taqāṭu' (m)	تقاطع
ângulo (m) reto	zāwya mustaqīma (f)	زاوية مستقيمة
segmento (m)	qiṭ'a (f)	قطعة
setor (m)	qiṭā' (m)	قطاع
lado (de um triângulo, etc.)	ḍil' (m)	ضلع
ângulo (m)	zāwiya (f)	زاوية

25. Unidades de medida

peso (m)	wazn (m)	وزن
comprimento (m)	ṭūl (m)	طول
largura (f)	'arḍ (m)	عرض
altura (f)	irtifā' (m)	إرتفاع
profundidade (f)	'umq (m)	عمق
volume (m)	ḥaʒm (m)	حجم
área (f)	misāḥa (f)	مساحة
grama (m)	grām (m)	جرام
miligrama (m)	milliɣrām (m)	مليغرام

quilograma (m)	kiluɣrām (m)	كيلوغرام
tonelada (f)	ṭunn (m)	طنّ
libra (453,6 gramas)	raṭl (m)	رطل
onça (f)	ūnṣa (f)	أونصة

metro (m)	mitr (m)	متر
milímetro (m)	millimitr (m)	مليمتر
centímetro (m)	santimitr (m)	سنتيمتر
quilómetro (m)	kilumitr (m)	كيلومتر
milha (f)	mīl (m)	ميل

polegada (f)	būṣa (f)	بوصة
pé (304,74 mm)	qadam (f)	قدم
jarda (914,383 mm)	yārda (f)	ياردة

| metro (m) quadrado | mitr murabbaʿ (m) | متر مربّع |
| hectare (m) | hiktār (m) | هكتار |

litro (m)	litr (m)	لتر
grau (m)	daraʒa (f)	درجة
volt (m)	vūlt (m)	فولت
ampere (m)	ambīr (m)	أمبير
cavalo-vapor (m)	ḥiṣān (m)	حصان

quantidade (f)	kammiyya (f)	كمّية
um pouco de ...	qalīl ...	قليل...
metade (f)	niṣf (m)	نصف
dúzia (f)	iθnā ʿaʃar (f)	إثنا عشر
peça (f)	waḥda (f)	وحدة

| dimensão (f) | ḥaʒm (m) | حجم |
| escala (f) | miqyās (m) | مقياس |

mínimo	al adna	الأدنى
menor, mais pequeno	al aṣɣar	الأصغر
médio	mutawassiṭ	متوسّط
máximo	al aqṣa	الأقصى
maior, mais grande	al akbar	الأكبر

26. Recipientes

boião (m) de vidro	barṭamān (m)	برطمان
lata (~ de cerveja)	tanaka (f)	تنكة
balde (m)	ʒardal (m)	جردل
barril (m)	barmīl (m)	برميل

bacia (~ de plástico)	ḥawḍ lil ɣasīl (m)	حوض للغسيل
tanque (m)	χazzān (m)	خزّان
cantil (m) de bolso	zamzamiyya (f)	زمزمية
bidão (m) de gasolina	ʒirikan (m)	جركن
cisterna (f)	χazzān (m)	خزّان

| caneca (f) | māgg (m) | ماجّ |
| chávena (f) | finʒān (m) | فنجان |

pires (m)	ṭabaq finӡān (m)	طبق فنجان
copo (m)	kubbāya (f)	كبّاية
taça (f) de vinho	ka's (f)	كأس
panela, caçarola (f)	kassirūlla (f)	كاسرولة

garrafa (f)	zuӡāӡa (f)	زجاجة
gargalo (m)	'unq (m)	عنق

jarro, garrafa (f)	dawraq zuӡāӡiy (m)	دورق زجاجيّ
jarro (m) de barro	ibrīq (m)	إبريق
recipiente (m)	inā' (m)	إناء
pote (m)	aṣīṣ (m)	أصيص
vaso (m)	vāza (f)	فازة

frasco (~ de perfume)	zuӡāӡa (f)	زجاجة
frasquinho (ex. ~ de iodo)	zuӡāӡa (f)	زجاجة
tubo (~ de pasta dentífrica)	umbūba (f)	أنبوبة

saca (ex. ~ de açúcar)	kīs (m)	كيس
saco (~ de plástico)	kīs (m)	كيس
maço (m)	'ulba (f)	علبة

caixa (~ de sapatos, etc.)	'ulba (f)	علبة
caixa (~ de madeira)	ṣundū' (m)	صندوق
cesta (f)	salla (f)	سلّة

27. Materiais

material (m)	mādda (f)	مادّة
madeira (f)	χaʃab (m)	خشب
de madeira	χaʃabiy	خشبيّ

vidro (m)	zuӡāӡ (m)	زجاج
de vidro	zuӡāӡiy	زجاجيّ

pedra (f)	haӡar (m)	حجر
de pedra	haӡariy	حجريّ

plástico (m)	blastīk (m)	بلاستيك
de plástico	min al blastīk	من البلاستيك

borracha (f)	maṭṭāṭ (m)	مطّاط
de borracha	maṭṭāṭiy	مطّاطيّ

tecido, pano (m)	qumāʃ (m)	قماش
de tecido	min al qumāʃ	من القماش

papel (m)	waraq (m)	ورق
de papel	waraqiy	ورقيّ

cartão (m)	kartūn (m)	كرتون
de cartão	kartūniy	كرتونيّ
polietileno (m)	buli iθilīn (m)	بولي إثيلين
celofane (m)	silufān (m)	سيلوفان

contraplacado (m)	ablakāʃ (m)	أبلكاش
porcelana (f)	bursilān (m)	بورسلان
de porcelana	min il bursilān	من البورسلان
barro (f)	ṭīn (m)	طين
de barro	faxxāry	فخاري
cerâmica (f)	siramīk (m)	سيراميك
de cerâmica	siramīkiy	سيراميكيّ

28. Metais

metal (m)	maʿdan (m)	معدن
metálico	maʿdaniy	معدنيّ
liga (f)	sabīka (f)	سبيكة

ouro (m)	ðahab (m)	ذهب
de ouro	ðahabiy	ذهبيّ
prata (f)	fiḍḍa (f)	فضّة
de prata	fiḍḍiy	فضّيّ

ferro (m)	ḥadīd (m)	حديد
de ferro	ḥadīdiy	حديديّ
aço (m)	fūlāð (m)	فولاذ
de aço	fulāðiy	فولاذيّ
cobre (m)	nuḥās (m)	نحاس
de cobre	nuḥāsiy	نحاسيّ

alumínio (m)	alumīniyum (m)	الومينيوم
de alumínio	alumīniyum	الومينيوم
bronze (m)	brūnz (m)	برونز
de bronze	brūnziy	برونزيّ

latão (m)	nuḥās aṣfar (m)	نحاس أصفر
níquel (m)	nikil (m)	نيكل
platina (f)	blatīn (m)	بلاتين
mercúrio (m)	ziʾbaq (m)	زئبق
estanho (m)	qaṣdīr (m)	قصدير
chumbo (m)	ruṣāṣ (m)	رصاص
zinco (m)	zink (m)	زنك

O SER HUMANO

O ser humano. O corpo

29. Humanos. Conceitos básicos

ser (m) humano	insān (m)	إنسان
homem (m)	raȝul (m)	رجل
mulher (f)	imra'a (f)	إمرأة
criança (f)	ṭifl (m)	طفل

menina (f)	bint (f)	بنت
menino (m)	walad (m)	ولد
adolescente (m)	murāhiq (m)	مراهق
velho (m)	ʿaȝūz (m)	عجوز
velha, anciã (f)	ʿaȝūza (f)	عجوزة

30. Anatomia humana

organismo (m)	ȝism (m)	جسم
coração (m)	qalb (m)	قلب
sangue (m)	dam (m)	دم
artéria (f)	ʃaryān (m)	شريان
veia (f)	ʿirq (m)	عرق

cérebro (m)	muχχ (m)	مخ
nervo (m)	ʿaṣab (m)	عصب
nervos (m pl)	aʿṣāb (pl)	أعصاب
vértebra (f)	faqra (f)	فقرة
coluna (f) vertebral	ʿamūd faqriy (m)	عمود فقري

estômago (m)	maʿida (f)	معدة
intestinos (m pl)	amʿā' (pl)	أمعاء
intestino (m)	miʿan (m)	معى
fígado (m)	kibd (f)	كبد
rim (m)	kilya (f)	كلية

osso (m)	ʿazm (m)	عظم
esqueleto (m)	haykal ʿazmiy (m)	هيكل عظمي
costela (f)	ḍilʿ (m)	ضلع
crânio (m)	ȝumȝuma (f)	جمجمة

músculo (m)	ʿaḍala (f)	عضلة
bíceps (m)	ʿaḍala ðāt ra'sayn (f)	عضلة ذات رأسين
tríceps (m)	ʿaḍla θulāθiyyat ar ru'ūs (f)	عضلة ثلاثية الرءوس
tendão (m)	watar (m)	وتر
articulação (f)	mafṣil (m)	مفصل

pulmões (m pl)	ri'atān (du)	رئتان
órgãos (m pl) genitais	a'ḍā' ʒinsiyya (pl)	أعضاء جنسيّة
pele (f)	buʃra (m)	بشرة

31. Cabeça

cabeça (f)	ra's (m)	رأس
cara (f)	waʒh (m)	وجه
nariz (m)	anf (m)	أنف
boca (f)	fam (m)	فم

olho (m)	'ayn (f)	عين
olhos (m pl)	'uyūn (pl)	عيون
pupila (f)	ḥadaqa (f)	حدقة
sobrancelha (f)	ḥāʒib (m)	حاجب
pestana (f)	rimʃ (m)	رمش
pálpebra (f)	ʒafn (m)	جفن

língua (f)	lisān (m)	لسان
dente (m)	sinn (f)	سنّ
lábios (m pl)	ʃifāh (pl)	شفاه
maçãs (f pl) do rosto	'iẓām waʒhiyya (pl)	عظام وجهيّة
gengiva (f)	liθθa (f)	لثّة
palato (m)	ḥanak (m)	حنك

narinas (f pl)	minχarān (du)	منخران
queixo (m)	ðaqan (m)	ذقن
mandíbula (f)	fakk (m)	فكّ
bochecha (f)	χadd (m)	خدّ

testa (f)	ʒabha (f)	جبهة
têmpora (f)	ṣudɣ (m)	صدغ
orelha (f)	uðun (f)	أذن
nuca (f)	qafa (m)	قفا
pescoço (m)	raqaba (f)	رقبة
garganta (f)	ḥalq (m)	حلق

cabelos (m pl)	ʃa'r (m)	شعر
penteado (m)	tasrīḥa (f)	تسريحة
corte (m) de cabelo	tasrīḥa (f)	تسريحة
peruca (f)	barūka (f)	باروكة

bigode (m)	ʃawārib (pl)	شوارب
barba (f)	liḥya (f)	لحية
usar, ter (~ barba, etc.)	'indahu	عنده
trança (f)	difīra (f)	ضفيرة
suíças (f pl)	sawālif (pl)	سوالف

ruivo	aḥmar aʃʃa'r	أحمر الشعر
grisalho	abyaḍ	أبيض
calvo	aṣla'	أصلع
calva (f)	ṣala' (m)	صلع
rabo-de-cavalo (m)	ðayl ḥiṣān (m)	ذيل حصان
franja (f)	quṣṣa (f)	قصّة

32. Corpo humano

mão (f)	yad (m)	يد
braço (m)	ðirā' (f)	ذراع
dedo (m)	iṣba' (m)	إصبع
dedo (m) do pé	iṣba' al qadam (m)	إصبع القدم
polegar (m)	ibhām (m)	إبهام
dedo (m) mindinho	χunṣur (m)	خنصر
unha (f)	ẓufr (m)	ظفر
punho (m)	qabḍa (f)	قبضة
palma (f) da mão	kaff (f)	كفّ
pulso (m)	mi'ṣam (m)	معصم
antebraço (m)	sā'id (m)	ساعد
cotovelo (m)	mirfaq (m)	مرفق
ombro (m)	katf (f)	كتف
perna (f)	riӡl (f)	رجل
pé (m)	qadam (f)	قدم
joelho (m)	rukba (f)	ركبة
barriga (f) da perna	sammāna (f)	سمّانة
anca (f)	faχð (f)	فخذ
calcanhar (m)	'aqb (m)	عقب
corpo (m)	ӡism (m)	جسم
barriga (f)	baṭn (m)	بطن
peito (m)	ṣadr (m)	صدر
seio (m)	θady (m)	ثدي
lado (m)	ӡamb (m)	جنب
costas (f pl)	ẓahr (m)	ظهر
região (f) lombar	asfal aẓ ẓahr (m)	أسفل الظهر
cintura (f)	χaṣr (m)	خصر
umbigo (m)	surra (f)	سرّة
nádegas (f pl)	ardāf (pl)	أرداف
traseiro (m)	dubr (m)	دبر
sinal (m)	ʃāma (f)	شامة
sinal (m) de nascença	waḥma	وحمة
tatuagem (f)	waʃm (m)	وشم
cicatriz (f)	nadba (f)	ندبة

Vestuário & Acessórios

33. Roupa exterior. Casacos

roupa (f)	malābis (pl)	ملابس
roupa (f) exterior	malābis fawqāniyya (pl)	ملابس فوقانيّة
roupa (f) de inverno	malābis ʃitawiyya (pl)	ملابس شتويّة
sobretudo (m)	mi'ṭaf (m)	معطف
casaco (m) de peles	mi'taf farw (m)	معطف فرو
casaco curto (m) de peles	ʒakīt farw (m)	جاكيت فرو
casaco (m) acolchoado	haʃiyyat rīʃ (m)	حشية ريش
casaco, blusão (m)	ʒākīt (m)	جاكيت
impermeável (m)	mi'ṭaf lil maṭar (m)	معطف للمطر
impermeável	ṣāmid lil mā'	صامد للماء

34. Vestuário de homem & mulher

camisa (f)	qamīṣ (m)	قميص
calças (f pl)	banṭalūn (m)	بنطلون
calças (f pl) de ganga	ʒīnz (m)	جينز
casaco (m) de fato	sutra (f)	سترة
fato (m)	badla (f)	بدلة
vestido (ex. ~ vermelho)	fustān (m)	فستان
saia (f)	tannūra (f)	تنّورة
blusa (f)	blūza (f)	بلوزة
casaco (m) de malha	kardigān (m)	كارديجان
casaco, blazer (m)	ʒākīt (m)	جاكيت
T-shirt, camiseta (f)	ti ʃirt (m)	تي شيرت
calções (Bermudas, etc.)	ʃūrt (m)	شورت
fato (m) de treino	badlat at tadrīb (f)	بدلة التدريب
roupão (m) de banho	θawb hammām (m)	ثوب حمّام
pijama (m)	biʒāma (f)	بيجاما
suéter (m)	bulūvir (m)	بلوفر
pulôver (m)	bulūvir (m)	بلوفر
colete (m)	ṣudayriy (m)	صديريّ
fraque (m)	badlat sahra (f)	بدلة سهرة
smoking (m)	smūkin (m)	سموكن
uniforme (m)	zayy muwahhad (m)	زي موحّد
roupa (f) de trabalho	θiyāb al 'amal (m)	ثياب العمل
fato-macaco (m)	uvirūl (m)	اوفرول
bata (~ branca, etc.)	θawb (m)	ثوب

35. Vestuário. Roupa interior

roupa (f) interior	malābis dāḫiliyya (pl)	ملابس داخليّة
cuecas boxer (f pl)	sirwāl dāḫiliy riʒāliy (m)	سروال داخلي رجاليّ
cuecas (f pl)	sirwāl dāḫiliy nisā'iy (m)	سروال داخلي نسائيّ
camisola (f) interior	qamīṣ bila aqmām (m)	قميص بلا أكمام
peúgas (f pl)	ʒawārib (pl)	جوارب
camisa (f) de noite	qamīṣ nawm (m)	قميص نوم
sutiã (m)	ḥammālat ṣadr (f)	حمّالة صدر
meias longas (f pl)	ʒawārib ṭawīla (pl)	جوارب طويلة
meia-calça (f)	ʒawārib kulūn (pl)	جوارب كولون
meias (f pl)	ʒawārib nisā'iyya (pl)	جوارب نسائية
fato (m) de banho	libās sibāḥa (m)	لباس سباحة

36. Adereços de cabeça

chapéu (m)	qubba'a (f)	قبّعة
chapéu (m) de feltro	burnayṭa (f)	برنيطة
boné (m) de beisebol	kāb baysbūl (m)	كاب بيسبول
boné (m)	qubba'a musaṭṭaḥa (f)	قبّعة مسطحة
boina (f)	birīh (m)	بيريه
capuz (m)	ɣiṭā' (m)	غطاء
panamá (m)	qubba'at banāma (f)	قبّعة بناما
gorro (m) de malha	qubbā'a maḥbūka (m)	قبّعة محبوكة
lenço (m)	'ʃārb (m)	إيشارب
chapéu (m) de mulher	burnayṭa (f)	برنيطة
capacete (m) de proteção	ḫūẟa (f)	خوذة
bibico (m)	kāb (m)	كاب
capacete (m)	ḫūẟa (f)	خوذة
chapéu-coco (m)	qubba'at dirbi (f)	قبّعة ديربي
chapéu (m) alto	qubba'a 'āliya (f)	قبّعة عالية

37. Calçado

calçado (m)	aḥẟiya (pl)	أحذية
botinas (f pl)	ʒazma (f)	جزمة
sapatos (de salto alto, etc.)	ʒazma (f)	جزمة
botas (f pl)	būt (m)	بوت
pantufas (f pl)	ʃibʃib (m)	شبشب
ténis (m pl)	ḥiẟā' riyāḍiy (m)	حذاء رياضيّ
sapatilhas (f pl)	kutʃi (m)	كوتشي
sandálias (f pl)	ṣandal (pl)	صندل
sapateiro (m)	iskāfiy (m)	إسكافيّ
salto (m)	ka'b (m)	كعب

par (m)	zawʒ (m)	زوج
atacador (m)	ʃarīṭ (m)	شريط
apertar os atacadores	rabaṭ	ربط
calçadeira (f)	labbāsat ḥiðā' (f)	لبّاسة حذاء
graxa (f) para calçado	warnīʃ al ḥiðā' (m)	ورنيش الحذاء

38. Têxtil. Tecidos

algodão (m)	quṭn (m)	قطن
de algodão	min al quṭn	من القطن
linho (m)	kattān (m)	كتّان
de linho	min il kattān	من الكتّان

seda (f)	ḥarīr (m)	حرير
de seda	min al ḥarīr	من الحرير
lã (f)	ṣūf (m)	صوف
de lã	min aṣ ṣūf	من الصوف

veludo (m)	muχmal (m)	مخمل
camurça (f)	ʒild ʃāmwāh (m)	جلد شاموه
bombazina (f)	quṭn qaṭīfa (f)	قطن قطيفة

náilon (m)	naylūn (m)	نايلون
de náilon	min an naylūn	من النيلون
poliéster (m)	bulyistir (m)	بوليستر
de poliéster	min al bulyastar	من البوليستر

couro (m)	ʒild (m)	جلد
de couro	min al ʒild	من الجلد
pele (f)	farw (m)	فرو
de peles, de pele	min al farw	من الفرو

39. Acessórios pessoais

luvas (f pl)	quffāz (m)	قفّاز
mitenes (f pl)	quffāz muɣlaq (m)	قفّاز مغلق
cachecol (m)	ʔʃārb (m)	إيشارب

óculos (m pl)	naẓẓāra (f)	نظّارة
armação (f) de óculos	iṭār (m)	إطار
guarda-chuva (m)	ʃamsiyya (f)	شمسيّة
bengala (f)	'aṣa (f)	عصا
escova (f) para o cabelo	furʃat ʃa'r (f)	فرشة شعر
leque (m)	mirwaḥa yadawiyya (f)	مروحة يدويّة

gravata (f)	karavatta (f)	كرافتة
gravata-borboleta (f)	babyūn (m)	ببيون
suspensórios (m pl)	ḥammāla (f)	حمّالة
lenço (m)	mandīl (m)	منديل

| pente (m) | miʃṭ (m) | مشط |
| travessão (m) | dabbūs (m) | دبّوس |

| gancho (m) de cabelo | bansa (m) | بنسة |
| fivela (f) | bukla (f) | بكلة |

| cinto (m) | ḥizām (m) | حزام |
| correia (f) | ḥammalat al katf (f) | حمّالة الكتف |

mala (f)	ʃanṭa (f)	شنطة
mala (f) de senhora	ʃanṭat yad (f)	شنطة يد
mochila (f)	ḥaqībat ẓahr (f)	حقيبة ظهر

40. Vestuário. Diversos

moda (f)	mūḍa (f)	موضة
na moda	fil mūḍa	في الموضة
estilista (m)	muṣammim azyā' (m)	مصمّم أزياء

colarinho (m), gola (f)	yāqa (f)	ياقة
bolso (m)	ʒayb (m)	جيب
de bolso	ʒayb	جيب
manga (f)	kumm (m)	كمّ
alcinha (f)	'allāqa (f)	علّاقة
braguilha (f)	lisān (m)	لسان

fecho (m) de correr	zimām munzaliq (m)	زمام منزلق
fecho (m), colchete (m)	miʃbak (m)	مشبك
botão (m)	zirr (m)	زرّ
casa (f) de botão	'urwa (f)	عروة
soltar-se (vr)	waqa'	وقع

coser, costurar (vi)	χāṭ	خاط
bordar (vt)	ṭarraz	طرّز
bordado (m)	taṭrīz (m)	تطريز
agulha (f)	ibra (f)	إبرة
fio (m)	χayṭ (m)	خيط
costura (f)	darz (m)	درز

sujar-se (vr)	tawassaχ	توسّخ
mancha (f)	buq'a (f)	بقعة
engelhar-se (vr)	takarmaʃ	تكرمش
rasgar (vt)	qaṭṭa'	قطّع
traça (f)	'uθθa (f)	عثّة

41. Cuidados pessoais. Cosméticos

pasta (f) de dentes	ma'ʒūn asnān (m)	معجون أسنان
escova (f) de dentes	furʃat asnān (f)	فرشة أسنان
escovar os dentes	naẓẓaf al asnān	نظّف الأسنان

máquina (f) de barbear	mūs ḥilāqa (m)	موس حلاقة
creme (m) de barbear	krīm ḥilāqa (m)	كريم حلاقة
barbear-se (vr)	ḥalaq	حلق
sabonete (m)	ṣābūn (m)	صابون

43

champô (m)	ʃāmbū (m)	شامبو
tesoura (f)	maqaṣṣ (m)	مقص
lima (f) de unhas	mibrad (m)	مبرد
corta-unhas (m)	milqaṭ (m)	ملقط
pinça (f)	milqaṭ (m)	ملقط

cosméticos (m pl)	mawādd at taʒmīl (pl)	مواد التجميل
máscara (f) facial	mask (m)	ماسك
manicura (f)	manikūr (m)	مانيكور
fazer a manicura	ʿamal manikūr	عمل مانيكور
pedicure (f)	badikīr (m)	باديكير

mala (f) de maquilhagem	ḥaqībat adawāt at taʒmīl (f)	حقيبة أدوات التجميل
pó (m)	budrat waʒh (f)	بودرة وجه
caixa (f) de pó	ʿulbat būdra (f)	علبة بودرة
blush (m)	aḥmar xudūd (m)	أحمر خدود

perfume (m)	ʿiṭr (m)	عطر
água (f) de toilette	kulūnya (f)	كولونيا
loção (f)	lusiyun (m)	لوسيون
água-de-colónia (f)	kulūniya (f)	كولونيا

sombra (f) de olhos	ay ʃaduw (m)	اي شادو
lápis (m) delineador	kuḥl al ʿuyūn (m)	كحل العيون
máscara (f), rímel (m)	maskara (f)	ماسكارا

batom (m)	aḥmar ʃifāh (m)	أحمر شفاه
verniz (m) de unhas	mulammiʿ al aẓāfir (m)	ملمع الاظافر
laca (f) para cabelos	muθabbit aʃ ʃaʿr (m)	مثبت الشعر
desodorizante (m)	muzīl rawāʾiḥ (m)	مزيل روائح

creme (m)	krīm (m)	كريم
creme (m) de rosto	krīm lil waʒh (m)	كريم للوجه
creme (m) de mãos	krīm lil yadayn (m)	كريم لليدين
creme (m) antirrugas	krīm muḍādd lit taʒāʿīd (m)	كريم مضاد للتجاعيد
creme (m) de dia	krīm an nahār (m)	كريم النهار
creme (m) de noite	krīm al layl (m)	كريم الليل
de dia	nahāriy	نهاري
da noite	layliy	ليلي

tampão (m)	tambūn (m)	تانبون
papel (m) higiénico	waraq ḥammām (m)	ورق حمام
secador (m) elétrico	muʒaffif ʃaʿr (m)	مجفف شعر

42. Joalheria

joias (f pl)	muʒawharāt (pl)	مجوهرات
precioso	karīm	كريم
marca (f) de contraste	damɣa (f)	دمغة

anel (m)	xātim (m)	خاتم
aliança (f)	diblat al xuṭūba (m)	دبلة الخطوبة
pulseira (f)	siwār (m)	سوار
brincos (m pl)	ḥalaq (m)	حلق

colar (m)	'aqd (m)	عقد
coroa (f)	tāӡ (m)	تاج
colar (m) de contas	'aqd χaraz (m)	عقد خرز

diamante (m)	almās (m)	الماس
esmeralda (f)	zumurrud (m)	زمرد
rubi (m)	yāqūt aḥmar (m)	ياقوت أحمر
safira (f)	yāqūt azraq (m)	ياقوت أزرق
pérola (f)	lu'lu' (m)	لؤلؤ
âmbar (m)	kahramān (m)	كهرمان

43. Relógios de pulso. Relógios

relógio (m) de pulso	sā'a (f)	ساعة
mostrador (m)	waӡh as sā'a (m)	وجه الساعة
ponteiro (m)	'aqrab as sā'a (m)	عقرب الساعة
bracelete (f) em aço	siwār sā'a ma'daniyya (m)	سوار ساعة معدنية
bracelete (f) em couro	siwār sā'a (m)	سوار ساعة

pilha (f)	battāriyya (f)	بطارية
descarregar-se	tafarraӷ	تفرغ
trocar a pilha	ӷayyar al battāriyya	غيّر البطارية
estar adiantado	sabaq	سبق
estar atrasado	ta'aχχar	تأخر

relógio (m) de parede	sā'at ḥā'iṭ (f)	ساعة حائط
ampulheta (f)	sā'a ramliyya (f)	ساعة رملية
relógio (m) de sol	sā'a ʃamsiyya (f)	ساعة شمسية
despertador (m)	munabbih (m)	منبّه
relojoeiro (m)	sa'ātiy (m)	ساعاتي
reparar (vt)	aṣlaḥ	أصلح

Alimentação. Nutrição

44. Comida

carne (f)	laḥm (m)	لحم
galinha (f)	daʒāʒ (m)	دجاج
frango (m)	farrūʒ (m)	فروج
pato (m)	baṭṭa (f)	بطة
ganso (m)	iwazza (f)	إوزة
caça (f)	ṣayd (m)	صيد
peru (m)	daʒāʒ rūmiy (m)	دجاج رومي
carne (f) de porco	laḥm al χinzīr (m)	لحم الخنزير
carne (f) de vitela	laḥm il 'iʒl (m)	لحم العجل
carne (f) de carneiro	laḥm aḍ ḍa'n (m)	لحم الضأن
carne (f) de vaca	laḥm al baqar (m)	لحم البقر
carne (f) de coelho	arnab (m)	أرنب
chouriço, salsichão (m)	suʒuq (m)	سجق
salsicha (f)	suʒuq (m)	سجق
bacon (m)	bikūn (m)	بيكن
fiambre (f)	hām (m)	هام
presunto (m)	faχð χinzīr (m)	فخذ خنزير
patê (m)	ma'ʒūn laḥm (m)	معجون لحم
fígado (m)	kibda (f)	كبدة
carne (f) moída	ḥaʃwa (f)	حشوة
língua (f)	lisān (m)	لسان
ovo (m)	bayḍa (f)	بيضة
ovos (m pl)	bayḍ (m)	بيض
clara (f) do ovo	bayāḍ al bayḍ (m)	بياض البيض
gema (f) do ovo	ṣafār al bayḍ (m)	صفار البيض
peixe (m)	samak (m)	سمك
mariscos (m pl)	fawākih al baḥr (pl)	فواكه البحر
caviar (m)	kaviyār (m)	كافيار
caranguejo (m)	salṭa'ūn (m)	سلطعون
camarão (m)	ʒambari (m)	جمبري
ostra (f)	maḥār (m)	محار
lagosta (f)	karkand ʃāik (m)	كركند شائك
polvo (m)	uχṭubūṭ (m)	أخطبوط
lula (f)	kalmāri (m)	كالماري
esturjão (m)	samak al ḥaʃʃ (m)	سمك المفش
salmão (m)	salmūn (m)	سلمون
halibute (m)	samak al halbūt (m)	سمك الهلبوت
bacalhau (m)	samak al qudd (m)	سمك القدّ
cavala, sarda (f)	usqumriy (m)	أسقمريّ

| atum (m) | tūna (f) | تونة |
| enguia (f) | ḥankalīs (m) | حنكليس |

truta (f)	salmūn muraqqaṭ (m)	سلمون مرقط
sardinha (f)	sardīn (m)	سردين
lúcio (m)	samak al karāki (m)	سمك الكراكي
arenque (m)	rinʒa (f)	رنجة

pão (m)	χubz (m)	خبز
queijo (m)	ʒubna (f)	جبنة
açúcar (m)	sukkar (m)	سكّر
sal (m)	milḥ (m)	ملح

arroz (m)	urz (m)	أرز
massas (f pl)	makarūna (f)	مكرونة
talharim (m)	nūdlis (f)	نودلز

manteiga (f)	zubda (f)	زبدة
óleo (m) vegetal	zayt (m)	زيت
óleo (m) de girassol	zayt ʿabīd aʃʃams (m)	زيت عبيد الشمس
margarina (f)	marɣarīn (m)	مرغرين

| azeitonas (f pl) | zaytūn (m) | زيتون |
| azeite (m) | zayt az zaytūn (m) | زيت الزيتون |

leite (m)	ḥalīb (m)	حليب
leite (m) condensado	ḥalīb mukaθθaf (m)	حليب مكثف
iogurte (m)	yūɣurt (m)	يوغورت
nata (f) azeda	krīma ḥāmiḍa (f)	كريمة حامضة
nata (f) do leite	krīma (f)	كريمة

| maionese (f) | mayunīz (m) | مايونيز |
| creme (m) | krīmat zubda (f) | كريمة زبدة |

grãos (m pl) de cereais	ḥubūb (pl)	حبوب
farinha (f)	daqīq (m)	دقيق
enlatados (m pl)	muʿallabāt (pl)	معلّبات

flocos (m pl) de milho	kurn fliks (m)	كورن فليكس
mel (m)	ʿasal (m)	عسل
doce (m)	murabba (m)	مربّى
pastilha (f) elástica	ʿilk (m)	علك

45. Bebidas

água (f)	māʾ (m)	ماء
água (f) potável	māʾ ʃurb (m)	ماء شرب
água (f) mineral	māʾ maʿdaniy (m)	ماء معدنيّ

sem gás	bi dūn ɣāz	بدون غاز
gaseificada	mukarban	مكربن
com gás	bil ɣāz	بالغاز
gelo (m)	θalʒ (m)	ثلج
com gelo	biθ θalʒ	بالثلج

47

sem álcool	bi dūn kuḥūl	بدون كحول
bebida (f) sem álcool	maʃrūb yāziy (m)	مشروب غازي
refresco (m)	maʃrūb muθallaʒ (m)	مشروب مثلج
limonada (f)	ʃarāb laymūn (m)	شراب ليمون
bebidas (f pl) alcoólicas	maʃrūbāt kuḥūliyya (pl)	مشروبات كحوليّة
vinho (m)	nabīð (f)	نبيذ
vinho (m) branco	nibīð abyaḍ (m)	نبيذ أبيض
vinho (m) tinto	nabīð aḥmar (m)	نبيذ أحمر
licor (m)	liqiūr (m)	ليكيور
champanhe (m)	ʃambāniya (f)	شمبانيا
vermute (m)	virmut (m)	فيرموث
uísque (m)	wiski (m)	وسكي
vodka (f)	vudka (f)	فودكا
gim (m)	ʒīn (m)	جين
conhaque (m)	kunyāk (m)	كونياك
rum (m)	rum (m)	رم
café (m)	qahwa (f)	قهوة
café (m) puro	qahwa sāda (f)	قهوة سادة
café (m) com leite	qahwa bil ḥalīb (f)	قهوة بالحليب
cappuccino (m)	kaputʃīnu (m)	كابتشينو
café (m) solúvel	niskafi (m)	نيسكافيه
leite (m)	ḥalīb (m)	حليب
coquetel (m)	kuktayl (m)	كوكتيل
batido (m) de leite	milk ʃiyk (m)	ميلك شيك
sumo (m)	ʿaṣīr (m)	عصير
sumo (m) de tomate	ʿaṣīr ṭamāṭim (m)	عصير طماطم
sumo (m) de laranja	ʿaṣīr burtuqāl (m)	عصير برتقال
sumo (m) fresco	ʿaṣīr ṭāziʒ (m)	عصير طازج
cerveja (f)	bīra (f)	بيرة
cerveja (f) clara	bīra xafīfa (f)	بيرة خفيفة
cerveja (f) preta	bīra yāmiqa (f)	بيرة غامقة
chá (m)	ʃāy (m)	شاي
chá (m) preto	ʃāy aswad (m)	شاي أسود
chá (m) verde	ʃāy axḍar (m)	شاي أخضر

46. Vegetais

legumes (m pl)	xuḍār (pl)	خضار
verduras (f pl)	xuḍrawāt waraqiyya (pl)	خضروات ورقيّة
tomate (m)	ṭamāṭim (f)	طماطم
pepino (m)	xiyār (m)	خيار
cenoura (f)	ʒazar (m)	جزر
batata (f)	baṭāṭis (f)	بطاطس
cebola (f)	baṣal (m)	بصل
alho (m)	θūm (m)	ثوم

couve (f)	kurumb (m)	كرنب
couve-flor (f)	qarnabīṭ (m)	قرنبيط
couve-de-bruxelas (f)	kurumb brūksil (m)	كرنب بروكسل
brócolos (m pl)	brukuli (m)	بركولي
beterraba (f)	banʒar (m)	بنجر
beringela (f)	bātinʒān (m)	باذنجان
curgete (f)	kūsa (f)	كوسة
abóbora (f)	qar‘ (m)	قرع
nabo (m)	lift (m)	لفت
salsa (f)	baqdūnis (m)	بقدونس
funcho, endro (m)	ʃabat (m)	شبت
alface (f)	χass (m)	خس
aipo (m)	karafs (m)	كرفس
espargo (m)	halyūn (m)	هليون
espinafre (m)	sabāniχ (m)	سبانخ
ervilha (f)	bisilla (f)	بسلة
fava (f)	fūl (m)	فول
milho (m)	ðura (f)	ذرة
feijão (m)	faṣūliya (f)	فاصوليا
pimentão (m)	filfil (m)	فلفل
rabanete (m)	fiʒl (m)	فجل
alcachofra (f)	χurʃūf (m)	خرشوف

47. Frutos. Nozes

fruta (f)	fākiha (f)	فاكهة
maçã (f)	tuffāha (f)	تفاحة
pera (f)	kummaθra (f)	كمّثرى
limão (m)	laymūn (m)	ليمون
laranja (f)	burtuqāl (m)	برتقال
morango (m)	farawla (f)	فراولة
tangerina (f)	yūsufiy (m)	يوسفي
ameixa (f)	barqūq (m)	برقوق
pêssego (m)	durrāq (m)	دراق
damasco (m)	miʃmiʃ (f)	مشمش
framboesa (f)	tūt al ‘ullayq al aḥmar (m)	توت العليق الأحمر
ananás (m)	ananās (m)	أناناس
banana (f)	mawz (m)	موز
melancia (f)	baṭṭīχ aḥmar (m)	بطّيخ أحمر
uva (f)	‘inab (m)	عنب
ginja, cereja (f)	karaz (m)	كرز
meloa (f)	baṭṭīχ aṣfar (f)	بطّيخ أصفر
toranja (f)	zinbā‘ (m)	زنباع
abacate (m)	avukādu (f)	افوكاتو
papaia (f)	babāya (m)	بابايا
manga (f)	mangu (m)	مانجو
romã (f)	rummān (m)	رمان

groselha (f) vermelha	kiʃmiʃ aḥmar (m)	كشمش أحمر
groselha (f) preta	ʻinab aθ θaʻlab al aswad (m)	عنب الثعلب الأسود
groselha (f) espinhosa	ʻinab aθ θaʻlab (m)	عنب الثعلب
mirtilo (m)	ʻinab al aḥrāʒ (m)	عنب الأحراج
amora silvestre (f)	θamar al ʻullayk (m)	ثمر العليق

uvas (f pl) passas	zabīb (m)	زبيب
figo (m)	tīn (m)	تين
tâmara (f)	tamr (m)	تمر

amendoim (m)	fūl sudāniy (m)	فول سوداني
amêndoa (f)	lawz (m)	لوز
noz (f)	ʻayn al ʒamal (f)	عين الجمل
avelã (f)	bunduq (m)	بندق
coco (m)	ʒawz al hind (m)	جوز هند
pistáchios (m pl)	fustuq (m)	فستق

48. Pão. Bolaria

pastelaria (f)	ḥalawiyyāt (pl)	حلويّات
pão (m)	xubz (m)	خبز
bolacha (f)	baskawīt (m)	بسكويت

chocolate (m)	ʃukulāta (f)	شكولاتة
de chocolate	biʃ ʃukulāṭa	بالشكولاتة
rebuçado (m)	bumbūn (m)	بونبون
bolo (cupcake, etc.)	kaʻk (m)	كعك
bolo (m) de aniversário	tūrta (f)	تورتة

tarte (~ de maçã)	faṭīra (f)	فطيرة
recheio (m)	ḥaʃwa (f)	حشوة

doce (m)	murabba (m)	مربّى
geleia (f) de frutas	marmalād (f)	مرملاد
waffle (m)	wāfil (m)	وافل
gelado (m)	muθallaʒāt (pl)	مثلّجات
pudim (m)	būding (m)	بودنج

49. Pratos cozinhados

prato (m)	waʒba (f)	وجبة
cozinha (~ portuguesa)	maṭbax (m)	مطبخ
receita (f)	waṣfa (f)	وصفة
porção (f)	waʒba (f)	وجبة

salada (f)	sulṭa (f)	سلطة
sopa (f)	ʃūrba (f)	شورية

caldo (m)	maraq (m)	مرق
sandes (f)	sandawitʃ (m)	ساندويتش
ovos (m pl) estrelados	bayḍ maqliy (m)	بيض مقلي
hambúrguer (m)	hamburger (m)	هامبورجر

bife (m)	biftīk (m)	بفتيك
conduto (m)	ṭabaq ʒānibiy (m)	طبق جانبي
espaguete (m)	spaɣitti (m)	سباغيتي
puré (m) de batata	harīs baṭāṭis (m)	هريس بطاطس
pizza (f)	bītza (f)	بيتزا
papa (f)	ʿaṣīda (f)	عصيدة
omelete (f)	bayḍ maxfūq (m)	بيض مخفوق

cozido em água	maslūq	مسلوق
fumado	mudaxxin	مدخن
frito	maqliy	مقلي
seco	muʒaffaf	مجفف
congelado	muʒammad	مجمد
em conserva	muxallil	مخلل

doce (açucarado)	musakkar	مسكر
salgado	māliḥ	مالح
frio	bārid	بارد
quente	sāxin	ساخن
amargo	murr	مر
gostoso	laðīð	لذيذ

cozinhar (em água a ferver)	ṭabax	طبخ
fazer, preparar (vt)	ḥaḍḍar	حضر
fritar (vt)	qala	قلي
aquecer (vt)	saxxan	سخن

salgar (vt)	mallaḥ	ملح
apimentar (vt)	falfal	فلفل
ralar (vt)	baʃar	بشر
casca (f)	qiʃra (f)	قشرة
descascar (vt)	qaʃʃar	قشر

50. Especiarias

sal (m)	milḥ (m)	ملح
salgado	māliḥ	مالح
salgar (vt)	mallaḥ	ملح

pimenta (f) preta	filfil aswad (m)	فلفل أسود
pimenta (f) vermelha	filfil aḥmar (m)	فلفل أحمر
mostarda (f)	ṣalṣat al xardal (f)	صلصة الخردل
raiz-forte (f)	fiʒl ḥārr (m)	فجل حار

condimento (m)	tābil (m)	تابل
especiaria (f)	bahār (m)	بهار
molho (m)	ṣalṣa (f)	صلصة
vinagre (m)	xall (m)	خل

anis (m)	yānsūn (m)	يانسون
manjericão (m)	rīḥān (m)	ريحان
cravo (m)	qurumful (m)	قرنفل
gengibre (m)	zanʒabīl (m)	زنجبيل
coentro (m)	kuzbara (f)	كزبرة

canela (f)	qirfa (f)	قرفة
sésamo (m)	simsim (m)	سمسم
folhas (f pl) de louro	awrāq al ɣār (pl)	أوراق الغار
páprica (f)	babrika (f)	بابريكا
cominho (m)	karāwiya (f)	كراوية
açafrão (m)	za'farān (m)	زعفران

51. Refeições

comida (f)	akl (m)	أكل
comer (vt)	akal	أكل

pequeno-almoço (m)	fuṭūr (m)	فطور
tomar o pequeno-almoço	afṭar	أفطر
almoço (m)	ɣadā' (m)	غداء
almoçar (vi)	taɣadda	تغدّى
jantar (m)	'aʃā' (m)	عشاء
jantar (vi)	ta'aʃʃa	تعشّى

apetite (m)	ʃahiyya (f)	شهيّة
Bom apetite!	hanī'an marī'an!	هنيئًا مريئًا!

abrir (~ uma lata, etc.)	fataḥ	فتح
derramar (vt)	dalaq	دلق
derramar-se (vr)	indalaq	إندلق
ferver (vi)	ɣala	غلى
ferver (vt)	ɣala	غلى
fervido	maɣliy	مغليّ
arrefecer (vt)	barrad	برّد
arrefecer-se (vr)	tabarrad	تبرّد

sabor, gosto (m)	ṭa'm (m)	طعم
gostinho (m)	al maðāq al 'āliq fil fam (m)	المذاق العالق فى الفم

fazer dieta	faqad al wazn	فقد الوزن
dieta (f)	ḥimya ɣaðā'iyya (f)	حمية غذائية
vitamina (f)	vitamīn (m)	فيتامين
caloria (f)	su'ra ḥarāriyya (f)	سعرة حرارية
vegetariano (m)	nabātiy (m)	نباتيّ
vegetariano	nabātiy	نباتيّ

gorduras (f pl)	duhūn (pl)	دهون
proteínas (f pl)	brutināt (pl)	بروتينات
carboidratos (m pl)	naʃawiyyāt (pl)	نشويّات
fatia (~ de limão, etc.)	ʃarīḥa (f)	شريحة
pedaço (~ de bolo)	qiṭ'a (f)	قطعة
migalha (f)	futāta (f)	فتاتة

52. Por a mesa

colher (f)	mil'aqa (f)	ملعقة
faca (f)	sikkīn (m)	سكّين

garfo (m)	ʃawka (f)	شوكة
chávena (f)	finӡān (m)	فنجان
prato (m)	ṭabaq (m)	طبق
pires (m)	ṭabaq finӡān (m)	طبق فنجان
guardanapo (m)	mandīl (m)	منديل
palito (m)	χallat asnān (f)	خلة أسنان

53. Restaurante

restaurante (m)	maṭʿam (m)	مطعم
café (m)	kafé (m), maqha (m)	كافيه، مقهى
bar (m), cervejaria (f)	bār (m)	بار
salão (m) de chá	ṣālun ʃāy (m)	صالون شاي

empregado (m) de mesa	nādil (m)	نادل
empregada (f) de mesa	nādila (f)	نادلة
barman (m)	bārman (m)	بارمان

ementa (f)	qā'imat aṭ ṭaʿām (f)	قائمة طعام
lista (f) de vinhos	qā'imat al χumūr (f)	قائمة خمور
reservar uma mesa	ḥaӡaz mā'ida	حجز مائدة

prato (m)	waӡba (f)	وجبة
pedir (vt)	ṭalab	طلب
fazer o pedido	ṭalab	طلب

aperitivo (m)	ʃarāb (m)	شراب
entrada (f)	muqabbilāt (pl)	مقبّلات
sobremesa (f)	ḥalawiyyāt (pl)	حلويّات

conta (f)	ḥisāb (m)	حساب
pagar a conta	dafaʿ al ḥisāb	دفع الحساب
dar o troco	aʿṭa al bāqi	أعطى الباقي
gorjeta (f)	baqʃīʃ (m)	بقشيش

Família, parentes e amigos

54. Informação pessoal. Formulários

nome (m)	ism (m)	إسم
apelido (m)	ism al 'ā'ila (m)	إسم العائلة
data (f) de nascimento	tarīx al mīlād (m)	تاريخ الميلاد
local (m) de nascimento	makān al mīlād (m)	مكان الميلاد
nacionalidade (f)	ӡinsiyya (f)	جنسية
lugar (m) de residência	maqarr al iqāma (m)	مقر الإقامة
país (m)	balad (m)	بلد
profissão (f)	mihna (f)	مهنة
sexo (m)	ӡins (m)	جنس
estatura (f)	ṭūl (m)	طول
peso (m)	wazn (m)	وزن

55. Membros da família. Parentes

mãe (f)	umm (f)	أمّ
pai (m)	ab (m)	أب
filho (m)	ibn (m)	إبن
filha (f)	ibna (f)	إبنة
filha (f) mais nova	al ibna aṣ ṣaɣīra (f)	الإبنة الصغيرة
filho (m) mais novo	al ibn aṣ ṣaɣīr (m)	الابن الصغير
filha (f) mais velha	al ibna al kabīra (f)	الإبنة الكبيرة
filho (m) mais velho	al ibn al kabīr (m)	الإبن الكبير
irmão (m)	aχ (m)	أخ
irmão (m) mais velho	al aχ al kabīr (m)	الأخ الكبير
irmão (m) mais novo	al aχ aṣ ṣaɣīr (m)	الأخ الصغير
irmã (f)	uχt (f)	أخت
irmã (f) mais velha	al uχt al kabīra (f)	الأخت الكبيرة
irmã (f) mais nova	al uχt aṣ ṣaɣīra (f)	الأخت الصغيرة
primo (m)	ibn 'amm (m), ibn χāl (m)	إبن عمّ، إبن خال
prima (f)	ibnat 'amm (f), ibnat χāl (f)	إبنة عم، إبنة خال
mamã (f)	mama (f)	ماما
papá (m)	baba (m)	بابا
pais (pl)	wālidān (du)	والدان
criança (f)	ṭifl (m)	طفل
crianças (f pl)	aṭfāl (pl)	أطفال
avó (f)	ӡidda (f)	جدّة
avô (m)	ӡadd (m)	جدّ
neto (m)	ḥafīd (m)	حفيد

neta (f)	ḥafīda (f)	حفيدة
netos (pl)	aḥfād (pl)	أحفاد

tio (m)	'amm (m), χāl (m)	عمّ، خال
tia (f)	'amma (f), χāla (f)	عمّة، خالة
sobrinho (m)	ibn al aχ (m), ibn al uχt (m)	إبن الأخ، إبن الأخت
sobrinha (f)	ibnat al aχ (f), ibnat al uχt (f)	إبنة الأخ، إبنة الأخت
sogra (f)	ḥamātt (f)	حماة
sogro (m)	ḥamm (m)	حم
genro (m)	zawჳ al ibna (m)	زوج الأبنة
madrasta (f)	zawჳat al ab (f)	زوجة الأب
padrasto (m)	zawჳ al umm (m)	زوج الأمّ

criança (f) de colo	ṭifl raḍī' (m)	طفل رضيع
bebé (m)	mawlūd (m)	مولود
menino (m)	walad ṣaɣīr (m)	ولد صغير

mulher (f)	zawჳa (f)	زوجة
marido (m)	zawჳ (m)	زوج
esposo (m)	zawჳ (m)	زوج
esposa (f)	zawჳa (f)	زوجة

casado	mutazawwiჳ	متزوّج
casada	mutazawwiჳa	متزوّجة
solteiro	a'zab	أعزب
solteirão (m)	a'zab (m)	أعزب
divorciado	muṭallaq (m)	مطلّق
viúva (f)	armala (f)	أرملة
viúvo (m)	armal (m)	أرمل

parente (m)	qarīb (m)	قريب
parente (m) próximo	nasīb qarīb (m)	نسيب قريب
parente (m) distante	nasīb ba'īd (m)	نسيب بعيد
parentes (m pl)	aqārib (pl)	أقارب

órfão (m), órfã (f)	yatīm (m)	يتيم
tutor (m)	waliyy amr (m)	ولي أمر
adotar (um filho)	tabanna	تبنّى
adotar (uma filha)	tabanna	تبنّى

56. Amigos. Colegas de trabalho

amigo (m)	ṣadīq (m)	صديق
amiga (f)	ṣadīqa (f)	صديقة
amizade (f)	ṣadāqa (f)	صداقة
ser amigos	ṣādaq	صادق

amigo (m)	ṣāḥib (m)	صاحب
amiga (f)	ṣaḥiba (f)	صاحبة
parceiro (m)	rafīq (m)	رفيق

chefe (m)	ra'īs (m)	رئيس
superior (m)	ra'īs (m)	رئيس
proprietário (m)	ṣāḥib (m)	صاحب

| subordinado (m) | tābi' (m) | تابع |
| colega (m) | zamīl (m) | زميل |

conhecido (m)	ma'ruf (m)	معروف
companheiro (m) de viagem	rafīq safar (m)	رفيق سفر
colega (m) de classe	zamīl fiș șaff (m)	زميل في الصفّ

vizinho (m)	ʒār (m)	جار
vizinha (f)	ʒāra (f)	جارة
vizinhos (pl)	ʒirān (pl)	جيران

57. Homem. Mulher

mulher (f)	imra'a (f)	إمرأة
rapariga (f)	fatāt (f)	فتاة
noiva (f)	'arūsa (f)	عروسة

bonita	ʒamīla	جميلة
alta	țawīla	طويلة
esbelta	raʃīqa	رشيقة
de estatura média	qașīra	قصيرة

| loura (f) | ʃaqrā' (f) | شقراء |
| morena (f) | sawdā' aʃ ʃa'r (f) | سوداء الشعر |

de senhora	sayyidāt	سيّدات
virgem (f)	'aðrā' (f)	عذراء
grávida	ħāmil	حامل

homem (m)	raʒul (m)	رجل
louro (m)	aʃqar (m)	أشقر
moreno (m)	aswad aʃ ʃa'r (m)	أسود الشعر
alto	țawīl	طويل
de estatura média	qașīr	قصير

rude	waqiħ	وقح
atarracado	malyān	مليان
robusto	matīn	متين
forte	qawiy	قويّ
força (f)	quwwa (f)	قوّة

gordo	θaxīn	ثخين
moreno	asmar	أسمر
esbelto	raʃīq	رشيق
elegante	anīq	أنيق

58. Idade

idade (f)	'umr (m)	عمر
juventude (f)	ʃabāb (m)	شباب
jovem	ʃābb	شابّ
mais novo	așɣar	أصغر

mais velho	akbar	أكبر
jovem (m)	ʃābb (m)	شاب
adolescente (m)	murāhiq (m)	مراهق
rapaz (m)	ʃābb (m)	شاب
velho (m)	ʻaʒūz (m)	عجوز
velhota (f)	ʻaʒūza (f)	عجوزة
adulto	bāliɣ (m)	بالغ
de meia-idade	fi muntaṣaf al ʻumr	في منتصف العمر
idoso, de idade	ʻaʒūz	عجوز
velho	ʻaʒūz	عجوز
reforma (f)	maʻāʃ (m)	معاش
reformar-se (vr)	uḥīl ʻalal maʻāʃ	أحيل على المعاش
reformado (m)	mutaqāʻid (m)	متقاعد

59. Crianças

criança (f)	ṭifl (m)	طفل
crianças (f pl)	aṭfāl (pl)	أطفال
gémeos (m pl)	taw'amān (du)	توأمان
berço (m)	mahd (m)	مهد
guizo (m)	xaʃxīʃa (f)	خشخيشة
fralda (f)	ḥifāẓ aṭfāl (m)	حفاظ أطفال
chupeta (f)	bazzāza (f)	بزّازة
carrinho (m) de bebé	ʻarabat aṭfāl (f)	عربة أطفال
jardim (m) de infância	rawḍat aṭfāl (f)	روضة أطفال
babysitter (f)	murabbiyat aṭfāl (f)	مربّية الأطفال
infância (f)	ṭufūla (f)	طفولة
boneca (f)	dumya (f)	دمية
brinquedo (m)	luʻba (f)	لعبة
jogo (m) de armar	mukaʻʻabāt (pl)	مكعّبات
bem-educado	mu'addab	مؤدّب
mal-educado	qalīl al adab	قليل الأدب
mimado	mutdalliʻ	متدلّع
ser travesso	laʻib	لعب
travesso, traquinas	laʻūb	لعوب
travessura (f)	izʻāʒ (m)	إزعاج
criança (f) travessa	ṭifl laʻūb (m)	طفل لعوب
obediente	muṭīʻ	مطيع
desobediente	ʻāq	عاق
dócil	ʻāqil	عاقل
inteligente	ðakiy	ذكيّ
menino (m) prodígio	ṭifl muʻʒiza (m)	طفل معجزة

60. Casais. Vida de família

beijar (vt)	bās	باس
beijar-se (vr)	bās	باس
família (f)	'ā'ila (f)	عائلة
familiar	'ā'iliy	عائلي
casal (m)	zawӡān (du)	زوجان
matrimónio (m)	zawāӡ (m)	زواج
lar (m)	bayt (m)	بيت
dinastia (f)	sulāla (f)	سلالة

encontro (m)	maw'id (m)	موعد
beijo (m)	būsa (f)	بوسة

amor (m)	ḥubb (m)	حبّ
amar (vt)	aḥabb	أحبّ
amado, querido	ḥabīb	حبيب

ternura (f)	ḥanān (m)	حنان
terno, afetuoso	ḥanūn	حنون
fidelidade (f)	iχlāṣ (m)	إخلاص
fiel	muχliṣ	مخلص
cuidado (m)	'ināya (f)	عناية
carinhoso	muhtamm	مهتمّ

recém-casados (m pl)	'arūsān (du)	عروسان
lua de mel (f)	ʃahr al 'asal (m)	شهر العسل
casar-se (com um homem)	tazawwaӡ	تزوج
casar-se (com uma mulher)	tazawwaӡ	تزوج

boda (f)	zifāf (m)	زفاف
amante (m)	ḥabīb (m)	حبيب
amante (f)	ḥabība (f)	حبيبة

adultério (m)	χiyāna zawӡiyya (f)	خيانة زوجية
cometer adultério	χān	خان
ciumento	ɣayūr	غيور
ser ciumento	ɣār	غار
divórcio (m)	ṭalāq (m)	طلاق
divorciar-se (vr)	ṭallaq	طلق

brigar (discutir)	taʃāӡar	تشاجر
fazer as pazes	taṣālaḥ	تصالح
juntos	ma'an	معًا
sexo (m)	ӡins (m)	جنس

felicidade (f)	sa'āda (f)	سعادة
feliz	sa'īd	سعيد
infelicidade (f)	muṣība (m)	مصيبة
infeliz	ta'is	تعس

Caráter. Sentimentos. Emoções

61. Sentimentos. Emoções

sentimento (m)	ʃuʿūr (m)	شعور
sentimentos (m pl)	maʃāʿir (pl)	مشاعر
sentir (vt)	ʃaʿar	شعر

fome (f)	ʒawʿ (m)	جوع
ter fome	arād an yaʾkul	أراد أن يأكل
sede (f)	ʿaṭaʃ (m)	عطش
ter sede	arād an yaʃrab	أراد أن يشرب
sonolência (f)	nuʿās (m)	نعاس
estar sonolento	arād an yanām	أراد أن ينام

cansaço (m)	taʿab (m)	تعب
cansado	taʿbān	تعبان
ficar cansado	taʿib	تعب

humor (m)	ḥāla nafsiyya, mazāʒ (m)	حالة نفسيّة, مزاج
tédio (m)	malal (m)	ملل
aborrecer-se (vr)	ʃaʿar bil malal	شعر بالملل
isolamento (m)	ʿuzla (f)	عزلة
isolar-se	inzawa	إنزوى

preocupar (vt)	aqlaq	أقلق
preocupar-se (vr)	qalaq	قلق
preocupação (f)	qalaq (m)	قلق
ansiedade (f)	qalaq (m)	قلق
preocupado	maʃɣūl al bāl	مشغول البال
estar nervoso	qalaq	قلق
entrar em pânico	uṣīb biθ θaʿr	أصيب بالذعر

esperança (f)	amal (m)	أمل
esperar (vt)	tamanna	تمنّى

certeza (f)	yaqīn (m)	يقين
certo	mutaʾakkid	متأكّد
indecisão (f)	ʿadam at taʾakkud (m)	عدم التأكّد
indeciso	ɣayr mutaʾakkid	غير متأكّد

ébrio, bêbado	sakrān	سكران
sóbrio	ṣāḥi	صاح
fraco	ḍaʿīf	ضعيف
feliz	saʿīd	سعيد
assustar (vt)	arhab	أرهب
fúria (f)	ɣaḍab ʃadīd (m)	غضب شديد
ira, raiva (f)	ɣaḍab (m)	غضب
depressão (f)	iktiʾāb (m)	إكتئاب
desconforto (m)	ʿadam irtiyāḥ (m)	عدم إرتياح

conforto (m)	rāḥa (f)	راحة
arrepender-se (vr)	nadim	ندم
arrependimento (m)	nadam (m)	ندم
azar (m), má sorte (f)	sū' al ḥaẓẓ (m)	سوء الحظ
tristeza (f)	ḥuzn (f)	حزن

vergonha (f)	xaӡal (m)	خجل
alegria (f)	faraḥ (m)	فرح
entusiasmo (m)	ḥamās (m)	حماس
entusiasta (m)	mutaḥammis (m)	متحمّس
mostrar entusiasmo	taḥammas	تحمّس

62. Caráter. Personalidade

caráter (m)	ṭabʿ (m)	طبع
falha (f) de caráter	ʿayb (m)	عيب
mente (f), razão (f)	ʿaql (m)	عقل

consciência (f)	ḍamīr (m)	ضمير
hábito (m)	ʿāda (f)	عادة
habilidade (f)	qudra (f)	قدرة
saber (~ nadar, etc.)	ʿaraf	عرف

paciente	ṣābir	صابر
impaciente	qalīl aṣ ṣabr	قليل الصبر
curioso	fuḍūliy	فضوليّ
curiosidade (f)	fuḍūl (m)	فضول

modéstia (f)	tawāḍuʿ (m)	تواضع
modesto	mutawāḍiʿ	متواضع
imodesto	ɣayr mutawāḍiʿ	غير متواضع

preguiça (f)	kasal (m)	كسل
preguiçoso	kaslān	كسلان
preguiçoso (m)	kaslān (m)	كسلان

astúcia (f)	makr (m)	مكر
astuto	mākir	ماكر
desconfiança (f)	ʿadam aθ θiqa (m)	عدم الثقة
desconfiado	ʃakūk	شكوك

generosidade (f)	karam (m)	كرم
generoso	karīm	كريم
talentoso	mawhūb	موهوب
talento (m)	mawhiba (f)	موهبة

corajoso	ʃuӡāʿ	شجاع
coragem (f)	ʃaӡāʿa (f)	شجاعة
honesto	amīn	أمين
honestidade (f)	amāna (f)	أمانة

prudente	ḥāðir	حاذر
valente	ʃuӡāʿ	شجاع
sério	ӡādd	جادّ

severo	ṣārim	صارم
decidido	ḥazīm	حزيم
indeciso	mutaraddid	متردد
tímido	χaʒūl	خجول
timidez (f)	χaʒal (m)	خجل

confiança (f)	θiqa (f)	ثقة
confiar (vt)	waθiq	وثق
crédulo	sarīˈ at taṣdīq	سريع التصديق

sinceramente	bi ṣarāḥa	بصراحة
sincero	muχliṣ	مخلص
sinceridade (f)	iχlāṣ (m)	إخلاص
aberto	ṣarīḥ	صريح

calmo	hādi'	هادئ
franco	ṣarīḥ	صريح
ingénuo	sāðiʒ	ساذج
distraído	ʃārid al fikr	شارد الفكر
engraçado	muḍḥik	مضحك

ganância (f)	buχl (m)	بخل
ganancioso	baχīl	بخيل
avarento	baχīl	بخيل
mau	ʃarīr	شرير
teimoso	'anīd	عنيد
desagradável	karīh	كريه

egoísta (m)	anāniy (m)	أنانيّ
egoísta	anāniy	أنانيّ
cobarde (m)	ʒabān (m)	جبان
cobarde	ʒabān	جبان

63. O sono. Sonhos

dormir (vi)	nām	نام
sono (m)	nawm (m)	نوم
sonho (m)	ḥulm (m)	حلم
sonhar (vi)	ḥalam	حلم
sonolento	na'sān	نعسان

cama (f)	sarīr (m)	سرير
colchão (m)	martaba (f)	مرتبة
cobertor (m)	baṭṭāniyya (f)	بطانيّة
almofada (f)	wisāda (f)	وسادة
lençol (m)	milāya (f)	ملاية

insónia (f)	araq (m)	أرق
insone	ariq	أرق
sonífero (m)	munawwim (m)	منوّم
tomar um sonífero	tanāwal munawwim	تناول منوّمًا

estar sonolento	arād an yanām	أراد أن ينام
bocejar (vi)	taθā'ab	تثاءب

ir para a cama	ðahab ila n nawm	ذهب إلى النوم
fazer a cama	a'add as sarīr	أعدّ السرير
adormecer (vi)	nām	نام

pesadelo (m)	kābūs (m)	كابوس
ronco (m)	ʃaxīr (m)	شخير
roncar (vi)	ʃaxxar	شخّر

despertador (m)	munabbih (m)	منبّه
acordar, despertar (vt)	ayqaẓ	أيقظ
acordar (vi)	istayqaẓ	إستيقظ
levantar-se (vr)	qām	قام
lavar-se (vr)	ɣasal waʒhah	غسل وجهه

64. Humor. Riso. Alegria

humor (m)	fukāha (f)	فكاهة
sentido (m) de humor	ḥiss (m)	حس
divertir-se (vr)	istamta'	إستمتع
alegre	farḥān	فرحان
alegria (f)	faraḥ (m)	فرح

sorriso (m)	ibtisāma (f)	إبتسامة
sorrir (vi)	ibtasam	إبتسم
começar a rir	ḍaḥik	ضحك
rir (vi)	ḍaḥik	ضحك
riso (m)	ḍaḥka (f)	ضحكة

anedota (f)	ḥikāya muḍḥika (f)	حكاية مضحكة
engraçado	muḍḥik	مضحك
ridículo	muḍḥik	مضحك

brincar, fazer piadas	mazaḥ	مزح
piada (f)	nukta (f)	نكتة
alegria (f)	sa'āda (f)	سعادة
regozijar-se (vr)	mariḥ	مرح
alegre	saʿīd	سعيد

65. Discussão, conversação. Parte 1

comunicação (f)	tawāṣul (m)	تواصل
comunicar-se (vr)	tawāṣal	تواصل

conversa (f)	muḥādaθa (f)	محادثة
diálogo (m)	ḥiwār (m)	حوار
discussão (f)	munāqaʃa (f)	مناقشة
debate (m)	munāẓara (f)	مناظرة
debater (vt)	xālaf	خالف

interlocutor (m)	muḥāwir (m)	محاور
tema (m)	mawḍū' (m)	موضوع
ponto (m) de vista	wiʒhat naẓar (f)	وجهة نظر

| opinião (f) | ra'y (m) | رأي |
| discurso (m) | χiṭāb (m) | خطاب |

discussão (f)	munāqaʃa (f)	مناقشة
discutir (vt)	nāqaʃ	ناقش
conversa (f)	ḥadīs (m)	حديث
conversar (vi)	taḥādaθ	تحادث
encontro (m)	liqā' (m)	لقاء
encontrar-se (vr)	qābal	قابل

provérbio (m)	maθal (m)	مثل
ditado (m)	qawl ma'θūr (m)	قول مأثور
adivinha (f)	luγz (m)	لغز
dizer uma adivinha	alqa luγz	ألقى لغزًا
senha (f)	kalimat al murūr (f)	كلمة مرور
segredo (m)	sirr (m)	سرّ

juramento (m)	qasam (m)	قسم
jurar (vi)	aqsam	أقسم
promessa (f)	wa'd (m)	وعد
prometer (vt)	wa'ad	وعد

conselho (m)	naṣīḥa (f)	نصيحة
aconselhar (vt)	naṣaḥ	نصح
seguir o conselho	intaṣaḥ	إنتصح
escutar (~ os conselhos)	aṭā'	أطاع

novidade, notícia (f)	χabar (m)	خبر
sensação (f)	ḍaʒʒa (f)	ضجّة
informação (f)	ma'lūmāt (pl)	معلومات
conclusão (f)	istintāʒ (f)	إستنتاج
voz (f)	ṣawt (m)	صوت
elogio (m)	madḥ (m)	مدح
amável	laṭīf	لطيف

palavra (f)	kalima (f)	كلمة
frase (f)	'ibāra (f)	عبارة
resposta (f)	ʒawāb (m)	جواب

| verdade (f) | ḥaqīqa (f) | حقيقة |
| mentira (f) | kiðb (m) | كذب |

pensamento (m)	fikra (f)	فكرة
ideia (f)	fikra (f)	فكرة
fantasia (f)	χayāl (m)	خبال

66. Discussão, conversação. Parte 2

estimado	muḥtaram	محترم
respeitar (vt)	iḥtaram	إحترم
respeito (m)	iḥtirām (m)	إحترام
Estimado ..., Caro ...	'azīzi ...	عزيزي...
apresentar (vt)	'arraf	عرف
travar conhecimento	ta'arraf	تعرف

intenção (f)	niyya (f)	نيّة
tencionar (vt)	nawa	نوى
desejo (m)	tamanni (m)	تمنٍ
desejar (ex. ~ boa sorte)	tamanna	تمنّى

surpresa (f)	'aʒab (m)	عجب
surpreender (vt)	adhaʃ	أدهش
surpreender-se (vr)	indahaʃ	إندهش

dar (vt)	a'ṭa	أعطى
pegar (tomar)	aχað	أخذ
devolver (vt)	radd	ردّ
retornar (vt)	arʒa'	أرجع

desculpar-se (vr)	i'taðar	إعتذر
desculpa (f)	i'tiðār (m)	إعتذار
perdoar (vt)	'afa	عفا

falar (vi)	taḥaddaθ	تحدّث
escutar (vt)	istama'	إستمع
ouvir até o fim	sami'	سمع
compreender (vt)	fahim	فهم

mostrar (vt)	'araḍ	عرض
olhar para ...	naẓar	نظر
chamar (dizer em voz alta o nome)	nāda	نادى
distrair (vt)	ʃaɣal	شغل
perturbar (vt)	az'aʒ	أزعج
entregar (~ em mãos)	sallam	سلّم

pedido (m)	ṭalab (m)	طلب
pedir (ex. ~ ajuda)	ṭalab	طلب
exigência (f)	maṭlab (m)	مطلب
exigir (vt)	ṭālib	طالب

chamar nomes (vt)	ɣāẓ	غاظ
zombar (vt)	saχar	سخر
zombaria (f)	suχriyya (f)	سخرية
alcunha (f)	laqab (m)	لقب

insinuação (f)	talmīḥ (m)	تلميح
insinuar (vt)	lamaḥ	لمح
subentender (vt)	qaṣad	قصد

descrição (f)	waṣf (m)	وصف
descrever (vt)	waṣaf	وصف
elogio (m)	madḥ (m)	مدح
elogiar (vt)	madaḥ	مدح

desapontamento (m)	χaybat amal (f)	خيبة أمل
desapontar (vt)	χayyab	خيّب
desapontar-se (vr)	χābat 'āmāluh	خابت آماله

suposição (f)	iftirāḍ (m)	إفتراض
supor (vt)	iftaraḍ	إفترض

| advertência (f) | taḥðīr (m) | تحذير |
| advertir (vt) | ḥaððar | حذّر |

67. Discussão, conversação. Parte 3

| convencer (vt) | aqna' | أقنع |
| acalmar (vt) | ṭam'an | طمأن |

silêncio (o ~ é de ouro)	sukūt (m)	سكوت
ficar em silêncio	sakat	سكت
sussurrar (vt)	hamas	همس
sussurro (m)	hamsa (f)	همسة

| francamente | bi ṣarāḥa | بصراحة |
| a meu ver ... | fi ra'yi ... | في رأيي... |

detalhe (~ da história)	tafṣīl (m)	تفصيل
detalhado	mufaṣṣal	مفصّل
detalhadamente	bit tafāṣīl	بالتفاصيل

| dica (f) | iʃāra (f), talmīḥ (m) | إشارة, تلميح |
| dar uma dica | a'ṭa talmīḥ | أعطى تلميحاً |

olhar (m)	naẓra (f)	نظرة
dar uma vista de olhos	alqa naẓra	ألقى نظرة
fixo (olhar ~)	θābit	ثابت
piscar (vi)	ramaʃ	رمش
pestanejar (vt)	ɣamaz	غمز
acenar (com a cabeça)	hazz ra'sah	هزّ رأسه

suspiro (m)	tanahhuda (f)	تنهّدة
suspirar (vi)	tanahhad	تنهّد
estremecer (vi)	irta'aʃ	إرتعش
gesto (m)	iʃārat yad (f)	إشارة يد
tocar (com as mãos)	lamas	لمس
agarrar (~ pelo braço)	amsak	أمسك
bater de leve	ṣafaq	صفق

Cuidado!	χuð bālak!	خذ بالك!
A sério?	wallahi?	والله؟
Tem certeza?	hal anta muta'akkid?	هل أنت متأكّد؟
Boa sorte!	bit tawfīq!	بالتوفيق!
Compreendi!	wāḍiḥ!	واضح!
Que pena!	ya lil asaf!	يا للأسف!

68. Acordo. Recusa

consentimento (~ mútuo)	muwāfaqa (f)	موافقة
consentir (vi)	wāfa'	وافق
aprovação (f)	istiḥsān (m)	إستحسان
aprovar (vt)	istiḥsan	إستحسن
recusa (f)	rafḍ (m)	رفض

negar-se (vt)	rafaḍ	رفض
Está ótimo!	ʿaẓīm!	!اعظيم
Muito bem!	ittafaqna!	!إتفقنا
Está bem! De acordo!	ittafaqna!	!إتفقنا

proibido	mamnūʿ	ممنوع
é proibido	mamnūʿ	ممنوع
é impossível	mustaḥīl	مستحيل
incorreto	ɣalaṭ	غلط

rejeitar (~ um pedido)	rafaḍ	رفض
apoiar (vt)	ayyad	أيّد
aceitar (desculpas, etc.)	qabil	قبل

confirmar (vt)	aθbat	أثبت
confirmação (f)	iθbāt (m)	إثبات
permissão (f)	samāḥ (m)	سماح
permitir (vt)	samaḥ	سمح
decisão (f)	qarār (m)	قرار
não dizer nada	ṣamat	صمت

condição (com uma ~)	ʃarṭ (m)	شرط
pretexto (m)	ʿuðr (m)	عذر
elogio (m)	madḥ (m)	مدح
elogiar (vt)	madaḥ	مدح

69. Sucesso. Boa sorte. Insucesso

êxito, sucesso (m)	naʒāḥ (m)	نجاح
com êxito	bi naʒāḥ	بنجاح
bem sucedido	nāʒiḥ	ناجح

sorte (fortuna)	ḥazz (m)	حظ
Boa sorte!	bit tawfīq!	!بالتوفيق
de sorte	murawaffiq	متوفّق
sortudo, felizardo	maḥzūz	محظوظ

fracasso (m)	faʃl (m)	فشل
pouca sorte (f)	sūʾ al ḥazz (m)	سوء الحظ
azar (m), má sorte (f)	sūʾ al ḥazz (m)	سوء الحظ

| mal sucedido | fāʃil | فاشل |
| catástrofe (f) | kāriθa (f) | كارثة |

orgulho (m)	faxr (m)	فخر
orgulhoso	faxūr	فخور
estar orgulhoso	iftaxar	إفتخر

vencedor (m)	fāʾiz (m)	فائز
vencer (vi)	fāz	فاز
perder (vt)	xasir	خسر
tentativa (f)	muḥāwala (f)	محاولة
tentar (vt)	ḥāwal	حاول
chance (m)	furṣa (f)	فرصة

70. Conflitos. Emoções negativas

grito (m)	ṣarχa (f)	صرخة
gritar (vi)	ṣaraχ	صرخ
começar a gritar	ṣaraχ	صرخ
discussão (f)	muʃāȝara (f)	مشاجرة
discutir (vt)	taʃāȝar	تشاجر
escândalo (m)	muʃāȝara (f)	مشاجرة
criar escândalo	taʃāȝar	تشاجر
conflito (m)	χilāf (m)	خلاف
mal-entendido (m)	sū'at tafāhum (m)	سوء التفاهم
insulto (m)	ihāna (f)	إهانة
insultar (vt)	ahān	أهان
insultado	muhān	مهان
ofensa (f)	ḍaym (m)	ضيم
ofender (vt)	asā'	أساء
ofender-se (vr)	istā'	إستاء
indignação (f)	istiyā' (m)	إستياء
indignar-se (vr)	istā'	إستاء
queixa (f)	ʃakwa (f)	شكوى
queixar-se (vr)	ʃaka	شكا
desculpa (f)	i'tiðār (m)	إعتذار
desculpar-se (vr)	i'taðar	إعتذر
pedir perdão	i'taðar	إعتذر
crítica (f)	naqd (m)	نقد
criticar (vt)	naqad	نقد
acusação (f)	ittihām (m)	إتهام
acusar (vt)	ittaham	إتهم
vingança (f)	intiqām (m)	إنتقام
vingar (vt)	intaqam	إنتقم
vingar-se (vr)	radd	رد
desprezo (m)	iḥtiqār (m)	إحتقار
desprezar (vt)	iḥtaqar	إحتقر
ódio (m)	karāha (f)	كراهة
odiar (vt)	karah	كره
nervoso	'aṣabiy	عصبيّ
estar nervoso	qalaq	قلق
zangado	za'lān	زعلان
zangar (vt)	az'al	أزعل
humilhação (f)	iðlāl (m)	إذلال
humilhar (vt)	ðallal	ذلّل
humilhar-se (vr)	taðallal	تذلّل
choque (m)	ṣadma (f)	صدمة
chocar (vt)	ṣadam	صدم
aborrecimento (m)	muʃkila (f)	مشكلة

desagradável	karīh	كريه
medo (m)	χawf (m)	خوف
terrível (tempestade, etc.)	ʃadīd	شديد
assustador (ex. história ~a)	muχīf	مخيف
horror (m)	ru'b (m)	رعب
horrível (crime, etc.)	mur'ib	مرعب
começar a tremer	irta'aʃ	إرتعش
chorar (vi)	baka	بكى
começar a chorar	baka	بكى
lágrima (f)	dama'a (f)	دمعة
falta (f)	ɣalṭa (f)	غلطة
culpa (f)	ðamb (m)	ذنب
desonra (f)	'ār (m)	عار
protesto (m)	iḥtiʒāʒ (m)	إحتجاج
stresse (m)	tawattur (m)	توتّر
perturbar (vt)	az'aʒ	أزعج
zangar-se com ...	ɣaḍib	غضب
zangado	ɣaḍbān	غضبان
terminar (vt)	anha	أنهى
praguejar	ʃātam	شاتم
assustar-se	χāf	خاف
golpear (vt)	ḍarab	ضرب
brigar (na rua, etc.)	ta'ārak	تعارك
resolver (o conflito)	sawwa	سوّى
descontente	ɣayr rāḍi	غير راض
furioso	'anīf	عنيف
Não está bem!	laysa haða amr ʒayyid!	ليس هذا أمرًا جيّدًا!!
É mau!	haða amr sayyi'!	هذا أمر سيّء!!

Medicina

71. Doenças

doença (f)	maraḍ (m)	مرض
estar doente	maraḍ	مرض
saúde (f)	ṣiḥḥa (f)	صحة
nariz (m) a escorrer	zukām (m)	زكام
amigdalite (f)	iltihāb al lawzatayn (m)	التهاب اللوزتين
constipação (f)	bard (m)	برد
constipar-se (vr)	aṣābahu al bard	أصابه البرد
bronquite (f)	iltihāb al qaṣabāt (m)	إلتهاب القصبات
pneumonia (f)	iltihāb ar ri'atayn (m)	إلتهاب الرئتين
gripe (f)	inflūnza (f)	إنفلونزا
míope	qaṣīr an naẓar	قصير النظر
presbita	ba'īd an naẓar	بعيد النظر
estrabismo (m)	ḥawal (m)	حول
estrábico	aḥwal	أحول
catarata (f)	katarakt (f)	كاتاراكت
glaucoma (m)	glawkūma (f)	جلوكوما
AVC (m), apoplexia (f)	sakta (f)	سكتة
ataque (m) cardíaco	iḥtija' (m)	إحتشاء
enfarte (m) do miocárdio	nawba qalbiya (f)	نوبة قلبية
paralisia (f)	ʃalal (m)	شلل
paralisar (vt)	ʃall	شلّ
alergia (f)	ḥassāsiyya (f)	حساسيّة
asma (f)	rabw (m)	ربو
diabetes (f)	ad dā' as sukkariy (m)	الداء السكّريّ
dor (f) de dentes	alam al asnān (m)	ألم الأسنان
cárie (f)	naxar al asnān (m)	نخر الأسنان
diarreia (f)	ishāl (m)	إسهال
prisão (f) de ventre	imsāk (m)	إمساك
desarranjo (m) intestinal	'usr al haḍm (m)	عسر الهضم
intoxicação (f) alimentar	tasammum (m)	تسمّم
intoxicar-se	tasammam	تسمّم
artrite (f)	iltihāb al mafāṣil (m)	إلتهاب المفاصل
raquitismo (m)	kusāh al aṭfāl (m)	كساح الأطفال
reumatismo (m)	riumatizm (m)	روماتزم
arteriosclerose (f)	taṣṣallub aʃ ʃarayīn (m)	تصلّب الشرايين
gastrite (f)	iltihāb al ma'ida (m)	إلتهاب المعدة
apendicite (f)	iltihāb az zā'ida ad dūdiyya (m)	إلتهاب الزائدة الدوديّة

| colecistite (f) | iltihāb al marāra (m) | إلتهاب المرارة |
| úlcera (f) | qurḥa (f) | قرحة |

sarampo (m)	maraḍ al ḥaṣba (m)	مرض الحصبة
rubéola (f)	ḥaṣba almāniyya (f)	حصبة ألمانية
iterícia (f)	yaraqān (m)	يرقان
hepatite (f)	iltihāb al kabd al vayrūsiy (m)	إلتهاب الكبد الفيروسيّ

esquizofrenia (f)	ʃizufrīniya (f)	شيزوفرينيا
raiva (f)	dāʾ al kalb (m)	داء الكلب
neurose (f)	ʿiṣāb (m)	عصاب
comoção (f) cerebral	irtiʒāʒ al muxx (m)	إرتجاج المخ

cancro (m)	saraṭān (m)	سرطان
esclerose (f)	taṣṣallub (m)	تصلّب
esclerose (f) múltipla	taṣṣallub mutaʾaddid (m)	تصلّب متعدد

alcoolismo (m)	idmān al xamr (m)	إدمان الخمر
alcoólico (m)	mudmin al xamr (m)	مدمن الخمر
sífilis (f)	sifilis az zuhariy (m)	سفلس الزهري
SIDA (f)	al aydz (m)	الايدز

tumor (m)	waram (m)	ورم
maligno	xabīθ	خبيث
benigno	ḥamīd (m)	حميد

febre (f)	ḥumma (f)	حمّى
malária (f)	malāriya (f)	ملاريا
gangrena (f)	ɣanɣrīna (f)	غنغرينا
enjoo (m)	duwār al baḥr (m)	دوار البحر
epilepsia (f)	maraḍ aṣ ṣarʿ (m)	مرض الصرع

epidemia (f)	wabāʾ (m)	وباء
tifo (m)	tīfus (m)	تيفوس
tuberculose (f)	maraḍ as sull (m)	مرض السلّ
cólera (f)	kulīra (f)	كوليرا
peste (f)	ṭāʿūn (m)	طاعون

72. Sintomas. Tratamentos. Parte 1

sintoma (m)	ʿaraḍ (m)	عرض
temperatura (f)	ḥarāra (f)	حرارة
febre (f)	ḥumma (f)	حمّى
pulso (m)	nabḍ (m)	نبض

vertigem (f)	dawxa (f)	دوخة
quente (testa, etc.)	ḥārr	حارّ
calafrio (m)	nafaḍān (m)	نفضان
pálido	aṣfar	أصفر

tosse (f)	suʿāl (m)	سعال
tossir (vi)	saʿal	سعل
espirrar (vi)	ʿaṭas	عطس
desmaio (m)	iɣmāʾ (m)	إغماء

desmaiar (vi)	ɣumiya 'alayh	غمي عليه
nódoa (f) negra	kadma (f)	كدمة
galo (m)	tawarrum (m)	تورّم
magoar-se (vr)	istadam	إصطدم
pisadura (f)	radd (m)	رضّ
aleijar-se (vr)	taraddad	ترضّض

coxear (vi)	'araʒ	عرج
deslocação (f)	χalʿ (m)	خلع
deslocar (vt)	χalaʿ	خلع
fratura (f)	kasr (m)	كسر
fraturar (vt)	inkasar	إنكسر

corte (m)	ʒurḥ (m)	جرح
cortar-se (vr)	ʒaraḥ nafsah	جرح نفسه
hemorragia (f)	nazf (m)	نزف

| queimadura (f) | ḥarq (m) | حرق |
| queimar-se (vr) | taʃayyat | تشيّط |

picar (vt)	waχaz	وخز
picar-se (vr)	waχaz nafsah	وخز نفسه
lesionar (vt)	aṣāb	أصاب
lesão (m)	iṣāba (f)	إصابة
ferida (f), ferimento (m)	ʒurḥ (m)	جرح
trauma (m)	ṣadma (f)	صدمة

delirar (vi)	haða	هذى
gaguejar (vi)	talaʿsam	تلعثم
insolação (f)	ḍarbat ʃams (f)	ضربة شمس

73. Sintomas. Tratamentos. Parte 2

| dor (f) | alam (m) | ألم |
| farpa (no dedo) | ʃaẓiyya (f) | شظيّة |

suor (m)	'irq (m)	عرق
suar (vi)	'ariq	عرق
vómito (m)	taqayyuʿ (m)	تقيّؤ
convulsões (f pl)	taʃannuʒāt (pl)	تشنّجات

grávida	ḥāmil	حامل
nascer (vi)	wulid	وُلد
parto (m)	wilāda (f)	ولادة
dar à luz	walad	ولد
aborto (m)	iʒhāḍ (m)	إجهاض

respiração (f)	tanaffus (m)	تنفّس
inspiração (f)	istinʃāq (m)	إستنشاق
expiração (f)	zafīr (m)	زفير
expirar (vi)	zafar	زفر
inspirar (vi)	istanʃaq	إستنشق
inválido (m)	muʿāq (m)	معاق
aleijado (m)	muqʿad (m)	مقعد

toxicodependente (m)	mudmin muxaddirāt (m)	مدمن مخدّرات
surdo	aṭraʃ	أطرش
mudo	axras	أخرس
surdo-mudo	aṭraʃ axras	أطرش أخرس

louco (adj.)	maʒnūn	مجنون
louco (m)	maʒnūn (m)	مجنون
louca (f)	maʒnūna (f)	مجنونة
ficar louco	ʒunn	جنّ

gene (m)	ʒīn (m)	جين
imunidade (f)	manāʿa (f)	مناعة
hereditário	wirāθiy	وراثي
congénito	xilqiy munð al wilāda	خلقي منذ الولادة

vírus (m)	virūs (m)	فيروس
micróbio (m)	mikrūb (m)	ميكروب
bactéria (f)	ʒurθūma (f)	جرثومة
infeção (f)	ʿadwa (f)	عدوى

74. Sintomas. Tratamentos. Parte 3

| hospital (m) | mustaʃfa (m) | مستشفى |
| paciente (m) | marīḍ (m) | مريض |

diagnóstico (m)	taʃxīṣ (m)	تشخيص
cura (f)	ʿilāʒ (m)	علاج
tratamento (m) médico	ʿilāʒ (m)	علاج
curar-se (vr)	taʿālaʒ	تعالج
tratar (vt)	ʿālaʒ	عالج
cuidar (pessoa)	marraḍ	مرّض
cuidados (m pl)	ʿināya (f)	عناية

operação (f)	ʿamaliyya ʒaraḥiyya (f)	عمليّة جرحيّة
enfaixar (vt)	ḍammad	ضمّد
enfaixamento (m)	taḍmīd (m)	تضميد

vacinação (f)	talqīḥ (m)	تلقيح
vacinar (vt)	laqqaḥ	لقّح
injeção (f)	ḥuqna (f)	حقنة
dar uma injeção	ḥaqan ibra	حقن إبرة

ataque (~ de asma, etc.)	nawba (f)	نوبة
amputação (f)	batr (m)	بتر
amputar (vt)	batar	بتر
coma (f)	ɣaybūba (f)	غيبوبة
estar em coma	kān fi ḥālat ɣaybūba	كان في حالة غيبوبة
reanimação (f)	al ʿināya al murakkaza (f)	العناية المركّزة

recuperar-se (vr)	ʃufiy	شفي
estado (~ de saúde)	ḥāla (f)	حالة
consciência (f)	waʿy (m)	وعي
memória (f)	ðākira (f)	ذاكرة
tirar (vt)	xalaʿ	خلع

| chumbo (m), obturação (f) | ḥaʃw (m) | حشو |
| chumbar, obturar (vt) | ḥaʃa | حشا |

| hipnose (f) | at tanwīm al maɣnaṭīsiy (m) | التنويم المغناطيسيّ |
| hipnotizar (vt) | nawwam | نوّم |

75. Médicos

médico (m)	ṭabīb (m)	طبيب
enfermeira (f)	mumarriḍa (f)	ممرّضة
médico (m) pessoal	duktūr ʃaxṣiy (m)	دكتور شـخصيّ

dentista (m)	ṭabīb al asnān (m)	طبيب الأسنان
oculista (m)	ṭabīb al 'uyūn (m)	طبيب العيون
terapeuta (m)	ṭabīb bāṭiniy (m)	طبيب باطنيّ
cirurgião (m)	ȝarrāḥ (m)	جرّاح

psiquiatra (m)	ṭabīb nafsiy (m)	طبيب نفسيّ
pediatra (m)	ṭabīb al aṭfāl (m)	طبيب الأطفال
psicólogo (m)	sikulūȝiy (m)	سيكولوجيّ
ginecologista (m)	ṭabīb an nisā' (m)	طبيب النساء
cardiologista (m)	ṭabīb al qalb (m)	طبيب القلب

76. Medicina. Drogas. Acessórios

medicamento (m)	dawā' (m)	دواء
remédio (m)	'ilāȝ (m)	علاج
receitar (vt)	waṣaf	وصف
receita (f)	waṣfa (f)	وصفة

comprimido (m)	qurṣ (m)	قرص
pomada (f)	marham (m)	مرهم
ampola (f)	ambūla (f)	أمبولة
preparado (m)	dawā' ʃarāb (m)	دواء شراب
xarope (m)	ʃarāb (m)	شراب
cápsula (f)	ḥabba (f)	حبّة
remédio (m) em pó	ðarūr (m)	ذرور

ligadura (f)	ḍammāda (f)	ضمادة
algodão (m)	quṭn (m)	قطن
iodo (m)	yūd (m)	يود

penso (m) rápido	blāstir (m)	بلاستر
conta-gotas (m)	māṣṣat al bastara (f)	ماصّة البسترة
termómetro (m)	tirmūmitr (m)	ترمومتر
seringa (f)	miḥqana (f)	محقنة

| cadeira (f) de rodas | kursiy mutaḥarrik (m) | كرسي متحرّك |
| muletas (f pl) | 'ukkāzān (du) | عكّازان |

| analgésico (m) | musakkin (m) | مسكّن |
| laxante (m) | mulayyin (m) | ملين |

álcool (m) etílico	iθanūl (m)	إيثانول
ervas (f pl) medicinais	a'ʃāb ţibbiyya (pl)	أعشاب طبية
de ervas (chá ~)	'uʃbiy	عشبي

77. Fumar. Produtos tabágicos

tabaco (m)	tabɣ (m)	تبغ
cigarro (m)	sīʒāra (f)	سيجارة
charuto (m)	sīʒār (m)	سيجار
cachimbo (m)	ɣalyūn (m)	غليون
maço (~ de cigarros)	'ulba (f)	علبة
fósforos (m pl)	kibrīt (m)	كبريت
caixa (f) de fósforos	'ulbat kibrīt (f)	علبة كبريت
isqueiro (m)	wallā'a (f)	ولّاعة
cinzeiro (m)	ţaqţūqa (f)	طقطوقة
cigarreira (f)	'ulbat saʒā'ir (f)	علبة سجائر
boquilha (f)	ḥamilat siʒāra (f)	حاملة سيجارة
filtro (m)	filtir (m)	فلتر
fumar (vi, vt)	daxxan	دخّن
acender um cigarro	aʃʻal siʒāra	أشعل سيجارة
tabagismo (m)	tadxīn (m)	تدخين
fumador (m)	mudaxxin (m)	مدخّن
beata (f)	'uqb siʒāra (m)	عقب سيجارة
fumo (m)	duxān (m)	دخان
cinza (f)	ramād (m)	رماد

HABITAT HUMANO

Cidade

78. Cidade. Vida na cidade

cidade (f)	madīna (f)	مدينة
capital (f)	ʿāṣima (f)	عاصمة
aldeia (f)	qarya (f)	قرية
mapa (m) da cidade	xarīṭat al madīna (f)	خريطة المدينة
centro (m) da cidade	markaz al madīna (m)	مركز المدينة
subúrbio (m)	ḍāḥiya (f)	ضاحية
suburbano	aḍ ḍawāḥi	الضواحي
periferia (f)	aṭrāf al madīna (pl)	أطراف المدينة
arredores (m pl)	ḍawāḥi al madīna (pl)	ضواحي المدينة
quarteirão (m)	ḥayy (m)	حي
quarteirão (m) residencial	ḥayy sakaniy (m)	حي سكني
tráfego (m)	ḥarakat al murūr (f)	حركة المرور
semáforo (m)	iʃārāt al murūr (pl)	إشارات المرور
transporte (m) público	wasāʾil an naql (pl)	وسائل النقل
cruzamento (m)	taqāṭuʿ (m)	تقاطع
passadeira (f)	maʿbar al muʃāt (m)	معبر المشاة
passagem (f) subterrânea	nafaq muʃāt (m)	نفق مشاة
cruzar, atravessar (vt)	ʿabar	عبر
peão (m)	māʃi (m)	ماش
passeio (m)	raṣīf (m)	رصيف
ponte (f)	ʒisr (m)	جسر
margem (f) do rio	kurnīʃ (m)	كورنيش
fonte (f)	nāfūra (f)	نافورة
alameda (f)	mamʃa (m)	ممشى
parque (m)	ḥadīqa (f)	حديقة
bulevar (m)	bulvār (m)	بولفار
praça (f)	maydān (m)	ميدان
avenida (f)	ʃāriʿ (m)	شارع
rua (f)	ʃāriʿ (m)	شارع
travessa (f)	zuqāq (m)	زقاق
beco (m) sem saída	ṭarīq masdūd (m)	طريق مسدود
casa (f)	bayt (m)	بيت
edifício, prédio (m)	mabna (m)	مبنى
arranha-céus (m)	nāṭiḥat sahāb (f)	ناطحة سحاب
fachada (f)	wāʒiha (f)	واجهة
telhado (m)	saqf (m)	سقف

janela (f)	ʃubbāk (m)	شبّاك
arco (m)	qaws (m)	قوس
coluna (f)	'amūd (m)	عمود
esquina (f)	zāwiya (f)	زاوية

montra (f)	vatrīna (f)	فترينة
letreiro (m)	lāfita (f)	لافتة
cartaz (m)	mulṣaq (m)	ملصق
cartaz (m) publicitário	mulṣaq i'lāniy (m)	ملصق إعلاني
painel (m) publicitário	lawḥat i'lānāt (f)	لوحة إعلانات

lixo (m)	zubāla (f)	زبالة
cesta (f) do lixo	ṣundūq zubāla (m)	صندوق زبالة
jogar lixo na rua	rama zubāla	رمى زبالة
aterro (m) sanitário	mazbala (f)	مزبلة

cabine (f) telefónica	kuʃk tilifūn (m)	كشك تليفون
candeeiro (m) de rua	'amūd al miṣbāḥ (m)	عمود المصباح
banco (m)	dikka (f), kursiy (m)	دكّة, كرسي

polícia (m)	ʃurṭiy (m)	شرطيّ
polícia (instituição)	ʃurṭa (f)	شرطة
mendigo (m)	ʃaḥḥāð (m)	شحّاذ
sem-abrigo (m)	mutaʃarrid (m)	متشرّد

79. Instituições urbanas

loja (f)	maḥall (m)	محلّ
farmácia (f)	ṣaydaliyya (f)	صيدليّة
ótica (f)	al adawāt al baṣariyya (pl)	الأدوات البصريّة
centro (m) comercial	markaz tiʒāriy (m)	مركز تجاريّ
supermercado (m)	subirmarkit (m)	سوبرماركت

padaria (f)	maxbaz (m)	مخبز
padeiro (m)	xabbāz (m)	خبّاز
pastelaria (f)	dukkān ḥalawāniy (m)	دكّان حلوانيّ
mercearia (f)	baqqāla (f)	بقّالة
talho (m)	malḥama (f)	ملحمة

loja (f) de legumes	dukkān xuḍār (m)	دكّان خضار
mercado (m)	sūq (f)	سوق

café (m)	kafé (m), maqha (m)	كافيه, مقهى
restaurante (m)	maṭ'am (m)	مطعم
bar (m), cervejaria (f)	ḥāna (f)	حانة
pizzaria (f)	maṭ'am pizza (m)	مطعم بيتزا

salão (m) de cabeleireiro	ṣālūn ḥilāqa (m)	صالون حلاقة
correios (m pl)	maktab al barīd (m)	مكتب البريد
lavandaria (f)	tanzīf ʒāff (m)	تنظيف جافّ
estúdio (m) fotográfico	istūdiyu taṣwīr (m)	إستوديو تصوير

sapataria (f)	maḥall aḥðiya (m)	محلّ أحذية
livraria (f)	maḥall kutub (m)	محلّ كتب

loja (f) de artigos de desporto	maḥall riyāḍiy (m)	محلّ رياضيّ
reparação (f) de roupa	maḥall χiyāṭat malābis (m)	محلّ خياطة ملابس
aluguer (m) de roupa	maḥall ta'ʒīr malābis rasmiyya (m)	محلّ تأجير ملابس رسمية
aluguer (m) de filmes	maḥal ta'ʒīr vidiyu (m)	محلّ تأجير فيديو

circo (m)	sirk (m)	سيرك
jardim (m) zoológico	ḥadīqat al ḥayawān (f)	حديقة حيوان
cinema (m)	sinima (f)	سينما
museu (m)	matḥaf (m)	متحف
biblioteca (f)	maktaba (f)	مكتبة

teatro (m)	masraḥ (m)	مسرح
ópera (f)	ubra (f)	أوبرا
clube (m) noturno	malha layliy (m)	ملهى ليليّ
casino (m)	kazinu (m)	كازينو

mesquita (f)	masʒid (m)	مسجد
sinagoga (f)	kanīs maʿbad yahūdiy (m)	كنيس معبد يهوديّ
catedral (f)	katidrā'iyya (f)	كاتدرائية
templo (m)	maʿbad (m)	معبد
igreja (f)	kanīsa (f)	كنيسة

instituto (m)	kulliyya (m)	كلّيّة
universidade (f)	ʒāmiʿa (f)	جامعة
escola (f)	madrasa (f)	مدرسة

prefeitura (f)	muqāṭaʿa (f)	مقاطعة
câmara (f) municipal	baladiyya (f)	بلديّة
hotel (m)	funduq (m)	فندق
banco (m)	bank (m)	بنك

embaixada (f)	safāra (f)	سفارة
agência (f) de viagens	ʃarikat siyāḥa (f)	شركة سياحة
agência (f) de informações	maktab al istiʿlāmāt (m)	مكتب الإستعلامات
casa (f) de câmbio	ṣarrāfa (f)	صرّافة

metro (m)	mitru (m)	مترو
hospital (m)	mustaʃfa (m)	مستشفى

posto (m) de gasolina	maḥaṭṭat banzīn (f)	محطّة بنزين
parque (m) de estacionamento	mawqif as sayyārāt (m)	موقف السيّارات

80. Sinais

letreiro (m)	lāfita (f)	لافتة
inscrição (f)	bayān (m)	بيان
cartaz, póster (m)	mulṣaq iʿlāniy (m)	ملصق إعلانيّ
sinal (m) informativo	ʿalāmat ittiʒāh (f)	علامة إتّجاه
seta (f)	ʿalāmat iʃāra (f)	علامة إشارة

aviso (advertência)	taḥðīr (m)	تحذير
sinal (m) de aviso	lāfitat taḥðīr (f)	لافتة تحذير
avisar, advertir (vt)	ḥaððar	حذّر

dia (m) de folga	yawm 'uṭla (m)	يوم عطلة
horário (m)	ӡadwal (m)	جدول
horário (m) de funcionamento	awqāt al 'amal (pl)	أوقات العمل

BEM-VINDOS!	ahlan wa sahlan!	أهلًا وسهلًا
ENTRADA	duχūl	دخول
SAÍDA	χurūӡ	خروج

EMPURRE	idfa'	إدفع
PUXE	isḥab	إسحب
ABERTO	maftūḥ	مفتوح
FECHADO	muɣlaq	مغلق

MULHER	lis sayyidāt	للسيدات
HOMEM	lir riӡāl	للرجال

DESCONTOS	χaṣm	خصم
SALDOS	taχfīḍāt	تخفيضات
NOVIDADE!	ӡadīd!	جديد!
GRÁTIS	maӡӡānan	مجّانًا

ATENÇÃO!	intibāh!	إنتباه!
NÃO HÁ VAGAS	kull al amākin mahӡūza	كل الأماكن محجوزة
RESERVADO	mahӡūz	محجوز

ADMINISTRAÇÃO	idāra	إدارة
SOMENTE PESSOAL AUTORIZADO	lil 'āmilīn faqaṭ	للعاملين فقط

CUIDADO CÃO FEROZ	iḥðar wuӡūd al kalb	إحذر وجود الكلب
PROIBIDO FUMAR!	mamnū' at tadχīn	ممنوع التدخين
NÃO TOCAR	'adam al lams	عدم اللمس

PERIGOSO	χaṭīr	خطير
PERIGO	χaṭar	خطر
ALTA TENSÃO	tayyār 'āli	تيّار عالي
PROIBIDO NADAR	as sibāḥa mamnū'a	السباحة ممنوعة
AVARIADO	mu'aṭṭal	معطّل

INFLAMÁVEL	sarī' al iӡti'āl	سريع الإشتعال
PROIBIDO	mamnū'	ممنوع
ENTRADA PROIBIDA	mamnū' al murūr	ممنوع المرور
CUIDADO TINTA FRESCA	iḥðar ṭilā' ɣayr ӡāff	إحذر طلاء غير جاف

81. Transportes urbanos

autocarro (m)	bāṣ (m)	باص
elétrico (m)	trām (m)	ترام
troleicarro (m)	truli bāṣ (m)	ترولي باص
itinerário (m)	χaṭṭ (m)	خطّ
número (m)	raqm (m)	رقم

ir de ... (carro, etc.)	rakib ...	ركب...
entrar (~ no autocarro)	rakib	ركب

descer de ...	nazil min	نزل من
paragem (f)	mawqif (m)	موقف
próxima paragem (f)	al mahatta al qādima (f)	المحطة القادمة
ponto (m) final	āxir mahatta (f)	آخر محطة
horário (m)	ʒadwal (m)	جدول
esperar (vt)	intazar	إنتظر

bilhete (m)	taðkira (f)	تذكرة
custo (m) do bilhete	uʒra (f)	أجرة

bilheteiro (m)	sarrāf (m)	صرّاف
controlo (m) dos bilhetes	taftīʃ taðkira (m)	تفتيش تذكرة
revisor (m)	mufattiʃ taðākir (m)	مفتش تذاكر

atrasar-se (vr)	ta'axxar	تأخّر
perder (o autocarro, etc.)	ta'axxar	تأخّر
estar com pressa	ista'ʒal	إستعجل

táxi (m)	taksi (m)	تاكسي
taxista (m)	sā'iq taksi (m)	سائق تاكسي
de táxi (ir ~)	bit taksi	بالتاكسي
praça (f) de táxis	mawqif taksi (m)	موقف تاكسي
chamar um táxi	kallam tāksi	كلم تاكسي
apanhar um táxi	axað taksi	أخذ تاكسي

tráfego (m)	harakat al murūr (f)	حركة المرور
engarrafamento (m)	zahmat al murūr (f)	زحمة المرور
horas (f pl) de ponta	sā'at að ðurwa (f)	ساعة الذروة
estacionar (vi)	awqaf	أوقف
estacionar (vt)	awqaf	أوقف
parque (m) de estacionamento	mawqif as sayyārāt (m)	موقف السيارات

metro (m)	mitru (m)	مترو
estação (f)	mahatta (f)	محطة
ir de metro	rakib al mitru	ركب المترو
comboio (m)	qitār (m)	قطار
estação (f)	mahattat qitār (f)	محطة قطار

82. Turismo

monumento (m)	timθāl (m)	تمثال
fortaleza (f)	qal'a (f), hisn (m)	قلعة, حصن
palácio (m)	qasr (m)	قصر
castelo (m)	qal'a (f)	قلعة
torre (f)	burʒ (m)	برج
mausoléu (m)	darīh (m)	ضريح

arquitetura (f)	handasa mi'māriyya (f)	هندسة معمارية
medieval	min al qurūn al wusta	من القرون الوسطى
antigo	qadīm	قديم
nacional	wataniy	وطني
conhecido	maʃhūr	مشهور
turista (m)	sā'ih (m)	سائح
guia (pessoa)	murʃid (m)	مرشد

excursão (f)	ʒawla (f)	جولة
mostrar (vt)	'araḍ	عرض
contar (vt)	ḥaddaθ	حدث

encontrar (vt)	waʒad	وجد
perder-se (vr)	ḍā'	ضاع
mapa (~ do metrô)	xarīṭa (f)	خريطة
mapa (~ da cidade)	xarīṭa (f)	خريطة

lembrança (f), presente (m)	tiðkār (m)	تذكار
loja (f) de presentes	maḥall hadāya (m)	محل هدايا
fotografar (vt)	ṣawwar	صور
fotografar-se	taṣawwar	تصور

83. Compras

comprar (vt)	iʃtara	إشترى
compra (f)	ʃay' (m)	شيء
fazer compras	iʃtara	إشترى
compras (f pl)	ʃubinɣ (m)	شوبينغ

| estar aberta (loja, etc.) | maftūḥ | مفتوح |
| estar fechada | muɣlaq | مغلق |

calçado (m)	aḥðiya (pl)	أحذية
roupa (f)	malābis (pl)	ملابس
cosméticos (m pl)	mawādd at taʒmīl (pl)	مواد التجميل
alimentos (m pl)	ma'kūlāt (pl)	مأكولات
presente (m)	hadiyya (f)	هدية

| vendedor (m) | bā'i' (m) | بائع |
| vendedora (f) | bā'i'a (f) | بائعة |

caixa (f)	ṣundū' ad daf' (m)	صندوق الدفع
espelho (m)	mir'āt (f)	مرآة
balcão (m)	minḍada (f)	منضدة
cabine (f) de provas	ɣurfat al qiyās (f)	غرفة القياس

provar (vt)	ʒarrab	جرب
servir (vi)	nāsab	ناسب
gostar (apreciar)	a'ʒab	أعجب

preço (m)	si'r (m)	سعر
etiqueta (f) de preço	tikit as si'r (m)	تيكت السعر
custar (vt)	kallaf	كلف
Quanto?	bikam?	بكم؟
desconto (m)	xaṣm (m)	خصم

não caro	ɣayr ɣāli	غير غال
barato	raxīṣ	رخيص
caro	ɣāli	غال
É caro	haða ɣāli	هذا غال
aluguer (m)	isti'ʒār (m)	إستئجار
alugar (vestidos, etc.)	ista'ʒar	إستأجر

| crédito (m) | i'timān (m) | إئتمان |
| a crédito | bid dayn | بالدين |

84. Dinheiro

dinheiro (m)	nuqūd (pl)	نقود
câmbio (m)	taḥwīl 'umla (m)	تحويل عملة
taxa (f) de câmbio	si'r aṣ ṣarf (m)	سعر الصرف
Caixa Multibanco (m)	ṣarrāf 'āliy (m)	صرّاف آليّ
moeda (f)	qiṭ'a naqdiyya (f)	قطعة نقديّة

| dólar (m) | dulār (m) | دولار |
| euro (m) | yuru (m) | يورو |

lira (f)	lira iṭāliyya (f)	ليرة إيطالية
marco (m)	mark almāniy (m)	مارك ألماني
franco (m)	frank (m)	فرنك
libra (f) esterlina	ʒunayh istirlīniy (m)	جنيه استرلينيّ
iene (m)	yīn (m)	ين

dívida (f)	dayn (m)	دين
devedor (m)	mudīn (m)	مدين
emprestar (vt)	sallaf	سلّف
pedir emprestado	istalaf	إستلف

banco (m)	bank (m)	بنك
conta (f)	ḥisāb (m)	حساب
depositar (vt)	awda'	أودع
depositar na conta	awda' fil ḥisāb	أودع في الحساب
levantar (vt)	saḥab min al ḥisab	سحب من الحساب

cartão (m) de crédito	biṭāqat i'timān (f)	بطاقة إئتمان
dinheiro (m) vivo	nuqūd (pl)	نقود
cheque (m)	ʃīk (m)	شيك
passar um cheque	katab ʃīk	كتب شيكًا
livro (m) de cheques	daftar ʃīkāt (m)	دفتر شيكات

carteira (f)	maḥfazat ʒīb (f)	محفظة جيب
porta-moedas (m)	maḥfazat fakka (f)	محفظة فكّة
cofre (m)	χizāna (f)	خزانة

herdeiro (m)	wāris (m)	وارث
herança (f)	wirāθa (f)	وراثة
fortuna (riqueza)	θarwa (f)	ثروة

arrendamento (m)	'īʒār (m)	إيجار
renda (f) de casa	uʒrat as sakan (f)	أجرة السكن
alugar (vt)	ista'ʒar	إستأجر

preço (m)	si'r (m)	سعر
custo (m)	θaman (m)	ثمن
soma (f)	mablaɣ (m)	مبلغ
gastar (vt)	ṣaraf	صرف
gastos (m pl)	maṣārīf (pl)	مصاريف

| economizar (vi) | waffar | وفّر |
| económico | muwaffir | موفّر |

pagar (vt)	dafa'	دفع
pagamento (m)	daf' (m)	دفع
troco (m)	al bāqi (m)	الباقي

imposto (m)	ḍarība (f)	ضريبة
multa (f)	γarāma (f)	غرامة
multar (vt)	faraḍ γarāma	فرض غرامة

85. Correios. Serviço postal

correios (m pl)	maktab al barīd (m)	مكتب البريد
correio (m)	al barīd (m)	البريد
carteiro (m)	sā'i al barīd (m)	ساعي البريد
horário (m)	awqāt al 'amal (pl)	أوقات العمل

carta (f)	risāla (f)	رسالة
carta (f) registada	risāla musaǧǧala (f)	رسالة مسجّلة
postal (m)	biṭāqa barīdiyya (f)	بطاقة بريديّة
telegrama (m)	barqiyya (f)	برقيّة
encomenda (f) postal	ṭard (m)	طرد
remessa (f) de dinheiro	ḥawāla māliyya (f)	حوالة ماليّة

receber (vt)	istalam	إستلم
enviar (vt)	arsal	أرسل
envio (m)	irsāl (m)	إرسال

endereço (m)	'unwān (m)	عنوان
código (m) postal	raqm al barīd (m)	رقم البريد
remetente (m)	mursil (m)	مرسل
destinatário (m)	mursal ilayh (m)	مرسل إليه

| nome (m) | ism (m) | إسم |
| apelido (m) | ism al 'ā'ila (m) | إسم العائلة |

tarifa (f)	ta'rīfa (f)	تعريفة
ordinário	'ādiy	عاديّ
económico	muwaffir	موفّر

peso (m)	wazn (m)	وزن
pesar (estabelecer o peso)	wazan	وزن
envelope (m)	ẓarf (m)	ظرف
selo (m)	ṭābi' (m)	طابع
colar o selo	alṣaq ṭābi'	ألصق طابعا

Moradia. Casa. Lar

86. Casa. Habitação

Português	Transliteração	العربية
casa (f)	bayt (m)	بيت
em casa	fil bayt	في البيت
pátio (m)	finā' (m)	فناء
cerca (f)	sūr (m)	سور
tijolo (m)	ṭūb (m)	طوب
de tijolos	min aṭ ṭūb	من الطوب
pedra (f)	haʒar (m)	حجر
de pedra	haʒariy	حجري
betão (m)	ɣarasāna (f)	خرسانة
de betão	ɣarasāniy	خرساني
novo	ʒadīd	جديد
velho	qadīm	قديم
decrépito	'āyil lis suqūṭ	آيل للسقوط
moderno	mu'āṣir	معاصر
de muitos andares	muta'addid aṭ ṭawābiq	متعدّد الطوابق
alto	'āli	عال
andar (m)	ṭābiq (m)	طابق
de um andar	ðu ṭābiq wāhid	ذو طابق واحد
andar (m) de baixo	ṭābiq sufliy (m)	طابق سفلي
andar (m) de cima	ṭābiq 'ulwiy (m)	طابق علوي
telhado (m)	saqf (m)	سقف
chaminé (f)	madɣana (f)	مدخنة
telha (f)	qirmīd (m)	قرميد
de telha	min al qirmīd	من القرميد
sótão (m)	'ullayya (f)	علّية
janela (f)	ʃubbāk (m)	شبّاك
vidro (m)	zuʒāʒ (m)	زجاج
parapeito (m)	raff ʃubbāk (f)	رف شبّاك
portadas (f pl)	darf ʃubbāk (m)	درف شبّاك
parede (f)	hā'iṭ (m)	حائط
varanda (f)	ʃurfa (f)	شرفة
tubo (m) de queda	masūrat at taṣrīf (f)	ماسورة التصريف
em cima	fawq	فوق
subir (~ as escadas)	ṣa'ad	صعد
descer (vi)	nazil	نزل
mudar-se (vr)	intaqal	إنتقل

87. Casa. Entrada. Elevador

entrada (f)	madχal (m)	مدخل
escada (f)	sullam (m)	سلم
degraus (m pl)	daraʒāt (pl)	درجات
corrimão (m)	drabizīn (m)	درابزين
hall (m) de entrada	ṣāla (f)	صالة
caixa (f) de correio	ṣundūq al barīd (m)	صندوق البريد
caixote (m) do lixo	ṣundūq az zubāla (m)	صندوق الزبالة
conduta (f) do lixo	manfað að ðubāla (m)	منفذ الزبالة
elevador (m)	miṣ'ad (m)	مصعد
elevador (m) de carga	miṣ'ad aʃ ʃaḥn (m)	مصعد الشحن
cabine (f)	kabīna (f)	كابينة
pegar o elevador	rakib al miṣ'ad	ركب المصعد
apartamento (m)	ʃaqqa (f)	شقة
moradores (m pl)	sukkān al 'imāra (pl)	سكان العمارة
vizinho (m)	ʒār (m)	جار
vizinha (f)	ʒāra (f)	جارة
vizinhos (pl)	ʒirān (pl)	جيران

88. Casa. Eletricidade

eletricidade (f)	kahrabā' (m)	كهرباء
lâmpada (f)	lamba (f)	لمبة
interruptor (m)	miftāḥ (m)	مفتاح
fusível (m)	fāṣima (f)	فاصمة
fio, cabo (m)	silk (m)	سلك
instalação (f) elétrica	aslāk (pl)	أسلاك
contador (m) de eletricidade	'addād (m)	عداد
indicação (f), registo (m)	qirā'a (f)	قراءة

89. Casa. Portas. Fechaduras

porta (f)	bāb (m)	باب
portão (m)	bawwāba (f)	بوابة
maçaneta (f)	qabḍat al bāb (f)	قبضة الباب
destrancar (vt)	fataḥ	فتح
abrir (vt)	fataḥ	فتح
fechar (vt)	aγlaq	أغلق
chave (f)	miftāḥ (m)	مفتاح
molho (m)	rabṭa (f)	ربطة
ranger (vi)	ṣarr	صرّ
rangido (m)	ṣarīr (m)	صرير
dobradiça (f)	mufaṣṣala (f)	مفصّلة
tapete (m) de entrada	siʒāda (f)	سجادة
fechadura (f)	qifl al bāb (m)	قفل الباب

buraco (m) da fechadura	θaqb al bāb (m)	ثقب الباب
ferrolho (m)	tirbās (m)	ترباس
fecho (ferrolho pequeno)	mizlāʒ (m)	مزلاج
cadeado (m)	qifl (m)	قفل

tocar (vt)	rann	رنّ
toque (m)	ranīn (m)	رنين
campainha (f)	ʒaras (m)	جرس
botão (m)	zirr (m)	زر
batida (f)	tarq, daqq (m)	طرق، دقّ
bater (vi)	daqq	دقّ

código (m)	kūd (m)	كود
fechadura (f) de código	kūd (m)	كود
telefone (m) de porta	ʒaras al bāb (m)	جرس الباب
número (m)	raqm (m)	رقم
placa (f) de porta	lawḥa (f)	لوحة
vigia (f), olho (m) mágico	al ʻayn as siḥriyya (m)	العين السحريّة

90. Casa de campo

aldeia (f)	qarya (f)	قرية
horta (f)	bustān χuḍār (m)	بستان خضار
cerca (f)	sūr (m)	سور
paliçada (f)	sūr (m)	سور
cancela (f) do jardim	bawwāba farʻiyya (f)	بوّابة فرعيّة

celeiro (m)	ʃawna (f)	شونة
adega (f)	sirdāb (m)	سرداب
galpão, barracão (m)	sayʼa (f)	سقيفة
poço (m)	biʼr (m)	بئر

fogão (m)	furn (m)	فرن
atiçar o fogo	awqad	أوقد
lenha (carvão ou ~)	ḥatab (m)	حطب
acha (lenha)	qitʻat ḥatab (f)	قطعة حطب

varanda (f)	virānda (f)	فيرانده
alpendre (m)	ʃurfa (f)	شرفة
degraus (m pl) de entrada	sullam (m)	سلّم
balouço (m)	urʒūḥa (f)	أرجوحة

91. Moradia. Mansão

casa (f) de campo	bayt rīfly (m)	بيت ريفيّ
vila (f)	villa (f)	فيلا
ala (~ do edifício)	ʒanāḥ (m)	جناح

jardim (m)	ḥadīqa (f)	حديقة
parque (m)	ḥadīqa (f)	حديقة
estufa (f)	daffʼa (f)	دفيئة
cuidar de ...	ihtamm	إهتمّ

piscina (f)	masbaḥ (m)	مسبح
ginásio (m)	qāʿat at tamrīnāt (f)	قاعة التمرينات
campo (m) de ténis	malʿab tinis (m)	ملعب تنس
cinema (m)	sinima manziliyya (f)	سينما منزلية
garagem (f)	qarāʒ (m)	جراج

| propriedade (f) privada | milkiyya χāṣṣa (f) | ملكية خاصة |
| terreno (m) privado | arḍ χāṣṣa (m) | أرض خاصة |

| advertência (f) | taḥðīr (m) | تحذير |
| sinal (m) de aviso | lāfitat taḥðīr (f) | لافتة تحذير |

guarda (f)	ḥirāsa (f)	حراسة
guarda (m)	ḥāris amn (m)	حارس أمن
alarme (m)	ʒihāð inðār (m)	جهاز انذار

92. Castelo. Palácio

castelo (m)	qalʿa (f)	قلعة
palácio (m)	qaṣr (m)	قصر
fortaleza (f)	qalʿa (f), ḥiṣn (m)	قلعة, حصن
muralha (f)	sūr (m)	سور
torre (f)	burʒ (m)	برج
calabouço (m)	burʒ raʾīsiy (m)	برج رئيسيّ

grade (f) levadiça	bāb mutaḥarrik (m)	باب متحرّك
passagem (f) subterrânea	sirdāb (m)	سرداب
fosso (m)	χandaq māʾiy (m)	خندق مائيّ
corrente, cadeia (f)	silsila (f)	سلسلة
seteira (f)	mazɣal (m)	مزغل

magnífico	rāʾiʿ	رائع
majestoso	muhīb	مهيب
inexpugnável	manīʿ	منيع
medieval	min al qurūn al wusṭa	من القرون الوسطى

93. Apartamento

apartamento (m)	ʃaqqa (f)	شقّة
quarto (m)	ɣurfa (f)	غرفة
quarto (m) de dormir	ɣurfat an nawm (f)	غرفة النوم
sala (f) de jantar	ɣurfat il akl (f)	غرفة الأكل
sala (f) de estar	ṣālat al istiqbāl (f)	صالة الإستقبال
escritório (m)	maktab (m)	مكتب

antessala (f)	madχal (m)	مدخل
quarto (m) de banho	ḥammām (m)	حمّام
toilette (lavabo)	ḥammām (m)	حمّام

teto (m)	saqf (m)	سقف
chão, soalho (m)	arḍ (f)	أرض
canto (m)	zāwiya (f)	زاوية

94. Apartamento. Limpeza

arrumar, limpar (vt)	naẓẓaf	نظف
guardar (no armário, etc.)	ʃāl	شال
pó (m)	ɣubār (m)	غبار
empoeirado	muɣabbar	مغبّر
limpar o pó	masaḥ al ɣubār	مسح الغبار
aspirador (m)	miknasa kahrabā'iyya (f)	مكنسة كهربائيّة
aspirar (vt)	naẓẓaf bi miknasa kahrabā'iyya	نظف بمكنسة كهربائيّة

varrer (vt)	kanas	كنس
sujeira (f)	qumāma (f)	قمامة
arrumação (f), ordem (f)	niẓām (m)	نظام
desordem (f)	'adam an niẓām (m)	عدم النظام

esfregão (m)	mimsaḥa ṭawīla (f)	ممسحة طويلة
pano (m), trapo (m)	mimsaḥa (f)	ممسحة
vassoura (f)	miqaʃʃa (f)	مقشّة
pá (f) de lixo	ʒārūf (m)	جاروف

95. Mobiliário. Interior

mobiliário (m)	aθāθ (m)	أثاث
mesa (f)	maktab (m)	مكتب
cadeira (f)	kursiy (m)	كرسيّ
cama (f)	sarīr (m)	سرير
divã (m)	kanaba (f)	كنبة
cadeirão (m)	kursiy (m)	كرسيّ

estante (f)	χizānat kutub (f)	خزانة كتب
prateleira (f)	raff (m)	رف

guarda-vestidos (m)	dūlāb (m)	دولاب
cabide (m) de parede	ʃammā'a (f)	شمّاعة
cabide (m) de pé	ʃammā'a (f)	شمّاعة

cómoda (f)	dulāb adrāʒ (m)	دولاب أدراج
mesinha (f) de centro	ṭāwilat al qahwa (f)	طاولة القهوة

espelho (m)	mir'āt (f)	مرآة
tapete (m)	siʒāda (f)	سجادة
tapete (m) pequeno	siʒāda (f)	سجادة

lareira (f)	midfa'a ḥā'iṭiyya (f)	مدفأة حائطيّة
vela (f)	ʃam'a (f)	شمعة
castiçal (m)	ʃam'adān (m)	شمعدان

cortinas (f pl)	satā'ir (pl)	ستائر
papel (m) de parede	waraq ḥī'ṭān (m)	ورق حيطان
estores (f pl)	haʃīrat ʃubbāk (f)	حصيرة شبّاك
candeeiro (m) de mesa	miṣbāḥ aṭ ṭāwila (m)	مصباح الطاولة
candeeiro (m) de parede	miṣbāḥ al ḥā'iṭ (f)	مصباح الحائط

| candeeiro (m) de pé | miṣbāḥ arḍiy (m) | مصباح أرضيّ |
| lustre (m) | naӡafa (f) | نجفة |

pé (de mesa, etc.)	riӡl (f)	رجل
braço (m)	masnad (m)	مسند
costas (f pl)	masnad (m)	مسند
gaveta (f)	durӡ (m)	درج

96. Quarto de dormir

roupa (f) de cama	bayāḍāt as sarīr (pl)	بياضات السرير
almofada (f)	wisāda (f)	وسادة
fronha (f)	kīs al wisāda (m)	كيس الوسادة
cobertor (m)	baṭṭāniyya (f)	بطّانية
lençol (m)	milāya (f)	ملاية
colcha (f)	ɣiṭā' as sarīr (m)	غطاء السرير

97. Cozinha

cozinha (f)	maṭbaχ (m)	مطبخ
gás (m)	ɣāz (m)	غاز
fogão (m) a gás	butuɣāz (m)	بوتوغاز
fogão (m) elétrico	furn kaharabā'iy (m)	فرن كهربائيّ
forno (m)	furn (m)	فرن
forno (m) de micro-ondas	furn al mikruwayv (m)	فرن الميكرووييف

frigorífico (m)	θallāӡa (f)	ثلاجة
congelador (m)	frīzir (m)	فريزير
máquina (f) de lavar louça	ɣassāla (f)	غسّالة

moedor (m) de carne	farrāmat laḥm (f)	فرّامة لحم
espremedor (m)	'aṣṣāra (f)	عصّارة
torradeira (f)	maḥmaṣat χubz (f)	محمصة خبز
batedeira (f)	χallāṭ (m)	خلّاط

máquina (f) de café	mākinat ṣan' al qahwa (f)	ماكينة صنع القهوة
cafeteira (f)	kanaka (f)	كنكة
moinho (m) de café	maṭḥanat qahwa (f)	مطحنة قهوة

chaleira (f)	barrād (m)	برّاد
bule (m)	barrād aʃ ʃāy (m)	برّاد الشاي
tampa (f)	ɣiṭā' (m)	غطاء
coador (m) de chá	miṣfāt (f)	مصفاة

colher (f)	mil'aqa (f)	ملعقة
colher (f) de chá	mil'aqat ʃāy (f)	ملعقة شاي
colher (f) de sopa	mil'aqa kabīra (f)	ملعقة كبيرة
garfo (m)	ʃawka (f)	شوكة
faca (f)	sikkīn (m)	سكّين

| louça (f) | ṣuḥūn (pl) | صحون |
| prato (m) | ṭabaq (m) | طبق |

pires (m)	ṭabaq finӡān (m)	طبق فنجان
cálice (m)	ka's (f)	كأس
copo (m)	kubbāya (f)	كبّاية
chávena (f)	finӡān (m)	فنجان
açucareiro (m)	sukkariyya (f)	سكّرية
saleiro (m)	mamlaḥa (f)	مملحة
pimenteiro (m)	mabhara (f)	مبهرة
manteigueira (f)	ṣuḥn zubda (m)	صحن زبدة
panela, caçarola (f)	kassirūlla (f)	كاسرولة
frigideira (f)	ṭāsa (f)	طاسة
concha (f)	miɣrafa (f)	مغرفة
passador (m)	miṣfāt (f)	مصفاة
bandeja (f)	ṣīniyya (f)	صينية
garrafa (f)	zuӡāӡa (f)	زجاجة
boião (m) de vidro	barṭamān (m)	برطمان
lata (f)	tanaka (f)	تنكة
abre-garrafas (m)	fattāḥa (f)	فتّاحة
abre-latas (m)	fattāḥa (f)	فتّاحة
saca-rolhas (m)	barrīma (f)	بريمة
filtro (m)	filtir (m)	فلتر
filtrar (vt)	ṣaffa	صفّى
lixo (m)	zubāla (f)	زبالة
balde (m) do lixo	ṣundūq az zubāla (m)	صندوق الزبالة

98. Casa de banho

quarto (m) de banho	ḥammām (m)	حمّام
água (f)	mā' (m)	ماء
torneira (f)	ḥanafiyya (f)	حنفية
água (f) quente	mā' sāχin (m)	ماء ساخن
água (f) fria	mā' bārid (m)	ماء بارد
pasta (f) de dentes	maʿӡūn asnān (m)	معجون أسنان
escovar os dentes	naẓẓaf al asnān	نظّف الأسنان
escova (f) de dentes	furʃat asnān (f)	فرشة أسنان
barbear-se (vr)	ḥalaq	حلق
espuma (f) de barbear	raɣwa lil ḥilāqa (f)	رغوة للحلاقة
máquina (f) de barbear	mūs ḥilāqa (m)	موس حلاقة
lavar (vt)	ɣasal	غسل
lavar-se (vr)	istaḥamm	إستحمّ
duche (m)	dūʃ (m)	دوش
tomar um duche	aχāð ad duʃ	أخذ الدش
banheira (f)	ḥawḍ istiḥmām (m)	حوض استحمام
sanita (f)	mirḥāḍ (m)	مرحاض
lavatório (m)	ḥawḍ (m)	حوض
sabonete (m)	ṣābūn (m)	صابون

saboneteira (f)	ṣabbāna (f)	صبّانة
esponja (f)	līfa (f)	ليفة
champô (m)	ʃāmbū (m)	شامبو
toalha (f)	fūṭa (f)	فوطة
roupão (m) de banho	θawb ḥammām (m)	ثوب حمّام

lavagem (f)	ɣasīl (m)	غسيل
máquina (f) de lavar	ɣassāla (f)	غسّالة
lavar a roupa	ɣasal al malābis	غسل الملابس
detergente (m)	maʃḥūq ɣasīl (m)	مسحوق غسيل

99. Eletrodomésticos

televisor (m)	tilivizyūn (m)	تليفزيون
gravador (m)	ʒihāz tasʒīl (m)	جهاز تسجيل
videogravador (m)	ʒihāz tasʒīl vidiyu (m)	جهاز تسجيل فيديو
rádio (m)	ʒihāz radiyu (m)	جهاز راديو
leitor (m)	blayir (m)	بليير

projetor (m)	'āriḍ vidiyu (m)	عارض فيديو
cinema (m) em casa	sinima manziliyya (f)	سينما منزليّة
leitor (m) de DVD	di vi di (m)	دي في دي
amplificador (m)	mukabbir aṣ ṣawt (m)	مكبّر الصوت
console (f) de jogos	'atāri (m)	أتاري

câmara (f) de vídeo	kamira vidiyu (f)	كاميرا فيديو
máquina (f) fotográfica	kamira (f)	كاميرا
câmara (f) digital	kamira diʒital (f)	كاميرا ديجيتال

aspirador (m)	miknasa kahrabā'iyya (f)	مكنسة كهربائيّة
ferro (m) de engomar	makwāt (f)	مكواة
tábua (f) de engomar	lawḥat kayy (f)	لوحة كيّ

telefone (m)	hātif (m)	هاتف
telemóvel (m)	hātif maḥmūl (m)	هاتف محمول
máquina (f) de escrever	'āla katiba (f)	آلة كاتبة
máquina (f) de costura	'ālat al ʒiyāṭa (f)	آلة الخياطة

microfone (m)	mikrufūn (m)	ميكروفون
auscultadores (m pl)	sammā'āt ra'siya (pl)	سمّاعات رأسيّة
controlo remoto (m)	rimuwt kuntrūl (m)	ريموت كنترول

CD (m)	si di (m)	سي دي
cassete (f)	ʃarīṭ (m)	شريط
disco (m) de vinil	usṭuwāna (f)	أسطوانة

100. Reparações. Renovação

renovação (f)	taʒdīdāt (m)	تجديدات
renovar (vt), fazer obras	ʒaddad	جدّد
reparar (vt)	aṣlaḥ	أصلح
consertar (vt)	naẓẓam	نظّم

refazer (vt)	a'ād	أعاد
tinta (f) .	dihān (m)	دهان
pintar (vt)	dahan	دهن
pintor (m)	dahhān (m)	دهّان
pincel (m)	furʃat lit talwīn (f)	فرشة للتلوين

| cal (f) | maḥlūl mubayyiḍ (m) | محلول مبيّض |
| caiar (vt) | bayyaḍ | بيّض |

papel (m) de parede	waraq ḥīṭān (m)	ورق حيطان
colocar papel de parede	laṣaq waraq al ḥīṭān	لصق ورق الحيطان
verniz (m)	warnīʃ (m)	ورنيش
envernizar (vt)	ṭala bil warnīʃ	طلى بالورنيش

101. Canalizações

água (f)	mā' (m)	ماء
água (f) quente	mā' sāxin (m)	ماء ساخن
água (f) fria	mā' bārid (m)	ماء بارد
torneira (f)	ḥanafiyya (f)	حنفية

gota (f)	qaṭara (f)	قطرة
gotejar (vi)	qaṭar	قطر
vazar (vt)	sarab	سرب
vazamento (m)	tasarrub (m)	تسرّب
poça (f)	birka (f)	بركة

tubo (m)	māsūra (f)	ماسورة
válvula (f)	ṣimām (m)	صمام
entupir-se (vr)	kān masdūdan	كان مسدودًا

ferramentas (f pl)	adawāt (pl)	أدوات
chave (f) inglesa	miftāḥ inʒlīziy (m)	مفتاح إنجليزيّ
desenroscar (vt)	fataḥ	فتح
enroscar (vt)	aḥkam aʃ ʃadd	أحكم الشدّ

desentupir (vt)	sallak	سلك
canalizador (m)	sabbāk (m)	سبّاك
cave (f)	sirdāb (m)	سرداب
sistema (m) de esgotos	ʃabakit il maʒāry (f)	شبكة مياه المجاري

102. Fogo. Deflagração

incêndio (m)	ḥarīq (m)	حريق
chama (f)	ʃu'la (f)	شعلة
faísca (f)	ʃarāra (f)	شرارة
fumo (m)	duxān (m)	دخان
tocha (f)	ʃu'la (f)	شعلة
fogueira (f)	nār muxayyam (m)	نار مخيّم

| gasolina (f) | banzīn (m) | بنزين |
| querosene (m) | kirusīn (m) | كيروسين |

inflamável	qābil lil iḥtirāq	قابل للإحتراق
explosivo	mutafaʒʒir	متفجِّر
PROIBIDO FUMAR!	mamnū' at tadχīn	ممنوع التدخين

segurança (f)	amn (m)	أمن
perigo (m)	χaṭar (m)	خطر
perigoso	χaṭīr	خطير

incendiar-se (vr)	iʃta'al	إشتعل
explosão (f)	infiʒār (m)	إنفجار
incendiar (vt)	aʃal an nār	أشعل النار
incendiário (m)	muʃ'il ḥarīq (m)	مشعل حريق
incêndio (m) criminoso	iḥrāq (m)	إحراق

arder (vi)	talahhab	تلهَّب
queimar (vi)	iḥtaraq	إحترق
queimar tudo (vi)	iḥtaraq	إحترق

chamar os bombeiros	istad'a qism al ḥarīq	إستدعى قسم الحريق
bombeiro (m)	raʒul iṭfā' (m)	رجل إطفاء
carro (m) de bombeiros	sayyārat iṭfā' (f)	سيّارة إطفاء
corpo (m) de bombeiros	qism iṭfā' (m)	قسم إطفاء
escada (f) extensível	sullam iṭfā' (m)	سلَّم إطفاء

mangueira (f)	χarṭūm al mā' (m)	خرطوم الماء
extintor (m)	miṭfa'at ḥarīq (f)	مطفأة حريق
capacete (m)	χūða (f)	خوذة
sirene (f)	ṣaffārat inðār (f)	صفّارة إنذار

gritar (vi)	ṣaraχ	صرخ
chamar por socorro	istaɣāθ	إستغاث
salvador (m)	munqið (m)	منقذ
salvar, resgatar (vt)	anqað	أنقذ

chegar (vi)	waṣal	وصل
apagar (vt)	aṭfa'	أطفأ
água (f)	mā' (m)	ماء
areia (f)	raml (m)	رمل

ruínas (f pl)	ḥiṭām (pl)	حطام
ruir (vi)	inhār	إنهار
desmoronar (vi)	inhār	إنهار
desabar (vi)	inhār	إنهار

| fragmento (m) | ḥiṭma (f) | حطمة |
| cinza (f) | ramād (m) | رماد |

| sufocar (vi) | iχtanaq | إختنق |
| perecer (vi) | halak | هلك |

ATIVIDADES HUMANAS

Emprego. Negócios. Parte 1

103. Escritório. O trabalho no escritório

escritório (~ de advogados)	maktab (m)	مكتب
escritório (do diretor, etc.)	maktab (m)	مكتب
receção (f)	istiqbāl (m)	إستقبال
secretário (m)	sikirtīr (m)	سكرتير
diretor (m)	mudīr (m)	مدير
gerente (m)	mudīr (m)	مدير
contabilista (m)	muḥāsib (m)	محاسب
empregado (m)	muwazzaf (m)	موظف
mobiliário (m)	aθāθ (m)	أثاث
mesa (f)	maktab (m)	مكتب
cadeira (f)	kursiy (m)	كرسي
bloco (m) de gavetas	waḥdat adrāʒ (f)	وحدة أدراج
cabide (m) de pé	ʃammāʿa (f)	شمّاعة
computador (m)	kumbyūtir (m)	كمبيوتر
impressora (f)	ṭābiʿa (f)	طابعة
fax (m)	faks (m)	فاكس
fotocopiadora (f)	ʾālat nasχ (f)	آلة نسخ
papel (m)	waraq (m)	ورق
artigos (m pl) de escritório	adawāt al kitāba (pl)	أدوات الكتابة
tapete (m) de rato	wisādat faʾra (f)	وسادة فأرة
folha (f) de papel	waraqa (f)	ورقة
pasta (f)	malaff (m)	ملف
catálogo (m)	fihris (m)	فهرس
diretório (f) telefónico	daⅼⅼ at tilifūn (m)	دليل التليفون
documentação (f)	waθāʾiq (pl)	وثائق
brochura (f)	naʃra (f)	نشرة
flyer (m)	manʃūr (m)	منشور
amostra (f)	namūðaʒ (m)	نموذج
formação (f)	iʒtimāʿ tadrīb (m)	إجتماع تدريب
reunião (f)	iʒtimāʿ (m)	إجتماع
hora (f) de almoço	fatrat al ɣadāʾ (f)	فترة الغذاء
fazer uma cópia	ṣawwar	صوّر
tirar cópias	ṣawwar	صوّر
receber um fax	istalam faks	إستلم فاكس
enviar um fax	arsal faks	أرسل فاكس
fazer uma chamada	ittaṣal	إتّصل

| responder (vt) | radd | رَدَّ |
| passar (vt) | waṣṣal | وَصَّلَ |

marcar (vt)	ḥaddad	حدَّد
demonstrar (vt)	'araḍ	عرض
estar ausente	ɣāb	غاب
ausência (f)	ɣiyāb (m)	غياب

104. Processos negociais. Parte 1

ocupação (f)	ʃuɣl (m)	شغل
firma, empresa (f)	ʃarika (f)	شركة
companhia (f)	ʃarika (f)	شركة
corporação (f)	mu'assasa tiӡāriyya (f)	مؤسسة تجارية
empresa (f)	ʃarika (f)	شركة
agência (f)	wikāla (f)	وكالة

acordo (documento)	ittifāqiyya (f)	إتّفاقيّة
contrato (m)	'aqd (m)	عقد
acordo (transação)	ṣafqa (f)	صفقة
encomenda (f)	ṭalab (m)	طلب
cláusulas (f pl), termos (m pl)	ʃarṭ (m)	شرط

por grosso (adv)	bil ӡumla	بالجملة
por grosso (adj)	al ӡumla	الجملة
venda (f) por grosso	bay' bil ӡumla (m)	بيع بالجملة
a retalho	at taӡzi'a	التجزئة
venda (f) a retalho	bay' bit taӡzi'a (m)	بيع بالتجزئة

concorrente (m)	munāfis (m)	منافس
concorrência (f)	munāfasa (f)	منافسة
competir (vi)	nāfas	نافس

| sócio (m) | ʃarīk (m) | شريك |
| parceria (f) | ʃirāka (f) | شراكة |

crise (f)	azma (f)	أزمة
bancarrota (f)	iflās (m)	إفلاس
entrar em falência	aflas	أفلس
dificuldade (f)	ṣu'ūba (f)	صعوبة
problema (m)	muʃkila (f)	مشكلة
catástrofe (f)	kāriθa (f)	كارثة

economia (f)	iqtiṣād (m)	إقتصاد
económico	iqtiṣādiy	إقتصاديّ
recessão (f) económica	rukūd iqtiṣādiy (m)	ركود إقتصاديّ

| objetivo (m) | hadaf (m) | هدف |
| tarefa (f) | muhimma (f) | مهمّة |

comerciar (vi, vt)	tāӡir	تاجر
rede (de distribuição)	ʃabaka (f)	شبكة
estoque (m)	al maχzūn (m)	المخزون
sortimento (m)	taʃkīla (f)	تشكيلة

líder (m)	qāᵓid (m)	قائد
grande (~ empresa)	kabīr	كبير
monopólio (m)	iḥtikār (m)	إحتكار

teoria (f)	naẓariyya (f)	نظريّة
prática (f)	mumārasa (f)	ممارسة
experiência (falar por ~)	xibra (f)	خبرة
tendência (f)	ittiʒāh (m)	إتجاه
desenvolvimento (m)	tanmiya (f)	تنمية

105. Processos negociais. Parte 2

rentabilidade (f)	ribḥ (m)	ربح
rentável	murbiḥ	مربح

delegação (f)	wafd (m)	وفد
salário, ordenado (m)	murattab (m)	مرتّب
corrigir (um erro)	ṣaḥḥaḥ	صحّح
viagem (f) de negócios	riḥlat ʿamal (f)	رحلة عمل
comissão (f)	laʒna (f)	لجنة

controlar (vt)	taḥakkam	تحكّم
conferência (f)	muᵓtamar (m)	مؤتمر
licença (f)	ruxṣa (f)	رخصة
confiável	mawθūq	موثوق

empreendimento (m)	mubādara (f)	مبادرة
norma (f)	miʿyār (m)	معيار
circunstância (f)	ẓarf (m)	ظرف
dever (m)	wāʒib (m)	واجب

empresa (f)	munaẓẓama (f)	منظّمة
organização (f)	tanẓīm (m)	تنظيم
organizado	munaẓẓam	منظّم
anulação (f)	ilɣāᵓ (m)	إلغاء
anular, cancelar (vt)	alɣa	ألغى
relatório (m)	taqrīr (m)	تقرير

patente (f)	baraᵓat al ixtirāʿ (f)	براءة الإختراع
patentear (vt)	saʒʒal barāᵓat al ixtirāʿ	سجّل براءة الإختراع
planear (vt)	xaṭṭaṭ	خطّط

prémio (m)	ʿilāwa (f)	علاوة
profissional	mihaniy	مهنيّ
procedimento (m)	iʒrāᵓ (m)	إجراء

examinar (a questão)	baḥaθ	بحث
cálculo (m)	ḥisāb (m)	حساب
reputação (f)	sumʿa (f)	سمعة
risco (m)	muxāṭara (f)	مخاطرة

dirigir (~ uma empresa)	adār	أدار
informação (f)	maʿlūmāt (pl)	معلومات
propriedade (f)	milkiyya (f)	ملكيّة

união (f)	ittiḥād (m)	إتّحاد
seguro (m) de vida	ta'mīn 'alal ḥayāt (m)	تأمين على الحياة
fazer um seguro	amman	أمّن
seguro (m)	ta'mīn (m)	تأمين

leilão (m)	mazād (m)	مزاد
notificar (vt)	ablaɣ	أبلغ
gestão (f)	idāra (f)	إدارة
serviço (indústria de ~s)	xidma (f)	خدمة

fórum (m)	nadwa (f)	ندوة
funcionar (vi)	adda waẓīfa	أدّى وظيفته
estágio (m)	marḥala (f)	مرحلة
jurídico	qānūniy	قانوني
jurista (m)	muḥāmi (m)	محام

106. Produção. Trabalhos

usina (f)	maṣnaʿ (m)	مصنع
fábrica (f)	maṣnaʿ (m)	مصنع
oficina (f)	warʃa (f)	ورشة
local (m) de produção	maṣnaʿ (m)	مصنع

indústria (f)	ṣināʿa (f)	صناعة
industrial	ṣināʿiy	صناعي
indústria (f) pesada	ṣināʿa θaqīla (f)	صناعة ثقيلة
indústria (f) ligeira	ṣināʿa xafīfa (f)	صناعة خفيفة

produção (f)	muntaʒāt (pl)	منتجات
produzir (vt)	antaʒ	أنتج
matérias-primas (f pl)	mawādd xām (pl)	مواد خام

chefe (m) de brigada	raʾīs al ʿummāl (m)	رئيس العمّال
brigada (f)	farīq al ʿummāl (m)	فريق العمّال
operário (m)	ʿāmil (m)	عامل

dia (m) de trabalho	yawm ʿamal (m)	يوم عمل
pausa (f)	rāḥa (f)	راحة
reunião (f)	iʒtimāʿ (m)	إجتماع
discutir (vt)	nāqaʃ	ناقش

plano (m)	xiṭṭa (f)	خطّة
cumprir o plano	naffað al xuṭṭa	نفّذ الخطّة
taxa (f) de produção	muʿaddal al intāʒ (m)	معدّل الإنتاج
qualidade (f)	ʒawda (f)	جودة
controlo (m)	taftīʃ (m)	تفتيش
controlo (m) da qualidade	ḍabṭ al ʒawda (m)	ضبط الجودة

segurança (f) no trabalho	salāmat makān al ʿamal (f)	سلامة مكان العمل
disciplina (f)	inḍibāṭ (m)	إنضباط
infração (f)	muxālafa (f)	مخالفة
violar (as regras)	xālaf	خالف
greve (f)	iḍrāb (m)	إضراب
grevista (m)	muḍrib (m)	مضرب

| estar em greve | aḍrab | أضرب |
| sindicato (m) | ittiḥād al 'ummāl (m) | إتّحاد العمّال |

inventar (vt)	iχtaraʿ	إخترع
invenção (f)	iχtirāʿ (m)	إختراع
pesquisa (f)	baḥθ (m)	بحث
melhorar (vt)	ḥassan	حسّن
tecnologia (f)	tiknulūʒiya (f)	تكنولوجيا
desenho (m) técnico	rasm taqniy (m)	رسم تقني

carga (f)	ʃaḥn (m)	شحن
carregador (m)	ḥammāl (m)	حمّال
carregar (vt)	ʃaḥan	شحن
carregamento (m)	taḥmīl (m)	تحميل
descarregar (vt)	afraɣ	أفرغ
descarga (f)	ifrāɣ (m)	إفراغ

transporte (m)	wasā'il an naql (pl)	وسائل النقل
companhia (f) de transporte	ʃarikat naql (f)	شركة نقل
transportar (vt)	naqal	نقل

vagão (m) de carga	'arabat ʃaḥn (f)	عربة شحن
cisterna (f)	χazzān (m)	خزّان
camião (m)	ʃāḥina (f)	شاحنة

| máquina-ferramenta (f) | mākina (f) | ماكنة |
| mecanismo (m) | 'āliyya (f) | آليّة |

resíduos (m pl) industriais	muχallafāt ṣinā'iyya (pl)	مخلّفات صناعية
embalagem (f)	ta'bi'a (f)	تعبئة
embalar (vt)	'abba'	عبّأ

107. Contrato. Acordo

contrato (m)	'aqd (m)	عقد
acordo (m)	ittifāq (m)	إتّفاق
adenda (f), anexo (m)	mulḥaq (m)	ملحق

assinar o contrato	waqqaʿ 'ala 'aqd	وقّع على عقد
assinatura (f)	tawqīʿ (m)	توقيع
assinar (vt)	waqqaʿ	وقّع
carimbo (m)	χatm (m)	ختم

objeto (m) do contrato	mawḍūʿ al 'aqd (m)	موضوع العقد
cláusula (f)	band (m)	بند
partes (f pl)	aṭrāf (pl)	أطراف
morada (f) jurídica	'unwān qānūniy (m)	عنوان قانوني

violar o contrato	χālaf al 'aqd	خالف العقد
obrigação (f)	iltizām (m)	إلتزام
responsabilidade (f)	mas'ūliyya (f)	مسؤوليّة
força (f) maior	quwwa qāhira (m)	قوّة قاهرة
litígio (m), disputa (f)	χilāf (m)	خلاف
multas (f pl)	'uqūbāt (pl)	عقوبات

108. Importação & Exportação

importação (f)	istīrād (m)	إستيراد
importador (m)	mustawrid (m)	مستورد
importar (vt)	istawrad	إستورد
de importação	wārid	وارد
exportação (f)	taşdīr (m)	تصدير
exportador (m)	muşaddir (m)	مصدّر
exportar (vt)	şaddar	صدّر
de exportação	sādir	صادر
mercadoria (f)	baḍā'i' (pl)	بضائع
lote (de mercadorias)	ʃaḥna (f)	شحنة
peso (m)	wazn (m)	وزن
volume (m)	ḥaʒm (m)	حجم
metro (m) cúbico	mitr mukaʿʿab (m)	متر مكعّب
produtor (m)	aʃ ʃarika al muşniʿa (f)	الشركة المصنعة
companhia (f) de transporte	ʃarikat naql (f)	شركة نقل
contentor (m)	ḥāwiya (f)	حاوية
fronteira (f)	ḥadd (m)	حدّ
alfândega (f)	ʒamārik (pl)	جمارك
taxa (f) alfandegária	rasm ʒumrukiy (m)	رسم جمركيّ
funcionário (m) da alfândega	muwazzaf al ʒamārik (m)	موظّف الجمارك
contrabando (atividade)	tahrīb (m)	تهريب
contrabando (produtos)	biḍāʿa muharraba (pl)	بضاعة مهرّبة

109. Finanças

ação (f)	sahm (m)	سهم
obrigação (f)	sanad (m)	سند
nota (f) promissória	kimbyāla (f)	كمبيالة
bolsa (f)	būrşa (f)	بورصة
cotação (m) das ações	siʿr as sahm (m)	سعر السهم
tornar-se mais barato	raxuş	رخص
tornar-se mais caro	ɣala	غلى
parte (f)	naşīb (m)	نصيب
participação (f) maioritária	al maʒmūʿa al musayṭara (f)	المجموعة المسيطرة
investimento (m)	istiθmār (pl)	إستثمار
investir (vt)	istaθmar	إستثمر
percentagem (f)	bil miʾa (m)	بالمئة
juros (m pl)	faʾida (f)	فائدة
lucro (m)	ribḥ (m)	ربح
lucrativo	murbiḥ	مربح
imposto (m)	ḍarība (f)	ضريبة
divisa (f)	ʿumla (f)	عملة

nacional	waṭaniy	وطنيّ
câmbio (m)	taḥwīl (m)	تحويل

contabilista (m)	muḥāsib (m)	محاسب
contabilidade (f)	maḥasaba (f)	محاسبة

bancarrota (f)	iflās (m)	إفلاس
falência (f)	inhiyār (m)	إنهيار
ruína (f)	iflās (m)	إفلاس
arruinar-se (vr)	aflas	أفلس
inflação (f)	tadaxxum māliy (m)	تضخّم ماليّ
desvalorização (f)	taxfīḍ qīmat 'umla (m)	تخفيض قيمة عملة

capital (m)	ra's māl (m)	رأس مال
rendimento (m)	daxl (m)	دخل
volume (m) de negócios	dawrat ra's al māl (f)	دورة رأس المال
recursos (m pl)	mawārid (pl)	موارد
recursos (m pl) financeiros	al mawārid an naqdiyya (pl)	الموارد النقديّة
despesas (f pl) gerais	nafaqāt 'āmma (pl)	نفقات عامّة
reduzir (vt)	xaffaḍ	خفّض

110. Marketing

marketing (m)	taswīq (m)	تسويق
mercado (m)	sūq (f)	سوق
segmento (m) do mercado	qaṭā' as sūq (m)	قطاع السوق
produto (m)	muntaʒ (m)	منتج
mercadoria (f)	baḍā'i' (pl)	بضائع

marca (f)	mārka (f)	ماركة
marca (f) comercial	mārka tiʒāriyya (f)	ماركة تجاريّة
logotipo (m)	ʃi'ār (m)	شعار
logo (m)	ʃi'ār (m)	شعار

demanda (f)	ṭalab (m)	طلب
oferta (f)	maxzūn (m)	مخزون
necessidade (f)	ḥāʒa (f)	حاجة
consumidor (m)	mustahlik (m)	مستهلك

análise (f)	taḥlīl (m)	تحليل
analisar (vt)	ḥallal	حلّل
posicionamento (m)	waḍ' (m)	وضع
posicionar (vt)	waḍa'	وضع

preço (m)	si'r (m)	سعر
política (f) de preços	siyāsat al as'ār (f)	سياسة الأسعار
formação (f) de preços	taʃkīl al as'ār (m)	تشكيل الأسعار

111. Publicidade

publicidade (f)	i'lān (m)	إعلان
publicitar (vt)	a'lan	أعلن

orçamento (m)	mīzāniyya (f)	ميزانيّة
anúncio (m) publicitário	i'lān (m)	إعلان
publicidade (f) televisiva	i'lān fit tiliviziyūn (m)	إعلان في التليفزيون
publicidade (f) na rádio	i'lān fir rādiyu (m)	إعلان في الراديو
publicidade (f) exterior	i'lān ẓāhiriy (m)	إعلان ظاهريّ

comunicação (f) de massa	wasā'il al i'lām (pl)	وسائل الإعلام
periódico (m)	ṣaḥifa dawriyya (f)	صحيفة دوريّة
imagem (f)	imiჳ (m)	إيميج

slogan (m)	ʃi'ār (m)	شعار
mote (m), divisa (f)	ʃi'ār (m)	شعار

campanha (f)	ḥamla (f)	حملة
companha (f) publicitária	ḥamla i'lāniyya (f)	حملة إعلانيّة
grupo (m) alvo	maჳmū'a mustahdafa (f)	مجموعة مستهدفة

cartão (m) de visita	biṭāqat al 'amal (f)	بطاقة العمل
flyer (m)	manʃūr (m)	منشور
brochura (f)	naʃra (f)	نشرة
folheto (m)	kutayyib (m)	كتيّب
boletim (~ informativo)	naʃra iẋbāriyya (f)	نشرة إخبارية

letreiro (m)	lāfita (f)	لافتة
cartaz, póster (m)	mulṣaq i'lāniy (m)	ملصق إعلانيّ
painel (m) publicitário	lawḥat i'lānāt (f)	لوحة إعلانات

112. Banca

banco (m)	bank (m)	بنك
sucursal, balcão (f)	far' (m)	فرع

consultor (m)	muwaẓẓaf bank (m)	موظّف بنك
gerente (m)	mudīr (m)	مدير

conta (f)	ḥisāb (m)	حساب
número (m) da conta	raqm al ḥisāb (m)	رقم الحساب
conta (f) corrente	ḥisāb ჳāri (m)	حساب جار
conta (f) poupança	ḥisāb tawfīr (m)	حساب توفير

abrir uma conta	fataḥ ḥisāb	فتح حسابا
fechar uma conta	aɣlaq ḥisāb	أغلق حسابا
depositar na conta	awda' fil ḥisāb	أودع في الحساب
levantar (vt)	saḥab min al ḥisāb	سحب من الحساب

depósito (m)	wadī'a (f)	وديعة
fazer um depósito	awda'	أودع
transferência (f) bancária	ḥawāla (f)	حوالة
transferir (vt)	ḥawwal	حوّل

soma (f)	mablaɣ (m)	مبلغ
Quanto?	kam?	كم؟
assinatura (f)	tawqī' (m)	توقيع
assinar (vt)	waqqa'	وقّع

cartão (m) de crédito	biṭāqat i'timān (f)	بطاقة ائتمان
código (m)	kūd (m)	كود
número (m) do cartão de crédito	raqm biṭāqat i'timān (m)	رقم بطاقة إئتمان
Caixa Multibanco (m)	ṣarrāf 'āliy (m)	صرّاف آليّ
cheque (m)	ʃīk (m)	شيك
passar um cheque	katab ʃīk	كتب شيكًا
livro (m) de cheques	daftar ʃīkāt (m)	دفتر شيكات
empréstimo (m)	qarḍ (m)	قرض
pedir um empréstimo	qaddam ṭalab lil ḥuṣūl 'ala qarḍ	قدّم طلبا للحصول على قرض
obter um empréstimo	ḥaṣal 'ala qarḍ	حصل على قرض
conceder um empréstimo	qaddam qarḍ	قدّم قرضا
garantia (f)	ḍamān (m)	ضمان

113. Telefone. Conversação telefónica

telefone (m)	hātif (m)	هاتف
telemóvel (m)	hātif maḥmūl (m)	هاتف محمول
secretária (f) electrónica	muʒīb al hātif (m)	مجيب الهاتف
fazer uma chamada	ittaṣal	إتّصل
chamada (f)	mukālama tilifuniyya (f)	مكالمة تليفونية
marcar um número	ittaṣal bi raqm	إتّصل برقم
Alô!	alu!	ألو!
perguntar (vt)	sa'al	سأل
responder (vt)	radd	ردّ
ouvir (vt)	sami'	سمع
bem	ʒayyidan	جيّدا
mal	sayyi'an	سيّئا
ruído (m)	taʃwīʃ (m)	تشويش
auscultador (m)	sammā'a (f)	سمّاعة
pegar o telefone	rafa' as sammā'a	رفع السمّاعة
desligar (vi)	qafal as sammā'a	قفل السمّاعة
ocupado	maʃɣūl	مشغول
tocar (vi)	rann	رنّ
lista (f) telefónica	daīl at tilifūn (m)	دليل التليفون
local	mahalliyya	ة محليّة
chamada (f) local	mukālama hātifiyya mahalliyya (f)	مكالمة هاتفيّة محليّة
de longa distância	ba'īd al mada	بعيد المدى
chamada (f) de longa distância	mukālama ba'īdat al mada (f)	مكالمة بعيدة المدى
internacional	duwaliy	دوليّ
chamada (f) internacional	mukālama duwaliyya (f)	مكالمة دوليّة

114. Telefone móvel

telemóvel (m)	hātif maḥmūl (m)	هاتف محمول
ecrã (m)	ȝihāz 'arḍ (m)	جهاز عرض
botão (m)	zirr (m)	زر
cartão SIM (m)	sim kart (m)	سيم كارت
bateria (f)	baṭṭāriyya (f)	بطّاريّة
descarregar-se	xalaṣat	خلصت
carregador (m)	ʃāḥin (m)	شاحن
menu (m)	qā'ima (f)	قائمة
definições (f pl)	awḍā' (pl)	أوضاع
melodia (f)	naɣma (f)	نغمة
escolher (vt)	ixtār	إختار
calculadora (f)	'āla ḥāsiba (f)	آلة حاسبة
correio (m) de voz	barīd ṣawtiy (m)	بريد صوتيّ
despertador (m)	munabbih (m)	منبّه
contatos (m pl)	ȝihāt al ittiṣāl (pl)	جهات الإتّصال
mensagem (f) de texto	risāla qaṣīra ɛsɛmɛs (f)	sms رسالة قصيرة
assinante (m)	muʃtarik (m)	مشترك

115. Estacionário

caneta (f)	qalam ȝāf (m)	قلم جاف
caneta (f) tinteiro	qalam rīʃa (m)	قلم ريشة
lápis (m)	qalam ruṣāṣ (m)	قلم رصاص
marcador (m)	markir (m)	ماركر
caneta (f) de feltro	qalam xaṭṭāṭ (m)	قلم خطاط
bloco (m) de notas	muðakkira (f)	مذكّرة
agenda (f)	ȝadwal al a'māl (m)	جدول الأعمال
régua (f)	masṭara (f)	مسطرة
calculadora (f)	'āla ḥāsiba (f)	آلة حاسبة
borracha (f)	astīka (f)	استيكة
pionés (m)	dabbūs (m)	دبّوس
clipe (m)	dabbūs waraq (m)	دبّوس ورق
cola (f)	ṣamɣ (m)	صمغ
agrafador (m)	dabbāsa (f)	دبّاسة
furador (m)	xarrāma (m)	خرّامة
afia-lápis (m)	mibrāt (f)	مبراة

116. Vários tipos de documentos

relatório (m)	taqrīr (m)	تقرير
acordo (m)	ittifāq (m)	إتّفاق

ficha (f) de inscrição	istimārat ṭalab (m)	إستمارة طلب
autêntico	aṣliy	أصليّ
crachá (m)	ʃāra (f)	شارة
cartão (m) de visita	biṭāqat al ʿamal (f)	بطاقة العمل

certificado (m)	ʃahāda (f)	شهادة
cheque (m)	ʃīk (m)	شيك
conta (f)	ḥisāb (m)	حساب
constituição (f)	dustūr (m)	دستور

contrato (m)	ʿaqd (m)	عقد
cópia (f)	ṣūra (f)	صورة
exemplar (m)	nusχa (f)	نسخة

declaração (f) alfandegária	taṣrīḥ ʒumrukiy (m)	تصريح جمركيّ
documento (m)	waθīqa (f)	وثيقة
carta (f) de condução	ruχṣat al qiyāda (f)	رخصة قيادة
adenda (ao contrato)	mulḥaq (m)	ملحق
questionário (m)	istimāra (f)	إستمارة

bilhete (m) de identidade	biṭāqat al huwiyya (f)	بطاقة الهويّة
inquérito (m)	istifsār (m)	إستفسار
convite (m)	biṭāqat daʿwa (f)	بطاقة دعوة
fatura (f)	fātūra (f)	فاتورة

lei (f)	qānūn (m)	قانون
carta (correio)	risāla (f)	رسالة
papel (m) timbrado	tarwīsa (f)	ترويسة
lista (f)	qāʾima (f)	قائمة
manuscrito (m)	maχṭūṭa (f)	مخطوطة
boletim (~ informativo)	naʃra iχbāriyya (f)	نشرة إخبارية
bilhete (mensagem breve)	nūta (f)	لوتة

passe (m)	biṭāqat murūr (f)	بطاقة مرور
passaporte (m)	ʒawāz as safar (m)	جواز السفر
permissão (f)	ruχṣa (f)	رخصة
CV, currículo (m)	sīra ðātiyya (f)	سيرة ذاتيّة
vale (nota promissória)	muðakkirat dayn (f)	مذكّرة دين
recibo (m)	ʾīṣāl (m)	إيصال

| talão (f) | ʾīṣāl (m) | إيصال |
| relatório (m) | taqrīr (m) | تقرير |

mostrar (vt)	qaddam	قدّم
assinar (vt)	waqqaʿ	وقّع
assinatura (f)	tawqīʿ (m)	توقيع
carimbo (m)	χatm (m)	ختم

| texto (m) | naṣṣ (m) | نصّ |
| bilhete (m) | taðkira (f) | تذكرة |

| riscar (vt) | ʃaṭab | شطب |
| preencher (vt) | malaʾ | ملأ |

| guia (f) de remessa | bulīṣat ʃaḥn (f) | بوليصة شحن |
| testamento (m) | waṣiyya (f) | وصيّة |

117. Tipos de negócios

serviços (m pl) de contabilidade	χidamāt muhasaba (pl)	خدمات محاسبة
publicidade (f)	i'lān (m)	إعلان
agência (f) de publicidade	wikālat i'lān (f)	وكالة إعلان
ar (m) condicionado	takyīf (m)	تكييف
companhia (f) aérea	ʃarikat tayarān (f)	شركة طيران
bebidas (f pl) alcoólicas	maʃrūbāt kuhūliyya (pl)	مشروبات كمولية
comércio (m) de antiguidades	tuhaf (pl)	تحف
galeria (f) de arte	ma'rad fanniy (m)	معرض فنّي
serviços (m pl) de auditoria	tadqīq al hisābāt (pl)	تدقيق الحسابات
negócios (m pl) bancários	al qitā' al masrafiy (m)	القطاع المصرفي
bar (m)	bār (m)	بار
salão (m) de beleza	sālūn taʒmīl (m)	صالون تجميل
livraria (f)	mahall kutub (m)	محلّ كتب
cervejaria (f)	masna' bīra (m)	مصنع بيرة
centro (m) de escritórios	markaz tiʒāriy (m)	مركز تجاري
escola (f) de negócios	kulliyyat idārat al a'māl (f)	كلّية إدارة الأعمال
casino (m)	kazinu (m)	كازينو
construção (f)	binā' (m)	بناء
serviços (m pl) de consultoria	istiʃāra (f)	إستشارة
estomatologia (f)	'iyādat asnān (f)	عيادة أسنان
design (m)	tasmīm (m)	تصميم
farmácia (f)	saydaliyya (f)	صيدلّية
lavandaria (f)	tanzīf ʒāff (m)	تنظيف جافّ
agência (f) de emprego	wikālat tawzīf (f)	وكالة توظيف
serviços (m pl) financeiros	χidamāt māliyya (pl)	خدمات مالّية
alimentos (m pl)	mawādd ɣiðā'iyya (pl)	موادّ غذائّية
agência (f) funerária	bayt al ʒanāzāt (m)	بيت الجنازات
mobiliário (m)	aθāθ (m)	أثاث
roupa (f)	malābis (pl)	ملابس
hotel (m)	funduq (m)	فندق
gelado (m)	muθallaʒāt (pl)	مثلّجات
indústria (f)	sinā'a (f)	صناعة
seguro (m)	ta'mīn (m)	تأمين
internet (f)	intirnit (m)	إنترنت
investimento (m)	istiθmārāt (pl)	إستثمارات
joalheiro (m)	sā'iɣ (m)	صائغ
joias (f pl)	muʒawharāt (pl)	مجوهرات
lavandaria (f)	maɣsala (f)	مغسلة
serviços (m pl) jurídicos	χidamāt qānūniyya (pl)	خدمات قانونّية
indústria (f) ligeira	sinā'a χafīfa (f)	صناعة خفيفة
revista (f)	maʒalla (f)	مجلّة
vendas (f pl) por catálogo	bay' bil barīd (m)	بيع بالبريد
medicina (f)	tibb (m)	طبّ
cinema (m)	sinima (f)	سينما

museu (m)	maṭḥaf (m)	متحف
agência (f) de notícias	wikālat anbā' (f)	وكالة أنباء
jornal (m)	ʒarīda (f)	جريدة
clube (m) noturno	malha layliy (m)	ملهى ليلي

petróleo (m)	nafṭ (m)	نفط
serviço (m) de encomendas	χidamāt aʃ ʃaḥn (pl)	خدمات الشحن
indústria (f) farmacêutica	ṣaydala (f)	صيدلة
poligrafia (f)	ṭibāʿa (f)	طباعة
editora (f)	dār aṭ ṭibāʿa wan naʃr (f)	دار الطباعة والنشر

rádio (m)	iðāʿa (f)	إذاعة
imobiliário (m)	ʿiqārāt (pl)	عقارات
restaurante (m)	maṭʿam (m)	مطعم

empresa (f) de segurança	ʃarikat amn (f)	شركة أمن
desporto (m)	riyāḍa (f)	رياضة
bolsa (f)	būrṣa (f)	بورصة
loja (f)	maḥall (m)	محلّ
supermercado (m)	subirmarkit (m)	سوبرماركت
piscina (f)	masbaḥ (m)	مسبح

alfaiataria (f)	ṣālūn (m)	صالون
televisão (f)	tilivizyūn (m)	تليفزيون
teatro (m)	masraḥ (m)	مسرح
comércio (atividade)	tiʒāra (f)	تجارة
serviços (m pl) de transporte	wasāʼil an naql (pl)	وسائل النقل
viagens (f pl)	siyāḥa (f)	سياحة

veterinário (m)	ṭabīb bayṭariy (m)	طبيب بيطري
armazém (m)	mustawdaʿ (m)	مستودع
recolha (f) do lixo	ʒamʿ an nufāyāt (m)	جمع النفايات

Emprego. Negócios. Parte 2

118. Espetáculo. Feira

feira (f)	ma'raḍ (m)	معرض
feira (f) comercial	ma'raḍ tiȝāriy (m)	معرض تجاريّ
participação (f)	iʃtirāk (m)	إشتراك
participar (vi)	iʃtarak	إشترك
participante (m)	muʃtarik (m)	مشترك
diretor (m)	mudīr (m)	مدير
direção (f)	maktab al munaẓẓimīn (m)	مكتب المنظمين
organizador (m)	munaẓẓim (m)	منظّم
organizar (vt)	naẓẓam	نظّم
ficha (f) de inscrição	istimārat al iʃtirāk (f)	إستمارة الإشتراك
preencher (vt)	mala'	ملأ
detalhes (m pl)	tafāṣīl (pl)	تفاصيل
informação (f)	isti'lāmāt (pl)	إستعلامات
preço (m)	si'r (m)	سعر
incluindo	bima fīh	بما فيه
incluir (vt)	taḍamman	تضمّن
pagar (vt)	dafa'	دفع
taxa (f) de inscrição	rusūm at tasȝīl (pl)	رسوم التسجيل
entrada (f)	madχal (m)	مدخل
pavilhão (m)	ȝanāḥ (m)	جناح
inscrever (vt)	saȝȝal	سجّل
crachá (m)	ʃāra (f)	شارة
stand (m)	kuʃk (m)	كشك
reservar (vt)	ḥaȝaz	حجز
vitrina (f)	vatrīna (f)	فترينة
foco, spot (m)	miṣbāḥ (m)	مصباح
design (m)	taṣmīm (m)	تصميم
pôr, colocar (vt)	waḍa'	وضع
distribuidor (m)	muwazzi' (m)	موزّع
fornecedor (m)	muwarrid (m)	مورّد
país (m)	balad (m)	بلد
estrangeiro	aȝnabiy	أجنبيّ
produto (m)	muntaȝ (m)	منتج
associação (f)	ȝam'iyya (f)	جمعيّة
sala (f) de conferências	qā'at al mu'tamarāt (f)	قاعة المؤتمرات
congresso (m)	mu'tamar (m)	مؤتمر

concurso (m)	musābaqa (f)	مسابقة
visitante (m)	zā'ir (m)	زائر
visitar (vt)	ḥaḍar	حضر
cliente (m)	zubūn (m)	زبون

119. Media

jornal (m)	ȝarīda (f)	جريدة
revista (f)	maȝalla (f)	مجلّة
imprensa (f)	ṣiḥāfa (f)	صحافة
rádio (m)	iðāʿa (f)	إذاعة
estação (f) de rádio	maḥaṭṭat iðāʿa (f)	محطّة إذاعة
televisão (f)	tilivizyūn (m)	تليفزيون

apresentador (m)	mu'addim (m)	مقدّم
locutor (m)	muðīʿ (m)	مذيع
comentador (m)	muʿalliq (m)	معلّق

jornalista (m)	ṣuḥufiy (m)	صحفيّ
correspondente (m)	murāsil (m)	مراسل
repórter (m) fotográfico	muṣawwir ṣuḥufiy (m)	مصوّر صحفيّ
repórter (m)	ṣuḥufiy (m)	صحفيّ

redator (m)	muḥarrir (m)	محرّر
redator-chefe (m)	raʾīs taḥrīr (m)	رئيس تحرير
assinar a ...	iʃtarak	إشترك
assinatura (f)	iʃtirāk (m)	إشتراك
assinante (m)	muʃtarik (m)	مشترك
ler (vt)	qaraʾ	قرأ
leitor (m)	qāriʾ (m)	قارئ

tiragem (f)	tadāwul (m)	تداول
mensal	ʃahriy	شهريّ
semanal	usbūʿiy	أسبوعيّ
número (jornal, revista)	ʿadad (m)	عدد
recente	ȝadīd	جديد

manchete (f)	ʿunwān (m)	عنوان
pequeno artigo (m)	maqāla qaṣīra (f)	مقالة قصيرة
coluna (~ semanal)	ʿamūd (m)	عمود
artigo (m)	maqāla (f)	مقالة
página (f)	ṣafḥa (f)	صفحة

reportagem (f)	taqrīr (m)	تقرير
evento (m)	ḥadaθ (m)	حدث
sensação (f)	daȝȝa (f)	ضجّة
escândalo (m)	faḍīḥa (f)	فضيحة
escandaloso	fāḍiḥ	فاضح
grande	ʃahīr	شهير

programa (m) de TV	barnāmaȝ (m)	برنامج
entrevista (f)	muqābala (f)	مقابلة
transmissão (f) em direto	iðāʿa mubāʃira (f)	إذاعة مباشرة
canal (m)	qanāt (f)	قناة

120. Agricultura

agricultura (f)	zirā'a (f)	زراعة
camponês (m)	fallāḥ (m)	فلّاح
camponesa (f)	fallāḥa (f)	فلّاحة
agricultor (m)	muzāri' (m)	مزارع
trator (m)	ӡarrār (m)	جرّار
ceifeira-debulhadora (f)	ḥaṣṣāda (f)	حصّادة
arado (m)	miḥrāθ (m)	محراث
arar (vt)	ḥaraθ	حرث
campo (m) lavrado	ḥaql maḥrūθ (m)	حقل محروث
rego (m)	talam (m)	تلم
semear (vt)	baðar	بذر
semeadora (f)	baðða̅ra (f)	بذّارة
semeadura (f)	zar' (m)	زرع
gadanha (f)	miḥaʃʃ (m)	مِحَشّ
gadanhar (vt)	ḥaʃʃ	حَشّ
pá (f)	karīk (m)	مجرفة
cavar (vt)	ḥafar	حفر
enxada (f)	mi'zaqa (f)	معزقة
carpir (vt)	ista'ṣal nabātāt	إستأصل نباتات
erva (f) daninha	ḥaʃīʃa (m)	حشيشة
regador (m)	miraʃʃa al miyāh (f)	مرشّة المياه
regar (vt)	saqa	سقى
rega (f)	saqy (m)	سقي
forquilha (f)	maðrāt (f)	مذراة
ancinho (m)	midamma (f)	مدمّة
fertilizante (m)	samād (m)	سماد
fertilizar (vt)	sammad	سمّد
estrume (m)	zibd (m)	زبل
campo (m)	ḥaql (m)	حقل
prado (m)	marӡ (m)	مرج
horta (f)	bustān xuḍār (m)	بستان خضار
pomar (m)	bustān (m)	بستان
pastar (vt)	ra'a	رعى
pastor (m)	rā'i (m)	راع
pastagem (f)	mar'a (m)	مرعى
pecuária (f)	tarbiyat al mawāʃi (f)	تربية المواشي
criação (f) de ovelhas	tarbiyat aɣnām (f)	تربية أغنام
plantação (f)	mazra'a (f)	مزرعة
canteiro (m)	ḥawḍ (m)	حوض
invernadouro (m)	dafī'a (f)	دفيئة

| seca (f) | ʒafāf (m) | جفاف |
| seco (verão ~) | ʒāff | جافّ |

cereal (m)	ḥubūb (pl)	حبوب
cereais (m pl)	maḥāṣīl al ḥubūb (pl)	محاصيل الحبوب
colher (vt)	ḥaṣad	حصد

moleiro (m)	ṭaḥḥān (m)	طحّان
moinho (m)	ṭāḥūna (f)	طاحونة
moer (vt)	ṭaḥan al ḥubūb	طحن الحبوب
farinha (f)	daqīq (m)	دقيق
palha (f)	qaʃʃ (m)	قشّ

121. Construção. Processo de construção

canteiro (m) de obras	arḍ binā' (f)	أرض بناء
construir (vt)	bana	بنى
construtor (m)	'āmil binā' (m)	عامل بناء

projeto (m)	maʃrū' (m)	مشروع
arquiteto (m)	muhandis mi'māriy (m)	مهندس معماريّ
operário (m)	'āmil (m)	عامل

fundação (f)	asās (m)	أساس
telhado (m)	saqf (m)	سقف
estaca (f)	watad al asās (f)	وتد الأساس
parede (f)	ḥā'iṭ (m)	حائط

| varões (m pl) para betão | ḥadīd taslīḥ (m) | حديد تسليح |
| andaime (m) | saqāla (f) | سقالة |

betão (m)	xarasāna (f)	خرسانة
granito (m)	granīt (m)	جرانيت
pedra (f)	haʒar (m)	حجر
tijolo (m)	ṭūb (m)	طوب

areia (f)	raml (m)	رمل
cimento (m)	ismant (m)	إسمنت
emboço (m)	qiṣāra (m)	قصارة
emboçar (vt)	ṭala bil ʒiṣṣ	طلى بالجصّ
tinta (f)	dihān (m)	دهان

| pintar (vt) | dahhan | دهّن |
| barril (m) | barmīl (m) | برميل |

grua (f), guindaste (m)	rāfi'a (f)	رافعة
erguer (vt)	rafa'	رفع
baixar (vt)	anzal	أنزل

buldózer (m)	ʒarrāfa (f)	جرّافة
escavadora (f)	ḥaffāra (f)	حفّارة
caçamba (f)	dalw (m)	دلو
escavar (vt)	ḥafar	حفر
capacete (m) de proteção	xūða (f)	خوذة

122. Ciência. Investigação. Cientistas

ciência (f)	ʿilm (m)	علم
científico	ʿilmiy	علمي
cientista (m)	ʿālim (m)	عالم
teoria (f)	naẓariyya (f)	نظرية

axioma (m)	badīhiyya (f)	بديهية
análise (f)	taḥlīl (m)	تحليل
analisar (vt)	ḥallal	حلّل
argumento (m)	burhān (m)	برهان
substância (f)	mādda (f)	مادّة

hipótese (f)	farḍiyya (f)	فرضية
dilema (m)	muʿḍila (f)	معضلة
tese (f)	risāla ʿilmiyya (f)	رسالة علميّة
dogma (m)	ʿaqīda (f)	عقيدة

doutrina (f)	maðhab (m)	مذهب
pesquisa (f)	baḥθ (m)	بحث
pesquisar (vt)	baḥaθ	بحث
teste (m)	iχtibārāt (pl)	إختبارات
laboratório (m)	muχtabar (m)	مختبر

método (m)	manhaʒ (m)	منهج
molécula (f)	ʒuzayiʾ (m)	جزيء
monitoramento (m)	riqāba (f)	رقابة
descoberta (f)	iktiʃāf (m)	إكتشاف

postulado (m)	musallama (f)	مسلّمة
princípio (m)	mabdaʾ (m)	مبدأ
prognóstico (previsão)	tanabbuʾ (m)	تنبّؤ
prognosticar (vt)	tanabbaʾ	تنبّأ

síntese (f)	tarkīb (m)	تركيب
tendência (f)	ittiʒāh (m)	إتجاه
teorema (m)	naẓariyya (f)	نظرية

ensinamentos (m pl)	taʿālīm (pl)	تعاليم
facto (m)	ḥaqīqa (f)	حقيقة
expedição (f)	baʿθa (f)	بعثة
experiência (f)	taʒriba (f)	تجربة

académico (m)	akadīmiy (m)	أكاديمي
bacharel (m)	bakalūriyūs (m)	بكالوريوس
doutor (m)	duktūr (m)	دكتور
docente (m)	ustāð muʃārik (m)	أستاذ مشارك
mestre (m)	maʒistīr (m)	ماجستير
professor (m) catedrático	brufissūr (m)	بروفيسور

Profissões e ocupações

123. Procura de emprego. Demissão

trabalho (m)	'amal (m)	عمل
equipa (f)	kawādir (pl)	كوادر
pessoal (m)	ṭāqim al 'āmilīn (m)	طاقم العاملين
carreira (f)	masār mihniy (m)	مسار مهني
perspetivas (f pl)	'āfāq (pl)	آفاق
mestria (f)	mahārāt (pl)	مهارات
seleção (f)	iҳtiyār (m)	إختيار
agência (f) de emprego	wikālat tawẓīf (f)	وكالة توظيف
CV, currículo (m)	sīra ðātiyya (f)	سيرة ذاتيّة
entrevista (f) de emprego	mu'ābalat 'amal (f)	مقابلة عمل
vaga (f)	waẓīfa ҳāliya (f)	وظيفة خالية
salário (m)	murattab (m)	مرتّب
salário (m) fixo	rātib θābit (m)	راتب ثابت
pagamento (m)	uʒra (f)	أجرة
posto (m)	manṣib (m)	منصب
dever (do empregado)	wāʒib (m)	واجب
gama (f) de deveres	maʒmū'a min al wāʒibāt (f)	مجموعة من الواجبات
ocupado	maʃɣūl	مشغول
despedir, demitir (vt)	aqāl	أقال
demissão (f)	iqāla (m)	إقالة
desemprego (m)	biṭāla (f)	بطالة
desempregado (m)	'āṭil (m)	عاطل
reforma (f)	ma'āʃ (m)	معاش
reformar-se	uḥīl 'alal ma'āʃ	أحيل على المعاش

124. Gente de negócios

diretor (m)	mudīr (m)	مدير
gerente (m)	mudīr (m)	مدير
patrão, chefe (m)	mudīr (m), ra'īs (m)	مدير, رئيس
superior (m)	ra'īs (m)	رئيس
superiores (m pl)	ru'asā' (pl)	رؤساء
presidente (m)	ra'īs (m)	رئيس
presidente (m) de direção	ra'īs (m)	رئيس
substituto (m)	nā'ib (m)	نائب
assistente (m)	musā'id (m)	مساعد

secretário (m)	sikirtīr (m)	سكرتير
secretário (m) pessoal	sikritīr ҳāşş (m)	سكرتير خاص
homem (m) de negócios	raӡul a'māl (m)	رجل أعمال
empresário (m)	rā'id a'māl (m)	رائد أعمال
fundador (m)	mu'assis (m)	مؤسّس
fundar (vt)	assas	أسس
fundador, sócio (m)	mu'assis (m)	مؤسّس
parceiro, sócio (m)	ʃarīk (m)	شريك
acionista (m)	musāhim (m)	مساهم
milionário (m)	milyunīr (m)	مليونير
bilionário (m)	milyardīr (m)	مليارير
proprietário (m)	şāḥib (m)	صاحب
proprietário (m) de terras	şāḥib al arḍ (m)	صاحب الأرض
cliente (m)	'amīl (m)	عميل
cliente (m) habitual	'amīl dā'im (m)	عميل دائم
comprador (m)	muʃtari (m)	مشتر
visitante (m)	zā'ir (m)	زائر
profissional (m)	muḥtarif (m)	محترف
perito (m)	ҳabīr (m)	خبير
especialista (m)	mutaҳaşşiş (m)	متخصّص
banqueiro (m)	şāḥib maşraf (m)	صاحب مصرف
corretor (m)	simsār (m)	سمسار
caixa (m, f)	şarrāf (m)	صرّاف
contabilista (m)	muḥāsib (m)	محاسب
guarda (m)	ḥāris amn (m)	حارس أمن
investidor (m)	mustaθmir (m)	مستثمر
devedor (m)	mudīn (m)	مدين
credor (m)	dā'in (m)	دائن
mutuário (m)	muqtariḍ (m)	مقترض
importador (m)	mustawrid (m)	مستورد
exportador (m)	muşaddir (m)	مصدّر
produtor (m)	aʃ ʃarika al muşni'a (f)	الشركة المصنعة
distribuidor (m)	muwazzi' (m)	موزّع
intermediário (m)	wasīṭ (m)	وسيط
consultor (m)	mustaʃār (m)	مستشار
representante (m)	mandūb mabi'āt (m)	مندوب مبيعات
agente (m)	wakīl (m)	وكيل
agente (m) de seguros	wakīl at ta'mīn (m)	وكيل التأمين

125. Profissões de serviços

cozinheiro (m)	ṭabbāҳ (m)	طبّاخ
cozinheiro chefe (m)	ʃāf (m)	شاف

padeiro (m)	χabbāz (m)	خبّاز
barman (m)	bārman (m)	بارمان
empregado (m) de mesa	nādil (m)	نادل
empregada (f) de mesa	nādila (f)	نادلة

advogado (m)	muḥāmi (m)	محام
jurista (m)	muḥāmi (m)	محام
notário (m)	muwaθθaq (m)	موثّق

eletricista (m)	kahrabā'iy (m)	كهربائيّ
canalizador (m)	sabbāk (m)	سبّاك
carpinteiro (m)	naʒʒār (m)	نجّار

massagista (m)	mudallik (m)	مدلّك
massagista (f)	mudallika (f)	مدلّكة
médico (m)	ṭabīb (m)	طبيب

taxista (m)	sā'iq taksi (m)	سائق تاكسي
condutor (automobilista)	sā'iq (m)	سائق
entregador (m)	sā'i (m)	ساع

camareira (f)	'āmilat tanẓīf ɣuraf (f)	عاملة تنظيف غرف
guarda (m)	ḥāris amn (m)	حارس أمن
hospedeira (f) de bordo	muḍīfat ṭayarān (f)	مضيفة طيران

professor (m)	mudarris madrasa (m)	مدرّس مدرسة
bibliotecário (m)	amīn maktaba (m)	أمين مكتبة
tradutor (m)	mutarʒim (m)	مترجم
intérprete (m)	mutarʒim fawriy (m)	مترجم فوريّ
guia (pessoa)	murʃid (m)	مرشد

cabeleireiro (m)	ḥallāq (m)	حلّاق
carteiro (m)	sā'i al barīd (m)	ساعي البريد
vendedor (m)	bā'i' (m)	بائع

jardineiro (m)	bustāniy (m)	بستانيّ
criado (m)	χādim (m)	خادم
criada (f)	χādima (f)	خادمة
empregada (f) de limpeza	'āmilat tanẓīf (f)	عاملة تنظيف

126. Profissões militares e postos

soldado (m) raso	ʒundiy (m)	جنديّ
sargento (m)	raqīb (m)	رقيب
tenente (m)	mulāzim (m)	ملازم
capitão (m)	naqīb (m)	نقيب

major (m)	rā'id (m)	رائد
coronel (m)	'aqīd (m)	عقيد
general (m)	ʒinirāl (m)	جنرال
marechal (m)	mārʃāl (m)	مارشال
almirante (m)	amirāl (m)	أميرال
militar (m)	'askariy (m)	عسكريّ
soldado (m)	ʒundiy (m)	جنديّ

oficial (m)	ḍābiṭ (m)	ضابط
comandante (m)	qā'id (m)	قائد

guarda (m) fronteiriço	ḥāris ḥudūd (m)	حارس حدود
operador (m) de rádio	'āmil lāsilkiy (m)	عامل لاسلكيّ
explorador (m)	mustakʃif (m)	مستكشف
sapador (m)	muhandis 'askariy (m)	مهندس عسكريّ
atirador (m)	rāmi (m)	رام
navegador (m)	mallāḥ (m)	ملّاح

127. Oficiais. Padres

rei (m)	malik (m)	ملك
rainha (f)	malika (f)	ملكة

príncipe (m)	amīr (m)	أمير
princesa (f)	amīra (f)	أميرة

czar (m)	qayṣar (m)	قيصر
czarina (f)	qayṣara (f)	قيصرة

presidente (m)	raʾīs (m)	رئيس
ministro (m)	wazīr (m)	وزير
primeiro-ministro (m)	raʾīs wuzarā' (m)	رئيس وزراء
senador (m)	'uḍw maʒlis aʃ ʃuyūχ (m)	عضو مجلس الشيوخ

diplomata (m)	diblumāsiy (m)	دبلوماسيّ
cônsul (m)	qunṣul (m)	قنصل
embaixador (m)	safīr (m)	سفير
conselheiro (m)	mustaʃār (m)	مستشار

funcionário (m)	muwaẓẓaf (m)	موظّف
prefeito (m)	raʾīs idārat al ḥayy (m)	رئيس إدارة الحيّ
Presidente (m) da Câmara	raʾīs al baladiyya (m)	رئيس البلديّة

juiz (m)	qāḍi (m)	قاض
procurador (m)	mudda'i (m)	مدع

missionário (m)	mubaʃʃir (m)	مبشّر
monge (m)	rāhib (m)	راهب
abade (m)	raʾīs ad dayr (m)	رئيس الدير
rabino (m)	ḥāχām (m)	حاخام

vizir (m)	wazīr (m)	وزير
xá (m)	ʃāh (m)	شاه
xeque (m)	ʃɛyχ (m)	شيخ

128. Profissões agrícolas

apicultor (m)	naḥḥāl (m)	نمّال
pastor (m)	rā'i (m)	راع
agrónomo (m)	muhandis zirā'iy (m)	مهندس زراعيّ

| criador (m) de gado | murabbi al mawāʃi (m) | مربّي المواشي |
| veterinário (m) | ṭabīb bayṭariy (m) | طبيب بيطري |

agricultor (m)	muzāriʿ (m)	مزارع
vinicultor (m)	ṣāniʿ an nabīð (m)	صانع النبيذ
zoólogo (m)	χabīr fi ʿilm al ḥayawān (m)	خبير في علم الحيوان
cowboy (m)	rāʿi al baqar (m)	راعي البقر

129. Profissões artísticas

| ator (m) | mumaθθil (m) | ممثّل |
| atriz (f) | mumaθθila (f) | ممثّلة |

| cantor (m) | muɣanni (m) | مغنّ |
| cantora (f) | muɣanniya (f) | مغنّية |

| bailarino (m) | rāqiṣ (m) | راقص |
| bailarina (f) | rāqiṣa (f) | راقصة |

| artista (m) | fannān (m) | فنّان |
| artista (f) | fannāna (f) | فنّانة |

músico (m)	ʿāzif (m)	عازف
pianista (m)	ʿāzif biyānu (m)	عازف بيانو
guitarrista (m)	ʿāzif gitār (m)	عازف جيتار

maestro (m)	qāʾid urkistra (m)	قائد أركسترا
compositor (m)	mulaḥḥin (m)	ملحّن
empresário (m)	mudīr firqa (m)	مدير فرقة

realizador (m)	muχriʒ (m)	مخرج
produtor (m)	muntiʒ (m)	منتج
argumentista (m)	kātib sināriyu (m)	كاتب سيناريو
crítico (m)	nāqid (m)	ناقد

escritor (m)	kātib (m)	كاتب
poeta (m)	ʃāʿir (m)	شاعر
escultor (m)	naḥḥāt (m)	نحّات
pintor (m)	rassām (m)	رسّام

malabarista (m)	bahlawān (m)	بهلوان
palhaço (m)	muharriʒ (m)	مهرج
acrobata (m)	bahlawān (m)	بهلوان
mágico (m)	sāḥir (m)	ساحر

130. Várias profissões

médico (m)	ṭabīb (m)	طبيب
enfermeira (f)	mumarriḍa (f)	ممرّضة
psiquiatra (m)	ṭabīb nafsiy (m)	طبيب نفسيّ
estomatologista (m)	ṭabīb al asnān (m)	طبيب الأسنان
cirurgião (m)	ʒarrāḥ (m)	جرّاح

astronauta (m)	rā'id faḍā' (m)	رائد فضاء
astrónomo (m)	'ālim falak (m)	عالم فلك
piloto (m)	ṭayyār (m)	طيّار

motorista (m)	sā'iq (m)	سائق
maquinista (m)	sā'iq (m)	سائق
mecânico (m)	mikanīkiy (m)	ميكانيكيّ

mineiro (m)	'āmil manȝam (m)	عامل منجم
operário (m)	'āmil (m)	عامل
serralheiro (m)	qaffāl (m)	قفّال
marceneiro (m)	naȝȝār (m)	نجّار
torneiro (m)	χarrāṭ (m)	خرّاط
construtor (m)	'āmil binā' (m)	عامل بناء
soldador (m)	laḥḥām (m)	لحّام

professor (m) catedrático	brufissūr (m)	بروفيسور
arquiteto (m)	muhandis mi'māriy (m)	مهندس معماريّ
historiador (m)	mu'arriχ (m)	مؤرّخ
cientista (m)	'ālim (m)	عالم
físico (m)	fizyā'iy (m)	فيزيائيّ
químico (m)	kimyā'iy (m)	كيميائيّ

arqueólogo (m)	'ālim'āθār (m)	عالم آثار
geólogo (m)	ȝiulūȝiy (m)	جيولوجيّ
pesquisador (cientista)	bāḥiθ (m)	باحث

babysitter (f)	murabbiyat aṭfāl (f)	مربّية الأطفال
professor (m)	mu'allim (m)	معلّم

redator (m)	muḥarrir (m)	محرّر
redator-chefe (m)	ra'īs taḥrīr (m)	رئيس تحرير
correspondente (m)	murāsil (m)	مراسل
datilógrafa (f)	kātiba 'alal 'āla al kātiba (f)	كاتبة على الآلة الكاتبة

designer (m)	muṣammim (m)	مصمّم
especialista (m) em informática	mutaχaṣṣiṣ bil kumbyūtir (m)	متخصّص بالكمبيوتر
programador (m)	mubarmiȝ (m)	مبرمج
engenheiro (m)	muhandis (m)	مهندس

marujo (m)	baḥḥār (m)	بحّار
marinheiro (m)	baḥḥār (m)	بحّار
salvador (m)	munqið (m)	منقذ

bombeiro (m)	raȝul iṭfā' (m)	رجل إطفاء
polícia (m)	ʃurṭiy (m)	شرطيّ
guarda-noturno (m)	ḥāris (m)	حارس
detetive (m)	muḥaqqiq (m)	محقّق

funcionário (m) da alfândega	muwazzaf al ȝamārik (m)	موظف الجمارك
guarda-costas (m)	ḥāris ʃaχṣiy (m)	حارس شخصيّ
guarda (m) prisional	ḥāris siȝn (m)	حارس سجن
inspetor (m)	mufattiʃ (m)	مفتّش
desportista (m)	riyāḍiy (m)	رياضيّ
treinador (m)	mudarrib (m)	مدرّب

talhante (m)	ʒazzār (m)	جزّار
sapateiro (m)	iskāfiy (m)	إسكافيّ
comerciante (m)	tāʒir (m)	تاجر
carregador (m)	ḥammāl (m)	حمّال

| estilista (m) | muṣammim azyāʾ (m) | مصمّم أزياء |
| modelo (f) | mudīl (f) | موديل |

131. Ocupações. Estatuto social

| aluno, escolar (m) | tilmīð (m) | تلميذ |
| estudante (~ universitária) | ṭālib (m) | طالب |

filósofo (m)	faylasūf (m)	فيلسوف
economista (m)	iqtiṣādiy (m)	إقتصاديّ
inventor (m)	muxtariʿ (m)	مخترع

desempregado (m)	ʿāṭil (m)	عاطل
reformado (m)	mutaqāʿid (m)	متقاعد
espião (m)	ʒāsūs (m)	جاسوس

preso (m)	saʒīn (m)	سجين
grevista (m)	muḍrib (m)	مضرب
burocrata (m)	buruqrāṭiy (m)	بيروقراطيّ
viajante (m)	raḥḥāla (m)	رحّالة

homossexual (m)	miθliy ʒinsiyyan (m)	مثليّ جنسيًا
hacker (m)	hākir (m)	هاكر
hippie	hippi (m)	هيبيّ

bandido (m)	qāṭiʿ ṭarīq (m)	قاطع طريق
assassino (m) a soldo	qātil maʾʒūr (m)	قاتل مأجور
toxicodependente (m)	mudmin muxaddirāt (m)	مدمن مخدّرات
traficante (m)	tāʒir muxaddirāt (m)	تاجر مخدّرات
prostituta (f)	ʿāhira (f)	عاهرة
chulo (m)	qawwād (m)	قوّاد

bruxo (m)	sāḥir (m)	ساحر
bruxa (f)	sāḥira (f)	ساحرة
pirata (m)	qurṣān (m)	قرصان
escravo (m)	ʿabd (m)	عبد
samurai (m)	samurāy (m)	ساموراي
selvagem (m)	mutawaḥḥiʃ (m)	متوحّش

Desportos

132. Tipos de desportos. Desportistas

desportista (m)	riyāḍiy (m)	رياضيّ
tipo (m) de desporto	naw' min ar riyāḍa (m)	نوع من الرياضة
basquetebol (m)	kurat as salla (f)	كرة السلة
jogador (m) de basquetebol	lā'ib kūrat as salla (m)	لاعب كرة السلة
beisebol (m)	kurat al qā'ida (f)	كرة القاعدة
jogador (m) de beisebol	lā'ib kurat al qā'ida (m)	لاعب كرة القاعدة
futebol (m)	kurat al qadam (f)	كرة القدم
futebolista (m)	lā'ib kurat al qadam (m)	لاعب كرة القدم
guarda-redes (m)	ḥāris al marma (m)	حارس المرمى
hóquei (m)	huki (m)	هوكي
jogador (m) de hóquei	lā'ib huki (m)	لاعب هوكي
voleibol (m)	al kura aṭ ṭā'ira (m)	الكرة الطائرة
jogador (m) de voleibol	lā'ib al kura aṭ ṭā'ira (m)	لاعب الكرة الطائرة
boxe (m)	mulākama (f)	ملاكمة
boxeador, pugilista (m)	mulākim (m)	ملاكم
luta (f)	muṣāra'a (f)	مصارعة
lutador (m)	muṣāri' (m)	مصارع
karaté (m)	karatī (m)	كاراتيه
karateca (m)	lā'ib karatī (m)	لاعب كاراتيه
judo (m)	ʒudu (m)	جودو
judoca (m)	lā'ib ʒudu (m)	لاعب جودو
ténis (m)	tinis (m)	تنس
tenista (m)	lā'ib tinnis (m)	لاعب تنس
natação (f)	sibāḥa (f)	سباحة
nadador (m)	sabbāḥ (m)	سبّاح
esgrima (f)	musāyafa (f)	مسايفة
esgrimista (m)	mubāriz (m)	مبارز
xadrez (m)	ʃaṭranʒ (m)	شطرنج
xadrezista (m)	lā'ib ʃaṭranʒ (m)	لاعب شطرنج
alpinismo (m)	tasalluq al ʒibāl (m)	تسلق الجبال
alpinista (m)	mutasalliq al ʒibāl (m)	متسلق الجبال
corrida (f)	ʒary (m)	جري

corredor (m)	'addā' (m)	عدّاء
atletismo (m)	al'āb al qiwa (pl)	ألعاب القوى
atleta (m)	lā'ib riyāḍiy (m)	لاعب رياضيّ

| hipismo (m) | riyāḍat al furūsiyya (f) | رياضة الفروسيّة |
| cavaleiro (m) | fāris (m) | فارس |

patinagem (f) artística	tazalluʒ fanniy 'alal ʒalīd (m)	تزلّج فنّيّ على الجليد
patinador (m)	mutazalliʒ fanniy (m)	متزلّج فنّيّ
patinadora (f)	mutazalliʒa fanniyya (f)	متزلّجة فنّيّة

| halterofilismo (m) | raf' al aθqāl (m) | رفع الأثقال |
| halterofilista (m) | rāfi' al aθqāl (m) | رافع الأثقال |

| corrida (f) de carros | sibāq as sayyārāt (m) | سباق السيّارات |
| piloto (m) | sā'iq sibāq (m) | سائق سباق |

| ciclismo (m) | sibāq ad darrāʒāt (m) | سباق الدرّاجات |
| ciclista (m) | lā'ib ad darrāʒāt (m) | لاعب الدرّاجات |

salto (m) em comprimento	al qafz aṭ ṭawīl (m)	القفز الطويل
salto (m) à vara	al qafz biz zāna (m)	القفز بالزانة
atleta (m) de saltos	qāfiz (m)	قافز

133. Tipos de desportos. Diversos

futebol (m) americano	kurat al qadam (f)	كرة القدم
badminton (m)	kurat ar rīʃa (f)	كرة الريشة
biatlo (m)	al biatlūn (m)	البياثلون
bilhar (m)	bilyārdu (m)	بلياردو

bobsled (m)	zallāʒa ʒama'iyya (f)	زلّاجة جماعيّة
musculação (f)	kamāl aʒsām (m)	كمال أجسام
polo (m) aquático	kurat al mā' (f)	كرة الماء
andebol (m)	kurat al yad (f)	كرة اليد
golfe (m)	gūlf (m)	جولف

remo (m)	taʒōīf (m)	تجذيف
mergulho (m)	al ɣawṣ taḥt al mā' (m)	الغوص تحت الماء
corrida (f) de esqui	riyāḍat al iski (f)	رياضة الإسكي
ténis (m) de mesa	kurat aṭ ṭāwila (f)	كرة الطاولة

vela (f)	riyāḍa ibḥār al marākib (f)	رياضة إبحار المراكب
rali (m)	sibāq as sayyārāt (m)	سباق السيّارات
râguebi (m)	raɣbi (m)	رغبي
snowboard (m)	tazalluʒ 'laθ θulūʒ (m)	تزلّج على الثلوج
tiro (m) com arco	rimāya (f)	رماية

134. Ginásio

| barra (f) | ḥadīda (f) | حديدة |
| halteres (m pl) | dambilz (m) | دمبلز |

aparelho (m) de musculaçao	ʒihāz tadrīb (m)	جهاز تدريب
bicicleta (f) ergométrica	darrāʒat tadrīb (f)	درّاجة تدريب
passadeira (f) de corrida	ʒihāz al maʃy (m)	جهاز المشي

barra (f) fixa	ʿuqla (f)	عقلة
barras (f) paralelas	al mutawāzi (m)	المتوازي
cavalo (m)	hisān al maqābiḍ (m)	حصان المقابض
tapete (m) de ginástica	ḥaṣīra (f)	حصيرة

corda (f) de saltar	ḥabl an naṭṭ (m)	حبل النطّ
aeróbica (f)	at tamrīnāt al hiwā'iyya (pl)	التمرينات الهوائية
ioga (f)	yūga (f)	يوجا

135. Hóquei

hóquei (m)	huki (m)	هوكي
jogador (m) de hóquei	lāʿib huki (m)	لاعب هوكي
jogar hóquei	laʿib al hūki	لعب الهوكي
gelo (m)	ʒalīd (m)	جليد

disco (m)	qurṣ al huky (m)	قرص الهوكي
taco (m) de hóquei	miḍrab al huki (m)	مضرب الهوكي
patins (m pl) de gelo	zallāʒāt (pl)	زلّاجات

| muro (m) | ʒānib (m) | جانب |
| tiro (m) | ramya (f) | رمية |

guarda-redes (m)	ḥāris al marma (m)	حارس المرمى
golo (m)	hadaf (m)	هدف
marcar um golo	aṣāb al hadaf	أصاب الهدف

tempo (m)	ʃawṭ (m)	شوط
segundo tempo (m)	aʃ ʃawṭ aθ θāni (m)	الشوط الثاني
banco (m) de reservas	dikkat al ihṭiāṭy (f)	دكة الإحتياطي

136. Futebol

futebol (m)	kurat al qadam (f)	كرة القدم
futebolista (m)	lāʿib kurat al qadam (m)	لاعب كرة القدم
jogar futebol	laʿib kurat al qadam	لعب كرة القدم

Liga Principal (f)	ad dawriy al kibīr (m)	الدوريّ الكبير
clube (m) de futebol	nādy kurat al qadam (m)	نادي كرة القدم
treinador (m)	mudarrib (m)	مدرب
proprietário (m)	ṣāḥib (m)	صاحب

equipa (f)	farīq (m)	فريق
capitão (m) da equipa	kabtan al farīq (m)	كابتن الفريق
jogador (m)	lāʿib (m)	لاعب
jogador (m) de reserva	lāʿib ihtiyāṭiy (m)	لاعب إحتياطيّ
atacante (m)	lāʿib huʒūm (m)	لاعب هجوم
avançado (m) centro	wasaṭ al huʒūm (m)	وسط الهجوم

marcador (m)	haddāf (m)	هدّاف
defesa (m)	mudāfiʿ (m)	مدافع
médio (m)	lāʿib wasaṭ (m)	لاعب وسط

jogo (desafio)	mubārāt (f)	مباراة
encontrar-se (vr)	qābal	قابل
final (m)	mubarāt nihāʾiyya (f)	مباراة نهائية
meia-final (f)	dawr an niṣf an nihāʾiy (m)	دور النصف النهائيّ
campeonato (m)	buṭūla (f)	بطولة

tempo (m)	ʃawṭ (m)	شوط
primeiro tempo (m)	aʃ ʃawṭ al awwal (m)	الشوط الأوّل
intervalo (m)	istirāḥa ma bayn aʃ ʃawṭayn (f)	إستراحة ما بين الشوطين

baliza (f)	marma (m)	مرمى
guarda-redes (m)	ḥāris al marma (m)	حارس المرمى
trave (f)	ʿāriḍa (f)	عارضة
barra (f) transversal	ʿāriḍa (f)	عارضة
rede (f)	ʃabaka (f)	شبكة
sofrer um golo	samaḥ bi iṣābat al hadaf	سمح بإصابة الهدف

bola (f)	kura (f)	كرة
passe (m)	tamrīra (f)	تمريرة
chute (m)	ḍarba (f)	ضربة
chutar (vt)	ḍarab	ضرب
tiro (m) livre	ḍarba ḥurra (f)	ضربة حرّة
canto (m)	ḍarba zāwiya (f)	ضربة زاوية

ataque (m)	huʒūm (m)	هجوم
contra-ataque (m)	haʒma muḍādda (f)	هجمة مضادّة
combinação (f)	tarkīb (m)	تركيب

árbitro (m)	ḥakam (m)	حكم
apitar (vi)	ṣaffar	صفّر
apito (m)	ṣaffāra (f)	صفّارة
falta (f)	muχālafa (f)	مخالفة
cometer a falta	χālaf	خالف
expulsar (vt)	ṭarad min al malʿab	طرد من الملعب

cartão (m) amarelo	al kārt al aṣfar (m)	الكارت الأصفر
cartão (m) vermelho	al kart al aḥmar (m)	الكارت الأحمر
desqualificação (f)	ḥirmān (m)	حرمان
desqualificar (vt)	ḥaram	حرم

penálti (m)	ḍarbat ʒazāʾ (f)	ضربة جزاء
barreira (f)	ḥāʾiṭ (m)	حائط
marcar (vt)	aṣāb al hadaf	أصاب الهدف
golo (m)	hadaf (m)	هدف
marcar um golo	aṣāb al hadaf	أصاب الهدف

substituição (f)	tabdīl (m)	تبديل
substituir (vt)	baddal	بدّل
regras (f pl)	qawāʿid (pl)	قواعد
tática (f)	taktīk (m)	تكتيك
estádio (m)	malʿab (m)	ملعب
bancadas (f pl)	mudarraʒ (m)	مدرّج

fã, adepto (m)	muʃaӡӡiʻ (m)	مشجّع
gritar (vi)	ṣaraχ	صرخ

marcador (m)	lawḥat an natīӡa (f)	لوحة النتيجة
resultado (m)	natīӡa (f)	نتيجة

derrota (f)	hazīma (f)	هزيمة
perder (vt)	χasir	خسر
empate (m)	taʻādul (m)	تعادل
empatar (vi)	taʻādal	تعادل

vitória (f)	fawz (m)	فوز
ganhar, vencer (vi, vt)	fāz	فاز
campeão (m)	baṭal (m)	بطل
melhor	aḥsan	أحسن
felicitar (vt)	hanna'	هنّأ

comentador (m)	muʻalliq (m)	معلّق
comentar (vt)	ʻallaq	علّق
transmissão (f)	iðāʻa (f)	إذاعة

137. Esqui alpino

esqui (m)	zallāӡāt (pl)	زلاجات
esquiar (vi)	tazallaӡ	تزلج
estância (f) de esqui	muntaӡaʻ ӡabaliy lit tazalluӡ (m)	منتجع جبليّ للتزلج
teleférico (m)	miṣʻad (m)	مصعد

bastões (m pl) de esqui	ʻaṣayān at tazalluӡ (pl)	عصيان التزلج
declive (m)	munḥadar (m)	منحدر
slalom (m)	slālum (m)	سلالوم

138. Ténis. Golfe

golfe (m)	gūlf (m)	جولف
clube (m) de golfe	nādi gūlf (m)	نادي جولف
jogador (m) de golfe	lāʻib gūlf (m)	لاعب جولف

buraco (m)	taӡwīf (m)	تجويف
taco (m)	miḍrab (m)	مضرب
trolley (m)	ʻaraba lil gūlf (f)	عربة للجولف

ténis (m)	tinis (m)	تنس
quadra (f) de ténis	malʻab tinis (m)	ملعب تنس

saque (m)	munāwala (f)	مناولة
sacar (vi)	nāwil	ناول

raquete (f)	miḍrab (m)	مضرب
rede (f)	ʃabaka (f)	شبكة
bola (f)	kura (f)	كرة

139. Xadrez

xadrez (m)	ʃaṭranӡ (m)	شطرنج
peças (f pl) de xadrez	qita' aʃ ʃaṭranӡ (pl)	قطع الشطرنج
xadrezista (m)	lā'ib ʃaṭranӡ (m)	لاعب شطرنج
tabuleiro (m) de xadrez	lawḥat aʃ ʃaṭranӡ (f)	لوحة الشطرنج
peça (f) de xadrez	qiṭ'a (f)	قطعة

brancas (f pl)	qiṭa' bayḍā' (pl)	قطع بيضاء
pretas (f pl)	qiṭa' sawdā' (pl)	قطع سوداء

peão (m)	baydaq (m)	بيدق
bispo (m)	fīl (m)	فيل
cavalo (m)	ḥiṣān (m)	حصان
torre (f)	qal'a (f)	قلعة
dama (f)	malika (f)	ملكة
rei (m)	malik (m)	ملك

vez (m)	xaṭwa (f)	خطوة
mover (vt)	ḥarrak	حرّك
sacrificar (vt)	ḍaḥḥa	ضحّى
roque (m)	at tabyīt (m)	التبييت
xeque (m)	kaʃʃ (m)	كشّ
xeque-mate (m)	kaʃʃ māt (m)	كشّ مات

torneio (m) de xadrez	buṭūlat ʃaṭranӡ (f)	بطولة شطرنج
grão-mestre (m)	ustāð kabīr (m)	أستاذ كبير
combinação (f)	tarkīb (m)	تركيب
partida (f)	dawr (m)	دور
jogo (m) de damas	dāma (f)	ضامة

140. Boxe

boxe (m)	mulākama (f)	ملاكمة
combate (m)	mulākama (f)	ملاكمة
duelo (m)	mubārāt mulākama (f)	مباراة ملاكمة
round (m)	ӡawla (f)	جولة

ringue (m)	ḥalba (f)	حلبة
gongo (m)	nāqūs (m)	ناقوس

murro, soco (m)	ḍarba (f)	ضربة
knockdown (m)	ḍarba ḥāsima (f)	ضربة حاسمة

nocaute (m)	ḍarba qāḍiya (f)	ضربة قاضية
nocautear (vt)	ḍarab ḍarba qāḍiya	ضرب ضربة قاضية

luva (f) de boxe	quffāz al mulākama (m)	قفّاز الملاكمة
árbitro (m)	ḥakam (m)	حكم

peso-leve (m)	al wazn al xafīf (m)	الوزن الخفيف
peso-médio (m)	al wazn al mutawassiṭ (m)	الوزن المتوسط
peso-pesado (m)	al wazn aθ θaqīl (m)	الوزن الثقيل

141. Desportos. Diversos

Português	Transliteração	العربية
Jogos (m pl) Olímpicos	al'āb ulumbiyya (pl)	ألعاب أولمبيّة
vencedor (m)	fā'iz (m)	فائز
vencer (vi)	fāz	فاز
vencer, ganhar (vi)	fāz	فاز
líder (m)	za'īm (m)	زعيم
liderar (vt)	taqaddam	تقدّم
primeiro lugar (m)	al martaba al ūla (f)	المرتبة الأولى
segundo lugar (m)	al martaba aθ θāniya (f)	المرتبة الثانية
terceiro lugar (m)	al martaba aθ θāliθa (f)	المرتبة الثالثة
medalha (f)	midāliyya (f)	ميداليّة
troféu (m)	ʒā'iza (f)	جائزة
taça (f)	ka's (m)	كأس
prémio (m)	ʒā'iza (f)	جائزة
prémio (m) principal	akbar ʒā'iza (f)	أكبر جائزة
recorde (m)	raqm qiyāsiy (m)	رقم قياسيّ
estabelecer um recorde	fāz bi raqm qiyāsiy	فاز برقم قياسيّ
final (m)	mubarāt nihā'iyya (f)	مباراة نهائيّة
final	nihā'iy	نهائيّ
campeão (m)	baṭal (m)	بطل
campeonato (m)	buṭūla (f)	بطولة
estádio (m)	mal'ab (m)	ملعب
bancadas (f pl)	mudarraʒ (m)	مدرّج
fã, adepto (m)	muʃaʒʒiʿ (m)	مشجّع
adversário (m)	'aduww (m)	عدوّ
partida (f)	χaṭṭ al bidāya (m)	خطّ البداية
chegada, meta (f)	χaṭṭ an nihāya (m)	خطّ النهاية
derrota (f)	hazīma (f)	هزيمة
perder (vt)	χasir	خسر
árbitro (m)	ḥakam (m)	حكم
júri (m)	hay'at al ḥukm (f)	هيئة الحكم
resultado (m)	natīʒa (f)	نتيجة
empate (m)	ta'ādul (m)	تعادل
empatar (vi)	ta'ādal	تعادل
ponto (m)	nuqṭa (f)	نقطة
resultado (m) final	natīʒa nihā'iyya (f)	نتيجة نهائية
tempo, período (m)	ʃawṭ (m)	شوط
intervalo (m)	istirāḥa ma bayn aʃ ʃawṭayn (f)	إستراحة ما بين الشوطين
doping (m)	munaʃʃiṭāt (pl)	منشّطات
penalizar (vt)	'āqab	عاقب
desqualificar (vt)	ḥaram	حرم
aparelho (m)	ma'add riyāḍiy (f)	معدّ رياضيّ
dardo (m)	rumḥ (m)	رمح

peso (m)	ʒulla (f)	جلة
bola (f)	kura (f)	كرة
alvo, objetivo (m)	hadaf (m)	هدف
alvo (~ de papel)	hadaf (m)	هدف
atirar, disparar (vi)	aṭlaq an nār	أطلق النار
preciso (tiro ~)	maḍbūṭ	مضبوط
treinador (m)	mudarrib (m)	مدرّب
treinar (vt)	darrab	درّب
treinar-se (vr)	tadarrab	تدرّب
treino (m)	tadrīb (m)	تدريب
ginásio (m)	markaz li liyāqa badaniyya (m)	مركز للياقة بدنيّة
exercício (m)	tamrīn (m)	تمرين
aquecimento (m)	tasχīn (m)	تسخين

Educação

142. Escola

| escola (f) | madrasa (f) | مدرسة |
| diretor (m) de escola | mudīr madrasa (m) | مدير مدرسة |

aluno (m)	tilmīð (m)	تلميذ
aluna (f)	tilmīða (f)	تلميذة
escolar (m)	tilmīð (m)	تلميذ
escolar (f)	tilmīða (f)	تلميذة

ensinar (vt)	'allam	علّم
aprender (vt)	ta'allam	تعلّم
aprender de cor	ḥafaẓ	حفظ

estudar (vi)	ta'allam	تعلّم
andar na escola	daras	درس
ir à escola	ðahab ilal madrasa	ذهب إلى المدرسة

| alfabeto (m) | alifbā' (m) | الفباء |
| disciplina (f) | mādda (f) | مادّة |

sala (f) de aula	faşl (m)	فصل
lição (f)	dars (m)	درس
recreio (m)	istirāḥa (f)	إستراحة
toque (m)	ʒaras al madrasa (m)	جرس المدرسة
carteira (f)	taxta lil madrasa (m)	تخة للمدرسة
quadro (m) negro	sabbūra (f)	سبّورة

nota (f)	daraʒa (f)	درجة
boa nota (f)	daraʒa ʒayyida (f)	درجة جيّدة
nota (f) baixa	daraʒa ɣayr ʒayyida (f)	درجة غير جيّدة
dar uma nota	a'ta daraʒa	أعطى درجة

erro (m)	xaţa' (m)	خطأ
fazer erros	axta'	أخطأ
corrigir (vt)	şahhaḥ	صحّح
cábula (f)	waraqat ɣaʃʃ (f)	ورقة غشّ

| dever (m) de casa | wāʒib manziliy (m) | واجب منزليّ |
| exercício (m) | tamrīn (m) | تمرين |

estar presente	ḥaḍar	حضر
estar ausente	ɣāb	غاب
faltar às aulas	taɣayyab 'an al madrasa	تغيّب عن المدرسة

punir (vt)	'āqab	عاقب
punição (f)	'uqūba (f),'iqāb (m)	عقوبة, عقاب
comportamento (m)	sulūk (m)	سلوك

boletim (m) escolar	at taqrīr al madrasiy (m)	التقرير المدرسيّ
lápis (m)	qalam ruṣāṣ (m)	قلم رصاص
borracha (f)	astīka (f)	استيكة
giz (m)	ṭabāʃīr (m)	طباشير
estojo (m)	maqlama (f)	مقلمة
pasta (f) escolar	ʃanṭat al madrasa (f)	شنطة المدرسة
caneta (f)	qalam (m)	قلم
caderno (m)	daftar (m)	دفتر
manual (m) escolar	kitāb taʿlīm (m)	كتاب تعليم
compasso (m)	barʒal (m)	برجل
traçar (vt)	rasam rasm taqniy	رسم رسمًا تقنيًا
desenho (m) técnico	rasm taqniy (m)	رسم تقنيّ
poesia (f)	qaṣīda (f)	قصيدة
de cor	ʿan ẓahr qalb	عن ظهر قلب
aprender de cor	ḥafaẓ	حفظ
férias (f pl)	ʿuṭla madrasiyya (f)	عطلة مدرسيّة
estar de férias	ʿindahu ʿuṭla	عنده عطلة
passar as férias	qaḍa al ʿuṭla	قضى العطلة
teste (m)	imtiḥān (m)	إمتحان
composição, redação (f)	inʃāʾ (m)	إنشاء
ditado (m)	imlāʾ (m)	إملاء
exame (m)	imtiḥān (m)	إمتحان
fazer exame	marr al imtiḥān	مرّ الإمتحان
experiência (~ química)	taʒriba (f)	تجربة

143. Colégio. Universidade

academia (f)	akadīmiyya (f)	أكاديميّة
universidade (f)	ʒāmiʿa (f)	جامعة
faculdade (f)	kulliyya (f)	كليّة
estudante (m)	ṭālib (m)	طالب
estudante (f)	ṭāliba (f)	طالبة
professor (m)	muḥāḍir (m)	محاضر
sala (f) de palestras	mudarraʒ (m)	مدرّج
graduado (m)	mutaχarriʒ (m)	متخرّج
diploma (m)	diblūma (f)	دبلومة
tese (f)	risāla ʿilmiyya (f)	رسالة علميّة
estudo (obra)	dirāsa (f)	دراسة
laboratório (m)	muχtabar (m)	مختبر
palestra (f)	muḥāḍara (f)	محاضرة
colega (m) de curso	zamīl fiṣ ṣaff (m)	زميل في الصفّ
bolsa (f) de estudos	minḥa dirāsiyya (f)	منحة دراسيّة
grau (m) académico	daraʒa ʿilmiyya (f)	درجة علميّة

144. Ciências. Disciplinas

matemática (f)	riyāḍīyyāt (pl)	رياضيّات
álgebra (f)	al ʒabr (m)	الجبر
geometria (f)	handasa (f)	هندسة
astronomia (f)	ʿilm al falak (m)	علم الفلك
biologia (f)	ʿilm al aḥyā' (m)	علم الأحياء
geografia (f)	ʒuɣrāfiya (f)	جغرافيا
geologia (f)	ʒiulūʒiya (f)	جيولوجيا
história (f)	tarīχ (m)	تاريخ
medicina (f)	ṭibb (m)	طبّ
pedagogia (f)	ʿilm at tarbiya (f)	علم التربية
direito (m)	qānūn (m)	قانون
física (f)	fizyā' (f)	فيزياء
química (f)	kimyā' (f)	كيمياء
filosofia (f)	falsafa (f)	فلسفة
psicologia (f)	ʿilm an nafs (m)	علم النفس

145. Sistema de escrita. Ortografia

gramática (f)	an naḥw waṣ ṣarf (m)	النحو والصرف
vocabulário (m)	mufradāt al luɣa (pl)	مفردات اللغة
fonética (f)	ṣawtīyyāt (pl)	صوتيّات
substantivo (m)	ism (m)	إسم
adjetivo (m)	ṣifa (f)	صفة
verbo (m)	fiʿl (m)	فعل
advérbio (m)	ẓarf (m)	ظرف
pronome (m)	ḍamīr (m)	ضمير
interjeição (f)	ḥarf nidā' (m)	حرف نداء
preposição (f)	ḥarf al ʒarr (m)	حرف الجرّ
raiz (f) da palavra	ʒiðr al kalima (m)	جذر الكلمة
terminação (f)	nihāya (f)	نهاية
prefixo (m)	sābiqa (f)	سابقة
sílaba (f)	maqṭaʿ lafẓiy (m)	مقطع لفظيّ
sufixo (m)	lāḥiqa (f)	لاحقة
acento (m)	nabra (f)	نبرة
apóstrofo (m)	ʿalāmat ḥaðf (f)	علامة حذف
ponto (m)	nuqṭa (f)	نقطة
vírgula (f)	fāṣila (f)	فاصلة
ponto e vírgula (m)	nuqṭa wa fāṣila (f)	نقطة وفاصلة
dois pontos (m pl)	nuqṭatān ra'siyyatān (du)	نقطتان رأسيتان
reticências (f pl)	θalāθ nuqaṭ (pl)	ثلاث نقط
ponto (m) de interrogação	ʿalāmat istifhām (f)	علامة إستفهام
ponto (m) de exclamação	ʿalāmat taʿaʒʒub (f)	علامة تعجّب

aspas (f pl)	ʻalāmāt al iqtibās (pl)	علامات الإقتباس
entre aspas	bayn ʻalāmatay al iqtibās	بين علامتي الإقتباس
parênteses (m pl)	qawsān (du)	قوسان
entre parênteses	bayn al qawsayn	بين القوسين
hífen (m)	ʻalāmat waṣl (f)	علامة وصل
travessão (m)	ʃurṭa (f)	شرطة
espaço (m)	farāɣ (m)	فراغ
letra (f)	ḥarf (m)	حرف
letra (f) maiúscula	ḥarf kabīr (m)	حرف كبير
vogal (f)	ḥarf ṣawtiy (m)	حرف صوتيّ
consoante (f)	ḥarf sākin (m)	حرف ساكن
frase (f)	ʒumla (f)	جملة
sujeito (m)	fāʼil (m)	فاعل
predicado (m)	musnad (m)	مسند
linha (f)	saṭr (m)	سطر
em uma nova linha	min bidāyat as saṭr	من بداية السطر
parágrafo (m)	fiqra (f)	فقرة
palavra (f)	kalima (f)	كلمة
grupo (m) de palavras	maʒmūʻa min al kalimāt (pl)	مجموعة من الكلمات
expressão (f)	ʻibāra (f)	عبارة
sinónimo (m)	murādif (m)	مرادف
antónimo (m)	mutaḍādd luɣawiy (m)	متضادّ
regra (f)	qāʻida (f)	قاعدة
exceção (f)	istiθnāʼ (m)	إستثناء
correto	ṣaḥīḥ	صحيح
conjugação (f)	ṣarf (m)	صرف
declinação (f)	taṣrīf al asmāʼ (m)	تصريف الأسماء
caso (m)	ḥāla ismiyya (f)	حالة إسميّة
pergunta (f)	suʼāl (m)	سؤال
sublinhar (vt)	waḍaʻ χaṭṭ taḥt	وضع خطًا تحت
linha (f) pontilhada	χaṭṭ munaqqaṭ (m)	خط منقط

146. Línguas estrangeiras

língua (f)	luɣa (f)	لغة
estrangeiro	aʒnabiy	أجنبيّ
língua (f) estrangeira	luɣa aʒnabiyya (f)	لغة أجنبيّة
estudar (vt)	daras	درس
aprender (vt)	taʻallam	تعلّم
ler (vt)	qaraʼ	قرأ
falar (vi)	takallam	تكلّم
compreender (vt)	fahim	فهم
escrever (vt)	katab	كتب
rapidamente	bi surʻa	بسرعة
devagar	bi buṭʼ	ببطء

fluentemente	bi ṭalāqa	بطلاقة
regras (f pl)	qawā'id (pl)	قواعد
gramática (f)	an naḥw waṣ ṣarf (m)	النحو والصرف
vocabulário (m)	mufradāt al luɣa (pl)	مفردات اللغة
fonética (f)	ṣawtīyyāt (pl)	صوتيّات

manual (m) escolar	kitāb ta'līm (m)	كتاب تعليم
dicionário (m)	qāmūs (m)	قاموس
manual (m) de autoaprendizagem	kitāb ta'līm ðātiy (m)	كتاب تعليم ذاتي
guia (m) de conversação	kitāb lil 'ibārāt aʃ ʃā'i'a (m)	كتاب للعبارت الشائعة

cassete (f)	ʃarīṭ (m)	شريط
vídeo cassete (m)	ʃarīṭ vidiyu (m)	شريط فيديو
CD (m)	si di (m)	سي دي
DVD (m)	di vi di (m)	دي في دي

alfabeto (m)	alifbā' (m)	الفباء
soletrar (vt)	tahaʒʒa	تهجّى
pronúncia (f)	nuṭq (m)	نطق

sotaque (m)	lukna (f)	لكنة
com sotaque	bi lukna	بلكنة
sem sotaque	bi dūn lukna	بدون لكنة

palavra (f)	kalima (f)	كلمة
sentido (m)	ma'na (m)	معنى

cursos (m pl)	dawra (f)	دورة
inscrever-se (vr)	saʒʒal ismahu	سجّل إسمه
professor (m)	mudarris (m)	مدرّس

tradução (processo)	tarʒama (f)	ترجمة
tradução (texto)	tarʒama (f)	ترجمة
tradutor (m)	mutarʒim (m)	مترجم
intérprete (m)	mutarʒim fawriy (m)	مترجم فوري

poliglota (m)	'alīm bi 'iddat luɣāt (m)	عليم بعدّة لغات
memória (f)	ðākira (f)	ذاكرة

147. Personagens de contos de fadas

Pai (m) Natal	baba nuwīl (m)	بابا نويل
Cinderela (f)	sindrīla	سيندريلا
sereia (f)	ḥūriyyat al baḥr (f)	حورية البحر
Neptuno (m)	nibtūn (m)	نبتون

mago (m)	sāḥir (m)	ساحر
fada (f)	sāḥira (f)	ساحرة
mágico	siḥriy	سحري
varinha (f) mágica	'aṣa siḥriyya (f)	عصا سحرية

conto (m) de fadas	ḥikāya xayāliyya (f)	حكاية خيالية
milagre (m)	mu'ʒiza (f)	معجزة

| anão (m) | qazam (m) | قزم |
| transformar-se em … | taḥawwal ila … | تحوّل إلى... |

fantasma (m)	ʃabaḥ (m)	شبح
espetro (m)	ʃabaḥ (m)	شبح
monstro (m)	waḥʃ (m)	وحش
dragão (m)	tinnīn (m)	تنّين
gigante (m)	ʿimlāq (m)	عملاق

148. Signos do Zodíaco

Carneiro	burʒ al ḥamal (m)	برج الحمل
Touro	burʒ aθ θawr (m)	برج الثور
Gémeos	burʒ al ʒawzāʾ (m)	برج الجوزاء
Caranguejo	burʒ as saraṭān (m)	برج السرطان
Leão	burʒ al asad (m)	برج الأسد
Virgem (f)	burʒ al ʿaðrāʾ (m)	برج العذراء

Balança	burʒ al mīzān (m)	برج الميزان
Escorpião	burʒ al ʿaqrab (m)	برج العقرب
Sagitário	burʒ al qaws (m)	برج القوس
Capricórnio	burʒ al ʒaday (m)	برج الجدي
Aquário	burʒ ad dalw (m)	برج الدلو
Peixes	burʒ al ḥūt (m)	برج الحوت

caráter (m)	ṭabʿ (m)	طبع
traços (m pl) do caráter	aṣ ṣifāt aʃ ʃaxṣiyya (pl)	الصفات الشخصية
comportamento (m)	sulūk (m)	سلوك
predizer (vt)	tanabbaʾ	تنبّأ
adivinha (f)	ʿarrāfa (f)	عرّافة
horóscopo (m)	tawaqquʿāt al abrāʒ (pl)	توقّعات الأبراج

Artes

149. Teatro

teatro (m)	masraḥ (m)	مسرح
ópera (f)	ubra (f)	أوبرا
opereta (f)	ubirīt (f)	أوبريت
balé (m)	balīh (m)	باليه
cartaz (m)	mulṣaq (m)	ملصق
companhia (f) teatral	firqa (f)	فرقة
turné (digressão)	ʒawlat fannānīn (f)	جولة فنانين
estar em turné	taʒawwal	تجوّل
ensaiar (vt)	aʒra bruvāt	أجرى بروفات
ensaio (m)	brūva (f)	بروفة
repertório (m)	barnāmaʒ al masraḥ (m)	برنامج المسرح
apresentação (f)	adāʾ fanniy (m)	أداء فنّيّ
espetáculo (m)	ʿarḍ masraḥiy (m)	عرض مسرحيّ
peça (f)	masraḥiyya (f)	مسرحيّة
bilhete (m)	taðkira (f)	تذكرة
bilheteira (f)	ʃubbāk at taðākir (m)	شبّاك التذاكر
hall (m)	ṣāla (f)	صالة
guarda-roupa (m)	ɣurfat al maʿāṭif (f)	غرفة المعاطف
senha (f) numerada	biṭāqat ʾīdāʿ al maʿāṭif (f)	بطاقة إيداع المعاطف
binóculo (m)	minẓār (m)	منظار
lanterninha (m)	ḥāʒib (m)	حاجب
plateia (f)	karāsi al urkistra (pl)	كراسي الأوركسترا
balcão (m)	balakūna (f)	بلكونة
primeiro balcão (m)	ʃurfa (f)	شرفة
camarote (m)	lūʒ (m)	لوج
fila (f)	ṣaff (m)	صفّ
assento (m)	maqʿad (m)	مقعد
público (m)	ʒumhūr (m)	جمهور
espetador (m)	muʃāhid (m)	مشاهد
aplaudir (vt)	ṣaffaq	صفّق
aplausos (m pl)	taṣfīq (m)	تصفيق
ovação (f)	taṣfīq ḥārr (m)	تصفيق حارّ
palco (m)	χaʃabat al masraḥ (f)	خشبة المسرح
pano (m) de boca	sitāra (f)	ستارة
cenário (m)	dikūr (m)	ديكور
bastidores (m pl)	kawalīs (pl)	كواليس
cena (f)	maʃhad (m)	مشهد
ato (m)	faṣl (m)	فصل
entreato (m)	istirāḥa (f)	إستراحة

150. Cinema

ator (m)	mumaθθil (m)	ممثل
atriz (f)	mumaθθila (f)	ممثلة
cinema (m)	sinima (f)	سينما
filme (m)	film sinimã'iy (m)	فيلم سينمائيّ
episódio (m)	ʒuz' min al film (m)	جزء من الفيلم
filme (m) policial	film bulīsiy (m)	فيلم بوليسيّ
filme (m) de ação	film haraka (m)	فيلم حركة
filme (m) de aventuras	film muɣāmarāt (m)	فيلم مغامرات
filme (m) de ficção científica	film xayāl 'ilmiy (m)	فيلم خيال علميّ
filme (m) de terror	film ru'b (m)	فيلم رعب
comédia (f)	film kumīdiya (f)	فيلم كوميديا
melodrama (m)	miludrāma (m)	ميلودراما
drama (m)	drāma (f)	دراما
filme (m) ficcional	film fanniy (m)	فيلم فنّيّ
documentário (m)	film waθā'iqiy (m)	فيلم وثائقيّ
desenho (m) animado	film kartūn (m)	فيلم كرتون
cinema (m) mudo	sinima sāmita (f)	سينما صامتة
papel (m)	dawr (m)	دور
papel (m) principal	dawr ra'īsi (m)	دور رئيسيّ
representar (vt)	maθθal	مثل
estrela (f) de cinema	naʒm sinimã'iy (m)	نجم سينمائيّ
conhecido	ma'rūf	معروف
famoso	maɟhūr	مشهور
popular	mahbūb	محبوب
argumento (m)	sināriyu (m)	سيناريو
argumentista (m)	kātib sināriyu (m)	كاتب سيناريو
realizador (m)	muxriʒ (m)	مخرج
produtor (m)	muntiʒ (m)	منتج
assistente (m)	musā'id (m)	مساعد
diretor (m) de fotografia	musawwir (m)	مصوّر
duplo (m)	mu'addi maɟahid xatīra (m)	مؤدّي مشاهد خطيرة
duplo (m) de corpo	mumaθθil badīl (m)	ممثل بديل
filmar (vt)	sawwar film	صوّر فيلمًا
audição (f)	taʒribat adā' (f)	تجربة أداء
filmagem (f)	taswīr (m)	تصوير
equipe (f) de filmagem	tāqim al film (m)	طاقم الفيلم
set (m) de filmagem	mintaqat at taswīr (f)	منطقة التصوير
câmara (f)	kamira sinimã'iyya (f)	كاميرا سينمائيّة
cinema (m)	sinima (f)	سينما
ecrã (m), tela (f)	ɟāɟa (f)	شاشة
exibir um filme	'arad film	عرض فيلمًا
pista (f) sonora	musīqa taswīriyya (f)	موسيقى تصويريّة
efeitos (m pl) especiais	mu'aθθirāt xāssa (pl)	مؤثّرات خاصّة

legendas (f pl)	tarӡamat al ḥiwār (f)	ترجمة الحوار
crédito (m)	ʃārat an nihāya (f)	شارة النهاية
tradução (f)	tarӡama (f)	ترجمة

151. Pintura

arte (f)	fann (m)	فن
belas-artes (f pl)	funūn ӡamīla (pl)	فنون جميلة
galeria (f) de arte	maʻraḍ fanniy (m)	معرض فني
exposição (f) de arte	maʻraḍ fanniy (m)	معرض فني

pintura (f)	taṣwīr (m)	تصوير
arte (f) gráfica	rusūmiyyāt (pl)	رسوميّات
arte (f) abstrata	fann taӡrīdiy (m)	فن تجريدي
impressionismo (m)	al intibāʻiyya (f)	الإنطباعيّة

pintura (f), quadro (m)	lawḥa (f)	لوحة
desenho (m)	rasm (m)	رسم
cartaz, póster (m)	mulṣaq iʻlāniy (m)	ملصق إعلاني

ilustração (f)	rasm tawḍīḥiy (m)	رسم توضيحي
miniatura (f)	ṣūra muṣaɣɣara (f)	صورة مصغّرة
cópia (f)	nusχa (f)	نسخة
reprodução (f)	nusχa ṭibq al aṣl (f)	نسخة طبق الأصل

mosaico (m)	fusayfisāʼ (f)	فسيفساء
vitral (m)	zuӡāӡ muʻaʃʃaq (m)	زجاج معشّق
fresco (m)	taṣwīr ӡiṣṣiy (m)	تصوير جصّي
gravura (f)	naqʃ (m)	نقش

busto (m)	timθāl niṣfiy (m)	تمثال نصفي
escultura (f)	naḥt (m)	نحت
estátua (f)	timθāl (m)	تمثال
gesso (m)	ӡībs (m)	جبس
em gesso	min al ӡībs	من الجيبس

retrato (m)	burtrī (m)	بورتريه
autorretrato (m)	burtrīh ðātiy (m)	بورتريه ذاتي
paisagem (f)	lawḥat manẓar ṭabīʻiy (f)	لوحة منظر طبيعي
natureza (f) morta	ṭabīʻa ṣāmita (f)	طبيعة صامتة
caricatura (f)	ṣūra karikaturiyya (f)	صورة كاريكاتورية
esboço (m)	rasm tamhīdiy (m)	رسم تمهيدي

tinta (f)	lawn (m)	لون
aguarela (f)	alwān māʼiyya (m)	ألوان مائية
óleo (m)	zayt (m)	زيت
lápis (m)	qalam ruṣāṣ (m)	قلم رصاص
tinta da China (f)	ḥibr hindiy (m)	حبر هندي
carvão (m)	faḥm (m)	فحم

desenhar (vt)	rasam	رسم
pintar (vt)	rasam	رسم
posar (vi)	qaʻad	قعد
modelo (m)	mudil ḥay (m)	موديل حي

modelo (f)	mudil ḥay (m)	موديل حيّ
pintor (m)	rassām (m)	رسّام
obra (f)	'amal fanniy (m)	عمل فنّيّ
obra-prima (f)	tuḥfa fanniyya (f)	تحفة فنّية
estúdio (m)	warʃa (f)	ورشة

tela (f)	kanava (f)	كانفا
cavalete (m)	musnad ar rasm (m)	مسند الرسم
paleta (f)	lawḥat al alwān (f)	لوحة الألوان

moldura (f)	iṭār (m)	إطار
restauração (f)	tarmīm (m)	ترميم
restaurar (vt)	rammam	رمم

152. Literatura & Poesia

literatura (f)	adab (m)	أدب
autor (m)	muʾallif (m)	مؤلّف
pseudónimo (m)	ism mustaʿār (m)	إسم مستعار

livro (m)	kitāb (m)	كتاب
volume (m)	muʒallad (m)	مجلد
índice (m)	fihris (m)	فهرس
página (f)	ṣafḥa (f)	صفحة
protagonista (m)	aʃ ʃaxṣiyya ar raʾīsiyya (f)	الشخصيّة الرئيسيّة
autógrafo (m)	tawqīʿ al muʾallif (m)	توقيع المؤلّف

conto (m)	qiṣṣa qaṣīra (f)	قصّة قصيرة
novela (f)	qiṣṣa (f)	قصّة
romance (m)	riwāya (f)	رواية
obra (f)	muʾallif (m)	مؤلّف
fábula (m)	ḥikāya (f)	حكاية
romance (m) policial	riwāya bulīsiyya (f)	رواية بوليسيّة

poesia (obra)	qaṣīda (f)	قصيدة
poesia (arte)	ʃiʿr (m)	شعر
poema (m)	qaṣīda (f)	قصيدة
poeta (m)	ʃāʿir (m)	شاعر

ficção (f)	adab ʒamīl (m)	أدب جميل
ficção (f) científica	xayāl 'ilmiy (m)	خيال علميّ
aventuras (f pl)	adab al muʒāmarāt (m)	أدب المغامرات
literatura (f) didática	adab tarbawiy (m)	أدب تربويّ
literatura (f) infantil	adab al atfāl (m)	أدب الأطفال

153. Circo

circo (m)	sirk (m)	سيرك
circo (m) ambulante	sirk mutanaqqil (m)	سيرك متنقّل
programa (m)	barnāmaʒ (m)	برنامج
apresentação (f)	adāʾ fanniy (m)	أداء فنّيّ
número (m)	dawr (m)	دور

arena (f)	ḥalbat as sirk (f)	حلبة السيرك
pantomima (f)	'arḍ 'īmā'y (m)	عرض إيمائي
palhaço (m)	muharriʒ (m)	مهرج

acrobata (m)	bahlawān (m)	بهلوان
acrobacia (f)	al'āb bahlawāniyya (f)	ألعاب بهلوانيّة
ginasta (m)	lā'ib ʒumbāz (m)	لاعب جنباز
ginástica (f)	ʒumbāz (m)	جنباز
salto (m) mortal	ʃaqlaba (f)	شقلبة

homem forte (m)	lā'ib riyāḍiy (m)	لاعب رياضيّ
domador (m)	murawwiḍ (m)	مروّض
cavaleiro (m) equilibrista	fāris (m)	فارس
assistente (m)	musā'id (m)	مساعد

truque (m)	al'āb bahlawāniyya (f)	ألعاب بهلوانيّة
truque (m) de mágica	xid'a siḥriyya (f)	خدمة سحريّة
mágico (m)	sāḥir (m)	ساحر

malabarista (m)	bahlawān (m)	بهلوان
fazer malabarismos	la'ib bi kurāt 'adīda	لعب بكرات عديدة
domador (m)	mudarrib ḥayawānāt (m)	مدرّب حيوانات
adestramento (m)	tadrīb al ḥayawānāt (m)	تدريب الحيوانات
adestrar (vt)	darrab	درّب

154. Música. Música popular

música (f)	musīqa (f)	موسيقى
músico (m)	'āzif (m)	عازف
instrumento (m) musical	'āla musiqiyya (f)	آلة موسيقيّة
tocar ...	'azaf ...	عزف...

guitarra (f)	gitār (m)	جيتار
violino (m)	kamān (m)	كمان
violoncelo (m)	tʃīlu (m)	تشيلو
contrabaixo (m)	kamān aʒhar (m)	كمان أجهر
harpa (f)	qiθār (m)	قيثار

piano (m)	biānu (m)	بيانو
piano (m) de cauda	biānu kibīr (m)	بيانو كبير
órgão (m)	arɣan (m)	أرغن

instrumentos (m pl) de sopro	'ālāt nafxiyya (pl)	آلات نفخيّة
oboé (m)	ubwa (m)	أوبوا
saxofone (m)	saksufūn (m)	ساكسوفون
clarinete (m)	klarnīt (m)	كلارنيت
flauta (f)	flut (m)	فلوت
trompete (m)	būq (m)	بوق

| acordeão (m) | ukurdiūn (m) | أكورديون |
| tambor (m) | ṭabla (f) | طبلة |

| duo, dueto (m) | θunā'iy (m) | ثنائيّ |
| trio (m) | θulāθy (m) | ثلاثي |

quarteto (m)	rubā'iy (m)	رباعيّ
coro (m)	xūrus (m)	خورس
orquestra (f)	urkistra (f)	أوركسترا

música (f) pop	musīqa al bub (f)	موسيقى البوب
música (f) rock	musīqa ar rūk (f)	موسيقى الروك
grupo (m) de rock	firqat ar rūk (f)	فرقة الروك
jazz (m)	ʒāz (m)	جاز

| ídolo (m) | ma'būd (m) | معبود |
| fã, admirador (m) | mu'ʒab (m) | معجب |

concerto (m)	ḥafla mūsiqiyya (f)	حفلة موسيقيّة
sinfonia (f)	simfūniyya (f)	سمفونيّة
composição (f)	qiṭ'a mūsiqiyya (f)	قطعة موسيقيّة
compor (vt)	allaf	ألّف

canto (m)	ɣinā' (m)	غناء
canção (f)	uɣniyya (f)	أغنيّة
melodia (f)	laḥn (m)	لحن
ritmo (m)	'īqā' (m)	إيقاع
blues (m)	musīqa al blūz (f)	موسيقى البلوز

notas (f pl)	nutāt (pl)	نوتات
batuta (f)	'aṣa al mayistru (m)	عصا المايسترو
arco (m)	qaws (m)	قوس
corda (f)	watar (m)	وتر
estojo (m)	ʃanṭa (f)	شنطة

Descanso. Entretenimento. Viagens

155. Viagens

turismo (m)	siyāḥa (f)	سياحة
turista (m)	sā'iḥ (m)	سائح
viagem (f)	riḥla (f)	رحلة
aventura (f)	muyāmara (f)	مغامرة
viagem (f)	riḥla (f)	رحلة
férias (f pl)	'uṭla (f)	عطلة
estar de férias	'indahu 'uṭla	عنده عطلة
descanso (m)	istirāḥa (f)	إستراحة
comboio (m)	qiṭār (m)	قطار
de comboio (chegar ~)	bil qiṭār	بالقطار
avião (m)	ṭā'ira (f)	طائرة
de avião	biṭ ṭā'ira	بالطائرة
de carro	bis sayyāra	بالسيّارة
de navio	bis safīna	بالسفينة
bagagem (f)	aʃ ʃunaṭ (pl)	الشنط
mala (f)	ḥaqībat safar (f)	حقيبة سفر
carrinho (m)	'arabat ʃunaṭ (f)	عربة شنط
passaporte (m)	ʒawāz as safar (m)	جواز السفر
visto (m)	ta'ʃīra (f)	تأشيرة
bilhete (m)	taðkira (f)	تذكرة
bilhete (m) de avião	taðkirat ṭā'ira (f)	تذكرة طائرة
guia (m) de viagem	dalīl (m)	دليل
mapa (m)	χarīṭa (f)	خريطة
local (m), area (f)	mintaqa (f)	منطقة
lugar, sítio (m)	makān (m)	مكان
exotismo (m)	γarāba (f)	غرابة
exótico	γarīb	غريب
surpreendente	mudhiʃ	مدهش
grupo (m)	maʒmū'a (f)	مجموعة
excursão (f)	ʒawla (f)	جولة
guia (m)	murʃid (m)	مرشد

156. Hotel

hotel (m)	funduq (m)	فندق
motel (m)	mutīl (m)	موتيل
três estrelas	θalāθat nuʒūm	ثلاثة نجوم

| cinco estrelas | χamsat nuӡūm | خمسة نجوم |
| ficar (~ num hotel) | nazal | نزل |

quarto (m)	үurfa (f)	غرفة
quarto (m) individual	үurfa li ʃaχṣ wāḥid (f)	غرفة لشخص واحد
quarto (m) duplo	үurfa li ʃaχṣayn (f)	غرفة لشخصين
reservar um quarto	ḥaӡaz үurfa	حجز غرفة

| meia pensão (f) | waӡbitān fil yawm (du) | وجبتان في اليوم |
| pensão (f) completa | θalāθ waӡabāt fil yawm | ثلاث وجبات في اليوم |

com banheira	bi ḥawḍ al istiḥmām	بحوض الإستحمام
com duche	bid duʃ	بالدوش
televisão (m) satélite	tilivizyūn faḍā'iy (m)	تلفزيون فضائيّ
ar (m) condicionado	takyīf (m)	تكييف
toalha (f)	fūṭa (f)	فوطة
chave (f)	miftāḥ (m)	مفتاح

administrador (m)	mudīr (m)	مدير
camareira (f)	'āmilat tanzīf үuraf (f)	عاملة تنظيف غرف
bagageiro (m)	ḥammāl (m)	حمّال
porteiro (m)	bawwāb (m)	بوّاب

restaurante (m)	maṭ'am (m)	مطعم
bar (m)	bār (m)	بار
pequeno-almoço (m)	fuṭūr (m)	فطور
jantar (m)	'aʃā' (m)	عشاء
buffet (m)	buffh (m)	بوفيه

| hall (m) de entrada | radha (f) | ردهة |
| elevador (m) | miṣ'ad (m) | مصعد |

| NÃO PERTURBE | ar raӡā' 'adam al iz'āӡ | الرجاء عدم الإزعاج |
| PROIBIDO FUMAR! | mamnū' at tadχīn | ممنوع التدخين |

157. Livros. Leitura

livro (m)	kitāb (m)	كتاب
autor (m)	mu'allif (m)	مؤلف
escritor (m)	kātib (m)	كاتب
escrever (vt)	allaf	ألف

leitor (m)	qāri' (m)	قارئ
ler (vt)	qara'	قرأ
leitura (f)	qirā'a (f)	قراءة

| para si | sirran | سرًّا |
| em voz alta | bi ṣawt 'āli | بصوت عال |

publicar (vt)	naʃar	نشر
publicação (f)	naʃr (m)	نشر
editor (m)	nāʃir (m)	ناشر
editora (f)	dār aṭ ṭibā'a wan naʃr (f)	دار الطباعة والنشر
sair (vi)	ṣadar	صدر

| lançamento (m) | ṣudūr (m) | صدور |
| tiragem (f) | ʿadad an nusaχ (m) | عدد النسخ |

| livraria (f) | maḥall kutub (m) | محلّ كتب |
| biblioteca (f) | maktaba (f) | مكتبة |

novela (f)	qiṣṣa (f)	قصّة
conto (m)	qiṣṣa qaṣīra (f)	قصّة قصيرة
romance (m)	riwāya (f)	رواية
romance (m) policial	riwāya bulīsiyya (f)	رواية بوليسيّة

memórias (f pl)	muðakkirāt (pl)	مذكّرات
lenda (f)	usṭūra (f)	أسطورة
mito (m)	χurāfa (f)	خرافة

poesia (f)	ʃiʿr (m)	شعر
autobiografia (f)	sīrat ḥayāt (f)	سيرة حياة
obras (f pl) escolhidas	muχtārāt (pl)	مختارات
ficção (f) científica	χayāl ʿilmiy (m)	خيال علميّ

título (m)	ʿunwān (m)	عنوان
introdução (f)	muqaddima (f)	مقدّمة
folha (f) de rosto	ṣafḥat al ʿunwān (f)	صفحة العنوان

capítulo (m)	faṣl (m)	فصل
excerto (m)	qitʿa (f)	قطعة
episódio (m)	maʃhad (m)	مشهد

tema (m)	mawdūʿ (m)	موضوع
conteúdo (m)	muḥtawayāt (pl)	محتويات
índice (m)	fihris (m)	فهرس
protagonista (m)	aʃ ʃaχṣiyya ar raʾīsiyya (f)	الشخصيّة الرئيسيّة

tomo, volume (m)	muʒallad (m)	مجلّد
capa (f)	ɣilāf (m)	غلاف
encadernação (f)	taʒlīd (m)	تجليد
marcador (m) de livro	ʃarīṭ (m)	شريط

página (f)	ṣafḥa (f)	صفحة
folhear (vt)	qallab aṣ ṣafaḥāt	قلب الصفحات
margem (f)	hāmiʃ (m)	هامش
anotação (f)	mulāḥaza (f)	ملاحظة
nota (f) de rodapé	mulāḥaza (f)	ملاحظة

texto (m)	naṣṣ (m)	نصّ
fonte (f)	nawʿ al χaṭṭ (m)	نوع الخطّ
gralha (f)	χaṭaʾ maṭbaʿiy (m)	خطأ مطبعيّ

tradução (f)	tarʒama (f)	ترجمة
traduzir (vt)	tarʒam	ترجم
original (m)	aṣliy (m)	أصليّ

famoso	maʃhūr	مشهور
desconhecido	ɣayr maʿrūf	غير معروف
interessante	mumtiʿ	ممتع
best-seller (m)	akθar mabīʿan (m)	أكثر مبيعًا

dicionário (m)	qāmūs (m)	قاموس
manual (m) escolar	kitāb ta'līm (m)	كتاب تعليم
enciclopédia (f)	mawsū'a (f)	موسوعة

158. Caça. Pesca

caça (f)	ṣayd (m)	صيد
caçar (vi)	iṣṭād	إصطاد
caçador (m)	ṣayyād (m)	صيّاد

atirar (vi)	aṭlaq an nār	أطلق النار
caçadeira (f)	bunduqiyya (f)	بندقية
cartucho (m)	ruṣāṣa (f)	رصاصة
chumbo (m) de caça	raʃʃ (m)	رش

armadilha (f)	maṣyada (f)	مصيدة
armadilha (com corda)	faxx (m)	فخ
cair na armadilha	waqa' fi faxx	وقع في فخ
pôr a armadilha	naṣab faxx	نصب فخا

caçador (m) furtivo	sāriq aṣ ṣayd (m)	سارق الصيد
caça (f)	ṣayd (m)	صيد
cão (m) de caça	kalb ṣayd (m)	كلب صيد
safári (m)	safāri (m)	سفاري
animal (m) empalhado	ḥayawān muḥannaṭ (m)	حيوان محنط

pescador (m)	ṣayyād as samak (m)	صيّاد السمك
pesca (f)	ṣayd as samak (m)	صيد السمك
pescar (vt)	iṣṭād as samak	إصطاد السمك

cana (f) de pesca	ṣannāra (f)	صنّارة
linha (f) de pesca	xayṭ (m)	خيط
anzol (m)	ʃaṣṣ aṣ ṣayd (m)	شص الصيد

| boia (f) | 'awwāma (f) | عوّامة |
| isca (f) | ṭu'm (m) | طعم |

| lançar a linha | ṭaraḥ aṣ ṣinnāra | طرح الصنّارة |
| morder (vt) | 'aḍḍ | عض |

| pesca (f) | as samak al muṣṭād (m) | السمك المصطاد |
| buraco (m) no gelo | fatḥa fil ʒalīd (f) | فتحة في الجليد |

| rede (f) | ʃabakat aṣ ṣayd (f) | شبكة الصيد |
| barco (m) | markab (m) | مركب |

pescar com rede	iṣṭād biʃ ʃabaka	إصطاد بالشبكة
lançar a rede	rama ʃabaka	رمى شبكة
puxar a rede	axraʒ ʃabaka	أخرج شبكة
cair nas malhas	waqa' fi ʃabaka	وقع في شبكة

baleeiro (m)	ṣayyād al ḥūt (m)	صيّاد الحوت
baleeira (f)	safīnat ṣayd al ḥītān (f)	سفينة صيد الحيتان
arpão (m)	ḥarba (f)	حربة

159. Jogos. Bilhar

bilhar (m)	bilyārdu (m)	بلياردو
sala (f) de bilhar	qāʿat bilyārdu (m)	قاعة بلياردو
bola (f) de bilhar	kura (f)	كرة
embolsar uma bola	aṣqaṭ kura	أصقط كرة
taco (m)	ʿaṣa bilyardu (f)	عصا بلياردو
caçapa (f)	ʒayb bilyārdu (m)	جيب بلياردو

160. Jogos. Jogar cartas

ouros (m pl)	ad dināriy (m)	الديناريّ
espadas (f pl)	al bastūniy (m)	البستونيّ
copas (f pl)	al kūba (f)	الكوبة
paus (m pl)	as sibātiy (m)	السباتيّ
ás (m)	ʾās (m)	آس
rei (m)	malik (m)	ملك
dama (f)	malika (f)	ملكة
valete (m)	walad (m)	ولد
carta (f) de jogar	waraqa (f)	ورقة
cartas (f pl)	waraq (m)	ورق
trunfo (m)	waraqa rābiḥa (f)	ورقة رابحة
baralho (m)	dasta waraq al laʿb (f)	دستة ورق اللعب
ponto (m)	nuqṭa (f)	نقطة
dar, distribuir (vt)	farraq	فرّق
embaralhar (vt)	χallaṭ	خلط
vez, jogada (f)	dawr (m)	دور
batoteiro (m)	muḥtāl fil qimār (m)	محتال في القمار

161. Casino. Roleta

casino (m)	kazinu (m)	كازينو
roleta (f)	rulīt (m)	روليت
aposta (f)	rihān (m)	رهان
apostar (vt)	waḍaʿ ar rihān	وضع الرهان
vermelho (m)	aḥmar (m)	أحمر
preto (m)	aswad (m)	أسود
apostar no vermelho	wadaʿ ar rihān ʿalal aḥmar	وضع الرهان على الأحمر
apostar no preto	wadaʿ ar rihān ʿalal aswad	وضع الرهان على الأسود
crupiê (m, f)	muwaẓẓaf nādi al qimār (m)	موظف نادي القمار
girar a roda	dawwar al ʿaʒala	دوّر العجلة
regras (f pl) do jogo	qawāʿid (pl)	قواعد
ficha (f)	fīʃa (f)	فيشة
ganhar (vi, vt)	kasab	كسب
ganho (m)	ribḥ (m)	ربح

| perder (dinheiro) | χasir | خسر |
| perda (f) | χisāra (f) | خسارة |

jogador (m)	lā'ib (m)	لاعب
blackjack (m)	blɛkdʒɛk (m)	بلاك جاك
jogo (m) de dados	lu'bat an nard (f)	لعبة النرد
dados (m pl)	zahr an nard (m)	زهر النرد
máquina (f) de jogo	'ālat qumār (f)	آلة قمار

162. Descanso. Jogos. Diversos

passear (vi)	tanazzah	تنزّه
passeio (m)	tanazzuh (m)	تنزّه
viagem (f) de carro	ʒawla bis sayyāra (f)	جولة بالسيّارة
aventura (f)	muɣāmara (f)	مغامرة
piquenique (m)	nuzha (f)	نزهة

jogo (m)	lu'ba (f)	لعبة
jogador (m)	lā'ib (m)	لاعب
partida (f)	dawr (m)	دور

colecionador (m)	ʒāmi' (m)	جامع
colecionar (vt)	ʒama'	جمع
coleção (f)	maʒmū'a (f)	مجموعة

palavras (f pl) cruzadas	kalimāt mutaqāṭi'a (pl)	كلمات متقاطعة
hipódromo (m)	ḥalbat sibāq al χuyūl (f)	حلبة سباق الخيول
discoteca (f)	disku (m)	ديسكو

| sáuna (f) | sauna (f) | ساونا |
| lotaria (f) | yanaṣīb (m) | يانصيب |

campismo (m)	riḥlat taχyīm (f)	رحلة تخييم
acampamento (m)	muχayyam (m)	مخيّم
tenda (f)	χayma (f)	خيمة
bússola (f)	būṣila (f)	بوصلة
campista (m)	muχayyim (m)	مخيّم

ver (vt), assistir à ...	ʃāhid	شاهد
telespectador (m)	muʃāhid (m)	مشاهد
programa (m) de TV	barnāmaʒ tiliviziyūniy (m)	برنامج تليفزيونيّ

163. Fotografia

| máquina (f) fotográfica | kamira (f) | كاميرا |
| foto, fotografia (f) | ṣūra (f) | صورة |

fotógrafo (m)	muṣawwir (m)	مصوّر
estúdio (m) fotográfico	istūdiyu taṣwīr (m)	إستوديو تصوير
álbum (m) de fotografias	albūm aṣ ṣuwar (m)	ألبوم الصور
objetiva (f)	'adasa (f)	عدسة
teleobjetiva (f)	'adasa tiliskūpiyya (f)	عدسة تلسكوبيّة

| filtro (m) | filtir (m) | فلتر |
| lente (f) | 'adasa (f) | عدسة |

ótica (f)	aӡhiza baṣariyya (pl)	أجهزة بصرية
abertura (f)	bu'ra (f)	بؤرة
exposição (f)	muddat at ta'rīḍ (f)	مدة التعريض
visor (m)	al 'ayn al fāḥiṣa (f)	العين الفاحصة

câmara (f) digital	kamira raqmiyya (f)	كاميرا رقمية
tripé (m)	ḥāmil θulāθiy (m)	حامل ثلاثي
flash (m)	flāʃ (m)	فلاش

fotografar (vt)	ṣawwar	صوّر
tirar fotos	ṣawwar	صوّر
fotografar-se	taṣawwar	تصوّر

foco (m)	bu'rat al 'adasa (f)	بؤرة العدسة
focar (vt)	rakkaz	ركّز
nítido	wāḍiḥ	واضح
nitidez (f)	wuḍūḥ (m)	وضوح

| contraste (m) | tabāyun (m) | تباين |
| contrastante | mutabāyin | متباين |

retrato (m)	ṣūra (f)	صورة
negativo (m)	ṣūra sāliba (f)	صورة سالبة
filme (m)	film (m)	فيلم
fotograma (m)	iṭār (m)	إطار
imprimir (vt)	ṭaba'	طبع

164. Praia. Natação

praia (f)	ʃāṭi' (m)	شاطئ
areia (f)	raml (m)	رمل
deserto	mahӡūr	مهجور

bronzeado (m)	sumrat al baʃara (f)	سمرة البشرة
bronzear-se (vr)	taʃammas	تشمّس
bronzeado	asmar	أسمر
protetor (m) solar	krīm wāqi aʃ ʃams (m)	كريم واقي الشمس

biquíni (m)	bikini (m)	بكيني
fato (m) de banho	libās sibāḥa (m)	لباس سباحة
calção (m) de banho	libās sibāḥa riӡāliy (m)	لباس سباحة رجالي

piscina (f)	masbaḥ (m)	مسبح
nadar (vi)	sabaḥ	سبح
duche (m)	dūʃ (m)	دوش
mudar de roupa	ɣayyar libāsuh	غيّر لباسه
toalha (f)	fūṭa (f)	فوطة

barco (m)	markab (m)	مركب
lancha (f)	lanʃ (m)	لنش
esqui (m) aquático	tazalluӡ 'alal mā' (m)	تزلج على الماء

barco (m) de pedais	ʻaӡala māʼiyya (f)	عجلة مائيّة
surf (m)	rukūb al amwāӡ (m)	ركوب الأمواج
surfista (m)	rākib al amwāӡ (m)	راكب الأمواج

equipamento (m) de mergulho	ӡihāz at tanaffus (m)	جهاز التنفّس
barbatanas (f pl)	zaʻānif as sibāḥa (pl)	زعانف السباحة
máscara (f)	kimāma (f)	كمامة
mergulhador (m)	ɣawwāṣ (m)	غوّاص
mergulhar (vi)	ɣāṣ	غاص
debaixo d'água	taḥt al māʼ	تحت الماء

guarda-sol (m)	ʃamsiyya (f)	شمسيّة
espreguiçadeira (f)	kursiy blāӡ (m)	كرسيّ بلاج
óculos (m pl) de sol	nazzārat ʃams (f)	نظّارة شمس
colchão (m) de ar	martaba hawāʼiyya (f)	مرتبة هوائيّة

brincar (vi)	laʻib	لعب
ir nadar	sabaḥ	سبح

bola (f) de praia	kura (f)	كرة
encher (vt)	nafaχ	نفخ
inflável, de ar	qābil lin nafχ	قابل للنفخ

onda (f)	mawӡa (f)	موجة
boia (f)	ʃamandūra (f)	شمندورة
afogar-se (pessoa)	ɣariq	غرق

salvar (vt)	anqað	أنقذ
colete (m) salva-vidas	sutrat naӡāt (f)	سترة نجاة
observar (vt)	rāqab	راقب
nadador-salvador (m)	ḥāris ʃāṭiʼ (m)	حارس شاطئ

EQUIPAMENTO TÉCNICO. TRANSPORTES

Equipamento técnico. Transportes

165. Computador

| computador (m) | kumbyūtir (m) | كمبيوتر |
| portátil (m) | kumbyūtir maḥmūl (m) | كمبيوتر محمول |

| ligar (vt) | ʃayyal | شغّل |
| desligar (vt) | aylaq | أغلق |

teclado (m)	lawḥat al mafātīḥ (f)	لوحة المفاتيح
tecla (f)	miftāḥ (m)	مفتاح
rato (m)	fa'ra (f)	فأرة
tapete (m) de rato	wisādat fa'ra (f)	وسادة فأرة

| botão (m) | zirr (m) | زرّ |
| cursor (m) | mu'aʃʃir (m) | مؤشّر |

| monitor (m) | ʃāʃa (f) | شاشة |
| ecrã (m) | ʃāʃa (f) | شاشة |

disco (m) rígido	qurṣ ṣalib (m)	قرص صلب
capacidade (f) do disco rígido	si'at taxzīn (f)	سعة تخزين
memória (f)	ðākira (f)	ذاكرة
memória RAM (f)	ðākirat al wuṣūl al 'aʃwā'iy (f)	ذاكرة الوصول العشوائيّ

ficheiro (m)	malaff (m)	ملفّ
pasta (f)	ḥāfiẓa (m)	حافظة
abrir (vt)	fataḥ	فتح
fechar (vt)	aylaq	أغلق

guardar (vt)	ḥafaẓ	حفظ
apagar, eliminar (vt)	masaḥ	مسح
copiar (vt)	nasax	نسخ
ordenar (vt)	ṣannaf	صنّف
copiar (vt)	naqal	نقل

programa (m)	barnāmaʒ (m)	برنامج
software (m)	barāmiʒ kumbyūtir (pl)	برامج كمبيوتر
programador (m)	mubarmiʒ (m)	مبرمج
programar (vt)	barmaʒ	برمج

hacker (m)	hākir (m)	هاكر
senha (f)	kalimat as sirr (f)	كلمة السرّ
vírus (m)	virūs (m)	فيروس
detetar (vt)	waʒad	وجد
byte (m)	bayt (m)	بايت

megabyte (m)	miʒabāyt (m)	ميجابايت
dados (m pl)	bayānāt (pl)	بيانات
base (f) de dados	qaʿidat bayānāt (f)	قاعدة بيانات

cabo (m)	kābil (m)	كابل
desconectar (vt)	faṣal	فصل
conetar (vt)	waṣṣal	وصّل

166. Internet. E-mail

internet (f)	intirnit (m)	إنترنت
browser (m)	mutaṣaffiḥ (m)	متصفح
motor (m) de busca	muḥarrik baḥθ (m)	محرّك بحث
provedor (m)	ʃarikat al intirnīt (f)	شركة الإنترنيت

webmaster (m)	mudīr al mawqiʿ (m)	مدير الموقع
website, sítio web (m)	mawqiʿ iliktrūniy (m)	موقع إلكتروني
página (f) web	ṣafḥat wīb (f)	صفحة ويب

| endereço (m) | ʿunwān (m) | عنوان |
| livro (m) de endereços | daftar al ʿanāwīn (m) | دفتر العناوين |

caixa (f) de correio	ṣundūq al barīd (m)	صندوق البريد
correio (m)	barīd (m)	بريد
cheia (caixa de correio)	mumtaliʾ	ممتلئ

mensagem (f)	risāla iliktrūniyya (f)	رسالة إلكترونيّة
mensagens (f pl) recebidas	rasaʾil wārida (pl)	رسائل واردة
mensagens (f pl) enviadas	rasaʾil ṣādira (pl)	رسائل صادرة
remetente (m)	mursil (m)	مرسل
enviar (vt)	arsal	أرسل
envio (m)	irsāl (m)	إرسال
destinatário (m)	mursal ilayh (m)	مرسل إليه
receber (vt)	istalam	إستلم

| correspondência (f) | murāsala (f) | مراسلة |
| corresponder-se (vr) | tarāsal | تراسل |

ficheiro (m)	malaff (m)	ملفّ
fazer download, baixar	ḥammal	حمّل
criar (vt)	anʃaʾ	أنشأ
apagar, eliminar (vt)	masaḥ	مسح
eliminado	mamsūḥ	ممسوح

conexão (f)	ittiṣāl (m)	إتّصال
velocidade (f)	surʿa (f)	سرعة
modem (m)	mudim (m)	مودم
acesso (m)	wuṣūl (m)	وصول
porta (f)	maxraʒ (m)	مخرج

conexão (f)	ittiṣāl (m)	إتّصال
conetar (vi)	ittaṣal	إتّصل
escolher (vt)	ixtār	إختار
buscar (vt)	baḥaθ	بحث

167. Eletricidade

eletricidade (f)	kahrabā' (m)	كهرباء
elétrico	kahrabā'iy	كهربائيّ
central (f) elétrica	maḥaṭṭa kahrabā'iyya (f)	محطة كهربائية
energia (f)	ṭāqa (f)	طاقة
energia (f) elétrica	ṭāqa kahrabā'iyya (f)	طاقة كهربائية

lâmpada (f)	lamba (f)	لمبة
lanterna (f)	kaʃʃāf an nūr (m)	كشاف النور
poste (m) de iluminação	'amūd an nūr (m)	عمود النور

luz (f)	nūr (m)	نور
ligar (vt)	fataḥ, ʃaɣɣal	فتح، شغّل
desligar (vt)	ṭaffa	طفّى
apagar a luz	ṭaffa n nūr	طفّى النور

fundir (vi)	inṭafa'	إنطفأ
curto-circuito (m)	da'ira kahrabā'iyya qaṣīra (f)	دائرة كهربائية قصيرة
rutura (f)	silk maqṭū' (m)	سلك مقطوع
contacto (m)	talāmus (m)	تلامس

interruptor (m)	miftāḥ an nūr (m)	مفتاح النور
tomada (f)	barizat al kahrabā' (f)	بريزة الكهرباء
ficha (f)	fīʃat al kahrabā' (f)	فيشة الكهرباء
extensão (f)	silk tawṣīl (m)	سلك توصيل

fusível (m)	fāṣima (f)	فاصمة
fio, cabo (m)	silk (m)	سلك
instalação (f) elétrica	aslāk (pl)	أسلاك

ampere (m)	ambīr (m)	أمبير
amperagem (f)	ʃiddat at tayyār al kahrabā'iy (f)	شدّة التيّار الكهربائيّ
volt (m)	vūlt (m)	فولت
voltagem (f)	ʒuhd kahrabā'iy (m)	جهد كهربائيّ

aparelho (m) elétrico	ʒihāz kahrabā'iy (m)	جهاز كهربائيّ
indicador (m)	mu'aʃʃir (m)	مؤشّر

eletricista (m)	kahrabā'iy (m)	كهربائيّ
soldar (vt)	laḥam	لحم
ferro (m) de soldar	adāt laḥm (f)	أداة لحم
corrente (f) elétrica	tayyār kahrabā'iy (m)	تيّار كهربائيّ

168. Ferramentas

ferramenta (f)	adāt (f)	أداة
ferramentas (f pl)	adawāt (pl)	أدوات
equipamento (m)	mu'addāt (pl)	معدّات

martelo (m)	miṭraqa (f)	مطرقة
chave (f) de fendas	mifakk (m)	مفكّ

machado (m)	fa's (m)	فأس
serra (f)	minʃār (m)	منشار
serrar (vt)	naʃar	نشر
plaina (f)	masḥāʒ (m)	مسحج
aplainar (vt)	saḥaʒ	سحج
ferro (m) de soldar	adāt laḥm (f)	أداة لحم
soldar (vt)	laḥam	لحم

lima (f)	mibrad (m)	مبرد
tenaz (f)	kammāʃa (f)	كمّاشة
alicate (m)	zardiyya (f)	زرديّة
formão (m)	izmīl (m)	إزميل

broca (f)	luqmat θaqb (m)	لقمة ثقب
berbequim (f)	miθqab (m)	مثقب
furar (vt)	θaqab	ثقب

faca (f)	sikkīn (m)	سكّين
canivete (m)	sikkīn ʒayb (m)	سكّين جيب
lâmina (f)	ʃafra (f)	شفرة

afiado	ḥādd	حادّ
cego	θālim	ثالم
embotar-se (vr)	taθallam	تثلّم
afiar, amolar (vt)	ʃaḥaδ	شحذ

parafuso (m)	mismār qalāwūz (m)	مسمار قلاووظ
porca (f)	ṣamūla (f)	صامولة
rosca (f)	naẓm (m)	نظم
parafuso (m) para madeira	qalāwūz (m)	قلاووظ

| prego (m) | mismār (m) | مسمار |
| cabeça (f) do prego | ra's al mismār (m) | رأس المسمار |

régua (f)	masṭara (f)	مسطرة
fita (f) métrica	ʃarī't al qiyās (m)	شريط القياس
nível (m)	mīzān al mā' (m)	ميزان الماء
lupa (f)	'adasa mukabbira (f)	عدسة مكبّرة

medidor (m)	ʒihāz qiyās (m)	جهاز قياس
medir (vt)	qās	قاس
escala (f)	miqyās (m)	مقياس
indicação (f), registo (m)	qirā'a (f)	قراءة

| compressor (m) | ḍāɣiṭ al ɣāz (m) | ضاغط الغاز |
| microscópio (m) | mikruskūb (m) | ميكروسكوب |

bomba (f)	ṭulumba (f)	طلمبة
robô (m)	rūbut (m)	روبوت
laser (m)	layzir (m)	ليزر

chave (f) de boca	miftāḥ aṣ ṣawāmīl (m)	مفتاح الصواميل
fita (f) adesiva	lazq (m)	لزق
cola (f)	ṣamɣ (m)	صمغ
lixa (f)	waraq ṣanfara (m)	ورق صنفرة
mola (f)	sūsta (f)	سوستة

íman (m)	miɣnaṭīs (m)	مغنطيس
luvas (f pl)	quffāz (m)	قفاز
corda (f)	ḥabl (m)	حبل
cordel (m)	ḥabl (m)	حبل
fio (m)	silk (m)	سلك
cabo (m)	kābil (m)	كابل
marreta (f)	mirzaba (f)	مرزبة
pé de cabra (m)	ʿatala (f)	عتلة
escada (f) de mão	sullam (m)	سلم
escadote (m)	sullam (m)	سلم
enroscar (vt)	aḥkam aʃ ʃadd	أحكم الشدّ
desenroscar (vt)	fataḥ	فتح
apertar (vt)	kamaʃ	كمش
colar (vt)	alṣaq	ألصق
cortar (vt)	qaṭaʿ	قطع
falha (mau funcionamento)	taʿaṭṭul (m)	تعطّل
conserto (m)	iṣlāḥ (m)	إصلاح
consertar, reparar (vt)	aṣlaḥ	أصلح
regular, ajustar (vt)	ḍabaṭ	ضبط
verificar (vt)	ixtabar	إختبر
verificação (f)	faḥṣ (m)	فحص
indicação (f), registo (m)	qirāʾa (f)	قراءة
seguro	matīn	متين
complicado	murakkab	مركّب
enferrujar (vi)	ṣadiʾ	صدئ
enferrujado	ṣadīʾ	صديء
ferrugem (f)	ṣadaʾ (m)	صدأ

Transportes

169. Avião

avião (m)	ṭā'ira (f)	طائرة
bilhete (m) de avião	taðkirat ṭā'ira (f)	تذكرة طائرة
companhia (f) aérea	ʃarikat ṭayarān (f)	شركة طيران
aeroporto (m)	maṭār (m)	مطار
supersónico	xāriq liṣ ṣawt	خارق للصوت

comandante (m) do avião	qā'id aṭ ṭā'ira (m)	قائد الطائرة
tripulação (f)	ṭāqim (m)	طاقم
piloto (m)	ṭayyār (m)	طيّار
hospedeira (f) de bordo	muḍīfat ṭayarān (f)	مضيفة طيران
copiloto (m)	mallāḥ (m)	ملّاح

asas (f pl)	aʒniḥa (pl)	أجنحة
cauda (f)	ðayl (m)	ذيل
cabine (f) de pilotagem	kabīna (f)	كابينة
motor (m)	mutūr (m)	موتور
trem (m) de aterragem	'aʒalāt al hubūṭ (pl)	عجلات الهبوط
turbina (f)	turbīna (f)	تربينة

hélice (f)	mirwaḥa (f)	مروحة
caixa-preta (f)	musaʒʒil aṭ ṭayarān (m)	مسجّل الطيران
coluna (f) de controlo	'aʒalat qiyāda (f)	عجلة قيادة
combustível (m)	wuqūd (m)	وقود

instruções (f pl) de segurança	biṭāqat as salāma (f)	بطاقة السلامة
máscara (f) de oxigénio	qinā' uksiʒīn (m)	قناع أوكسجين
uniforme (m)	libās muwaḥḥad (m)	لباس موحّد

colete (m) salva-vidas	sutrat naʒāt (f)	سترة نجاة
paraquedas (m)	miẓallat hubūṭ (f)	مظلّة هبوط

descolagem (f)	iqlā' (m)	إقلاع
descolar (vi)	aqla'at	أقلعت
pista (f) de descolagem	madraʒ aṭ ṭā'irāt (m)	مدرج الطائرات

visibilidade (f)	ru'ya (f)	رؤية
voo (m)	ṭayarān (m)	طيران

altura (f)	irtifā' (m)	إرتفاع
poço (m) de ar	ʒayb hawā'iy (m)	جيب هوائيّ

assento (m)	maq'ad (m)	مقعد
auscultadores (m pl)	sammā'āt ra'siya (pl)	سمّاعات رأسيّة
mesa (f) rebatível	ṣīniyya qābila liṭ ṭayy (f)	صينية قابلة للطيّ
vigia (f)	ʃubbāk aṭ ṭā'ira (m)	شبّاك الطائرة
passagem (f)	mamarr (m)	ممرّ

170. Comboio

comboio (m)	qiṭār (m)	قطار
comboio (m) suburbano	qiṭār (m)	قطار
comboio (m) rápido	qiṭār sariʿ (m)	قطار سريع
locomotiva (f) diesel	qāṭirat dīzil (f)	قاطرة ديزل
locomotiva (f) a vapor	qāṭira buxāriyya (f)	قاطرة بخارية

carruagem (f)	ʿaraba (f)	عربة
carruagem restaurante (f)	ʿarabat al maṭʿam (f)	عربة المطعم

carris (m pl)	quḍubān (pl)	قضبان
caminho de ferro (m)	sikka ḥadīdiyya (f)	سكة حديدية
travessa (f)	ʿāriḍa (f)	عارضة

plataforma (f)	raṣīf (m)	رصيف
linha (f)	xaṭṭ (m)	خط
semáforo (m)	simafūr (m)	سيمافور
estação (f)	maḥaṭṭa (f)	محطة

maquinista (m)	sā'iq (m)	سائق
bagageiro (m)	ḥammāl (m)	حمّال
hospedeiro, -a (da carruagem)	mas'ūl ʿarabat al qiṭār (m)	مسؤول عربة القطار
passageiro (m)	rākib (m)	راكب
revisor (m)	kamsariy (m)	كمسري

corredor (m)	mamarr (m)	ممرّ
freio (m) de emergência	farāmil aṭ ṭawāri' (pl)	فرامل الطوارئ

compartimento (m)	yurfa (f)	غرفة
cama (f)	sarīr (m)	سرير
cama (f) de cima	sarīr ʿulwiy (m)	سرير علويّ
cama (f) de baixo	sarīr sufliy (m)	سرير سفليّ
roupa (f) de cama	axṭiyat as sarīr (pl)	أغطية السرير

bilhete (m)	taðkira (f)	تذكرة
horário (m)	ʒadwal (m)	جدول
painel (m) de informação	lawḥat maʿlūmāt (f)	لوحة معلومات

partir (vt)	yādar	غادر
partida (f)	muyādara (f)	مغادرة
chegar (vi)	waṣal	وصل
chegada (f)	wuṣūl (m)	وصول

chegar de comboio	waṣal bil qiṭār	وصل بالقطار
apanhar o comboio	rakib al qiṭār	ركب القطار
sair do comboio	nazil min al qiṭār	نزل من القطار

acidente (m) ferroviário	ḥiṭām qiṭār (m)	حطام قطار
descarrilar (vi)	xaraʒ ʿan xaṭṭ sayrih	خرج عن خطّ سيره
locomotiva (f) a vapor	qāṭira buxāriyya (f)	قاطرة بخارية
fogueiro (m)	ʿataʃʒiy (m)	عطشجي
fornalha (f)	furn al muḥarrik (m)	فرن المحرّك
carvão (m)	faḥm (m)	فحم

171. Barco

| navio (m) | safīna (f) | سفينة |
| embarcação (f) | safīna (f) | سفينة |

vapor (m)	bāxira (f)	باخرة
navio (m)	bāxira nahriyya (f)	باخرة نهريّة
transatlântico (m)	bāxira siyahiyya (f)	باخرة سياحيّة
cruzador (m)	ţarrād (m)	طرّاد

iate (m)	yaxt (m)	يخت
rebocador (m)	qāţira (f)	قاطرة
barcaça (f)	şandal (m)	صندل
ferry (m)	ʿabbāra (f)	عبّارة

| veleiro (m) | safīna ʃirāʿiyya (m) | سفينة شراعيّة |
| bergantim (m) | markab ʃirāʿiy (m) | مركب شراعيّ |

| quebra-gelo (m) | muhaţţimat ʒalīd (f) | محطمة جليد |
| submarino (m) | ɣawwāṣa (f) | غوّاصة |

bote, barco (m)	markab (m)	مركب
bote, dingue (m)	zawraq (m)	زورق
bote (m) salva-vidas	qārib naʒāt (m)	قارب نجاة
lancha (f)	lanʃ (m)	لنش

capitão (m)	qubţān (m)	قبطان
marinheiro (m)	bahhār (m)	بحّار
marujo (m)	bahhār (m)	بحّار
tripulação (f)	ţāqim (m)	طاقم

contramestre (m)	raʾīs al bahhāra (m)	رئيس البحّارة
grumete (m)	şabiy as safīna (m)	صبي السفينة
cozinheiro (m) de bordo	ţabbāx (m)	طبّاخ
médico (m) de bordo	ţabīb as safīna (m)	طبيب السفينة

convés (m)	saţh as safīna (m)	سطح السفينة
mastro (m)	sāriya (f)	سارية
vela (f)	ʃirāʿ (m)	شراع

porão (m)	ʿambar (m)	عنبر
proa (f)	muqaddama (m)	مقدّمة
popa (f)	muʾaxirat as safīna (f)	مؤخّرة السفينة
remo (m)	miʒōāf (m)	مجذاف
hélice (f)	mirwaha (f)	مروحة

camarote (m)	kabīna (f)	كابينة
sala (f) dos oficiais	ɣurfat al istirāha (f)	غرفة الإستراحة
sala (f) das máquinas	qism al ʾālāt (m)	قسم الآلات
ponte (m) de comando	burʒ al qiyāda (m)	برج القيادة
sala (f) de comunicações	ɣurfat al lāsilkiy (f)	غرفة اللاسلكيّ
onda (f) de rádio	mawʒa (f)	موجة
diário (m) de bordo	siʒil as safīna (m)	سجل السفينة
luneta (f)	minzār (m)	منظار
sino (m)	ʒaras (m)	جرس

bandeira (f)	'alam (m)	علم
cabo (m)	ḥabl (m)	حبل
nó (m)	'uqda (f)	عقدة

| corrimão (m) | drabizīn (m) | درابزين |
| prancha (f) de embarque | sullam (m) | سلّم |

âncora (f)	mirsāt (f)	مرساة
recolher a âncora	rafa' mirsāt	رفع مرساة
lançar a âncora	rasa	رسا
amarra (f)	silsilat mirsāt (f)	سلسلة مرساة

porto (m)	mīnā' (m)	ميناء
cais, amarradouro (m)	marsa (m)	مرسى
atracar (vi)	rasa	رسا
desatracar (vi)	aqla'	أقلع

viagem (f)	riḥla (f)	رحلة
cruzeiro (m)	riḥla baḥriyya (f)	رحلة بحرية
rumo (m), rota (f)	masār (m)	مسار
itinerário (m)	ṭarīq (m)	طريق

canal (m) navegável	maʒra milāḥiy (m)	مجرى ملاحيّ
banco (m) de areia	miyāh ḍaḥla (f)	مياه ضحلة
encalhar (vt)	ʒanaḥ	جنح

tempestade (f)	'āṣifa (f)	عاصفة
sinal (m)	iʃāra (f)	إشارة
afundar-se (vr)	yariq	غرق
Homem ao mar!	saqaṭ raʒul min as safīna!	سقط رجل من السفينة!
SOS	nidā' iɣāθa (m)	نداء إغاثة
boia (f) salva-vidas	ṭawq naʒāt (m)	طوق نجاة

172. Aeroporto

aeroporto (m)	maṭār (m)	مطار
avião (m)	ṭā'ira (f)	طائرة
companhia (f) aérea	ʃarikat ṭayarān (f)	شركة طيران
controlador (m)	marāqib al ḥaraka	مراقب الحركة الجوية
de tráfego aéreo	al ʒawwiyya (pl)	

partida (f)	muɣādara (f)	مغادرة
chegada (f)	wuṣūl (m)	وصول
chegar (~ de avião)	waṣal	وصل

| hora (f) de partida | waqt al muɣādara (m) | وقت المغادرة |
| hora (f) de chegada | waqt al wuṣūl (m) | وقت الوصول |

| estar atrasado | ta'aχχar | تأخّر |
| atraso (m) de voo | ta'aχχur ar riḥla (m) | تأخّر الرحلة |

painel (m) de informação	lawḥat al ma'lūmāt (f)	لوحة المعلومات
informação (f)	isti'lāmāt (pl)	إستعلامات
anunciar (vt)	a'lan	أعلن

voo (m)	riḥla (f)	رحلة
alfândega (f)	ʒamārik (pl)	جمارك
funcionário (m) da alfândega	muwaẓẓaf al ʒamārik (m)	موظف الجمارك

declaração (f) alfandegária	taṣrīḥ ʒumrukiy (m)	تصريح جمركيّ
preencher (vt)	mala’	ملأ
preencher a declaração	mala’ at taṣrīḥ	ملأ التصريح
controlo (m) de passaportes	taftīʃ al ʒawāzāt (m)	تفتيش الجوازات

bagagem (f)	aʃ ʃunaṭ (pl)	الشنط
bagagem (f) de mão	ʃunaṭ al yad (pl)	شنط اليد
carrinho (m)	‘arabat ʃunaṭ (f)	عربة شنط

aterragem (f)	hubūṭ (m)	هبوط
pista (f) de aterragem	mamarr al hubūṭ (m)	ممرّ الهبوط
aterrar (vi)	habaṭ	هبط
escada (f) de avião	sullam aṭ ṭā’ira (m)	سلّم الطائرة

check-in (m)	tasʒīl (m)	تسجيل
balcão (m) do check-in	makān at tasʒīl (m)	مكان التسجيل
fazer o check-in	saʒʒal	سجّل
cartão (m) de embarque	biṭāqat ṣu‘ūd (f)	بطاقة صعود
porta (f) de embarque	bawwābat al muɣādara (f)	بوّابة المغادرة

trânsito (m)	tranzīt (m)	ترانزيت
esperar (vi, vt)	intaẓar	إنتظر
sala (f) de espera	qā‘at al muɣādara (f)	قاعة المغادرة
despedir-se de …	wadda‘	ودّع
despedir-se (vr)	wadda‘	ودّع

173. Bicicleta. Motocicleta

bicicleta (f)	darrāʒa (f)	درّاجة
scotter, lambreta (f)	skutir (m)	سكوتر
mota (f)	darrāʒa nāriyya (f)	درّاجة ناريّة

ir de bicicleta	rakib ad darrāʒa	ركب الدرّاجة
guiador (m)	miqwad (m)	مقود
pedal (m)	dawwāsa (f)	دوّاسة
travões (m pl)	farāmil (pl)	فرامل
selim (m)	maq‘ad (m)	مقعد

bomba (f) de ar	ṭulumba (f)	طلمبة
porta-bagagens (m)	raff al amti‘a (m)	رفّ الأمتعة
lanterna (f)	miṣbāḥ (m)	مصباح
capacete (m)	xūða (f)	خوذة

roda (f)	‘aʒala (f)	عجلة
guarda-lamas (m)	rafraf (m)	رفرف
aro (m)	iṭār (m)	إطار
raio (m)	barmaq al ‘aʒala (m)	برمق العجلة

155

Carros

174. Tipos de carros

carro, automóvel (m)	sayyāra (f)	سيّارة
carro (m) desportivo	sayyāra riyāḍiyya (f)	سيّارة رياضيّة
limusine (f)	limuzīn (m)	ليموزين
todo o terreno (m)	sayyārat ṭuruq wa'ra (f)	سيارة طرق وعرة
descapotável (m)	kabriulīh (m)	كابريوليه
minibus (m)	mikrubāṣ (m)	ميكروباص
ambulância (f)	is'āf (m)	إسعاف
limpa-neve (m)	ȝarrāfat θalȝ (f)	جرّافة ثلج
camião (m)	ʃāḥina (f)	شاحنة
camião-cisterna (m)	nāqilat bitrūl (f)	ناقلة بترول
carrinha (f)	'arabat naql (f)	عربة نقل
camião-trator (m)	ȝarrār (m)	جرّار
atrelado (m)	maqṭūra (f)	مقطورة
confortável	murīḥ	مريح
usado	musta'mal	مستعمل

175. Carros. Carroçaria

capô (m)	kabbūt (m)	كبّوت
guarda-lamas (m)	rafraf (m)	رفرف
tejadilho (m)	saqf (m)	سقف
para-brisa (m)	zuȝāȝ amāmiy (m)	زجاج أماميّ
espelho (m) retrovisor	mir'āt dāҳiliyya (f)	مرآة داخليّة
lavador (m)	munaẓẓif az zuȝāȝ (m)	منظّف الزجاج
limpa-para-brisas (m)	massāḥāt (pl)	مسّاحات
vidro (m) lateral	zuȝāȝ ȝānibiy (m)	زجاج جانبيّ
elevador (m) do vidro	mākina zuȝāȝ (f)	ماكينة زجاج
antena (f)	hawā'iy (m)	هوائيّ
teto solar (m)	nāfiðat as saqf (f)	نافذة السقف
para-choques (m pl)	miṣadd as sayyāra (m)	مصدّ السيارة
bagageira (f)	ṣundūq as sayyāra (m)	صندوق السيّارة
bagageira (f) de tejadilho	raff saqf as sayyāra (m)	رفّ سقف السيّارة
porta (f)	bāb (m)	باب
maçaneta (f)	ukrat al bāb (f)	أوكرة الباب
fechadura (f)	qifl al bāb (m)	قفل الباب
matrícula (f)	lawḥat raqm as sayyāra (f)	لوحة رقم السيارة
silenciador (m)	kātim aṣ ṣawt (m)	كاتم الصوت

156

tanque (m) de gasolina	χazzān al banzīn (m)	خزّان البنزين
tubo (m) de escape	umbūb al 'ādim (m)	أنبوب العادم
acelerador (m)	γāz (m)	غاز
pedal (m)	dawwāsa (f)	دوّاسة
pedal (m) do acelerador	dawwāsat al wuqūd (f)	دوّاسة الوقود
travão (m)	farāmil (pl)	فرامل
pedal (m) do travão	dawwāsat al farāmil (m)	دوّاسة الفرامل
travar (vt)	farmal	فرمل
travão (m) de mão	farmalat al yad (f)	فرملة اليد
embraiagem (f)	ta'ʃīq (m)	تعشيق
pedal (m) da embraiagem	dawwāsat at ta'ʃīq (f)	دوّاسة التعشيق
disco (m) de embraiagem	qurṣ at ta'ʃīq (m)	قرص التعشيق
amortecedor (m)	mumtaṣṣ liṣ ṣadamāt (m)	ممتصّ الصدمات
roda (f)	'aʒala (f)	عجلة
pneu (m) sobresselente	'aʒala iḥtiyāṭiyya (f)	عجلة احتياطيّة
pneu (m)	iṭār (m)	إطار
tampão (m) de roda	γitā' miḥwar al 'aʒala (m)	غطاء محور العجلة
rodas (f pl) motrizes	'aʒalāt al qiyāda (pl)	عجلات القيادة
de tração dianteira	dafʿ amāmiy (m)	دفع أماميّ
de tração traseira	dafʿ χalfiy (m)	دفع خلفيّ
de tração às 4 rodas	dafʿ rubāʿiy (m)	دفع رباعيّ
caixa (f) de mudanças	ṣundūq at turūs (m)	صندوق التروس
automático	utumatīkiy	أوتوماتيكيّ
mecânico	yadawiy	يدويّ
alavanca (f) das mudanças	nāqil aṣ surʿa (m)	ناقل السرعة
farol (m)	al miṣbāḥ al amāmiy (m)	المصباح الأماميّ
faróis, luzes	al maṣābīḥ al amāmiyya (pl)	المصابيح الأماميّة
médios (m pl)	al anwār al munχafiḍa (pl)	الأنوار المنخفضة
máximos (m pl)	al anwār al 'āliya (m)	الأنوار العالية
luzes (f pl) de stop	ḍū' al farāmil (m)	ضوء الفرامل
mínimos (m pl)	aḍwā' ʒānibiyya (pl)	أضواء جانبيّة
luzes (f pl) de emergência	aḍwā' at taḥðīr (pl)	أضواء التحذير
faróis (m pl) antinevoeiro	aḍwā' aḍ ḍabāb (pl)	أضواء الضباب
pisca-pisca (m)	iʃārat al inʿiṭāf (f)	إشارة الإنعطاف
luz (f) de marcha atrás	miṣbāḥ ar ruʒūʿ lil χalf (m)	مصباح الرجوع للخلف

176. Carros. Habitáculo

interior (m) do carro	ṣālūn as sayyāra (m)	صالون السيّارة
de couro, de pele	min al ʒild	من الجلد
de veludo	min al muχmal	من المخمل
estofos (m pl)	tanʒīd (m)	تنجيد
indicador (m)	ʒihāz (m)	جهاز
painel (m) de instrumentos	lawḥat at taḥakkum (f)	لوحة التحكم

| velocímetro (m) | 'addād sur'a (m) | عدّاد سرعة |
| ponteiro (m) | mu'aʃʃir (m) | مؤشّر |

conta-quilómetros (m)	'addād al masāfāt (m)	عدّاد المسافات
sensor (m)	'addād (m)	عدّاد
nível (m)	mustawa (m)	مستوى
luz (f) avisadora	lammbat inðār (f)	لمبة إنذار

volante (m)	miqwad (m)	مقود
buzina (f)	zāmūr (m)	زامور
botão (m)	zirr (m)	زرّ
interruptor (m)	nāqil, miftāḥ (m)	ناقل, مفتاح

assento (m)	maq'ad (m)	مقعد
costas (f pl) do assento	misnad aẓ ẓahr (m)	مسند الظهر
cabeceira (f)	masnad ar ra's (m)	مسند الرأس
cinto (m) de segurança	ḥizām al amn (m)	حزام الأمن
apertar o cinto	rabaṭ al ḥizām	ربط الحزام
regulação (f)	ḍabṭ (m)	ضبط

| airbag (m) | wisāda hawā'iyya (f) | وسادة هوائيّة |
| ar (m) condicionado | takyīf (m) | تكييف |

rádio (m)	iðā'a (f)	إذاعة
leitor (m) de CD	muʃayɣil sidi (m)	مشغّل سي دي
ligar (vt)	fataḥ, ʃaɣɣal	فتح, شغّل
antena (f)	hawā'iy (m)	هوائيّ
porta-luvas (m)	durʒ (m)	درج
cinzeiro (m)	ṭaqṭūqa (f)	طقطوقة

177. Carros. Motor

motor (m)	muḥarrik (m)	محرّك
motor (m)	mutūr (m)	موتور
diesel	dīzil	ديزل
a gasolina	'alal banzīn	على البنزين

cilindrada (f)	si'at al muḥarrik (f)	سعة المحرّك
potência (f)	qudra (f)	قدرة
cavalo-vapor (m)	ḥiṣān (m)	حصان
pistão (m)	mikbas (m)	مكبس
cilindro (m)	usṭuwāna (f)	أسطوانة
válvula (f)	ṣimām (m)	صمام

injetor (m)	ʒihāz baxxāx (f)	جهاز بخّاخ
gerador (m)	muwallid (m)	مولّد
carburador (m)	karburātir (m)	كاربراتير
óleo (m) para motor	zayt al muḥarrik (m)	زيت المحرّك

radiador (m)	mubarrid al muḥarrik (m)	مبرّد المحرّك
refrigerante (m)	mādda mubarrida (f)	مادّة مبرّدة
ventilador (m)	mirwaḥa (f)	مروحة
bateria (f)	baṭṭāriyya (f)	بطّارية
dispositivo (m) de arranque	miftāḥ at taʃɣīl (m)	مفتاح التشغيل

ignição (f)	niẓām tafɣīl (m)	نظام تشغيل
vela (f) de ignição	ʃam'at al iḥtirāq (f)	شمعة الاحتراق
borne (m)	ṭaraf tawṣīl (m)	طرف توصيل
borne (m) positivo	ṭaraf mūʒab (m)	طرف موجب
borne (m) negativo	ṭaraf sālib (m)	طرف سالب
fusível (m)	fāṣima (f)	فاصمة
filtro (m) de ar	miṣfāt al hawā' (f)	مصفاة الهواء
filtro (m) de óleo	miṣfāt az zayt (f)	مصفاة الزيت
filtro (m) de combustível	miṣfāt al banzīn (f)	مصفاة البنزين

178. Carros. Batidas. Reparação

acidente (m) de carro	ḥādiθ sayyāra (f)	حادث سيّارة
acidente (m) rodoviário	ḥādiθ murūriy (m)	حادث مروري
ir contra ...	iʃtadam	إصطدم
sofrer um acidente	taḥaṭṭam	تحطّم
danos (m pl)	χasāra (f)	خسارة
intato	salīm	سليم
avariar (vi)	ta'aṭṭal	تعطّل
cabo (m) de reboque	ḥabl as saḥb (m)	حبل السحب
furo (m)	θuqb (m)	ثقب
estar furado	faʃʃ	فشّ
encher (vt)	nafaχ	نفخ
pressão (f)	ḍaɣṭ (m)	ضغط
verificar (vt)	iχtabar	إختبر
reparação (f)	iṣlāḥ (m)	إصلاح
oficina (f)	warʃat iṣlāḥ as sayyārāt (f)	ورشة إصلاح السيّارات
de reparação de carros		
peça (f) sobresselente	qiṭ'at ɣiyār (f)	قطعة غيار
peça (f)	qiṭ'a (f)	قطعة
parafuso (m)	mismār qalāwūz (m)	مسمار قلاووظ
parafuso (m)	burɣiy (m)	برغي
porca (f)	ṣamūla (f)	صامولة
anilha (f)	ḥalqa (f)	حلقة
rolamento (m)	maḥmal (m)	محمل
tubo (m)	umbūba (f)	أنبوبة
junta (f)	'azaqa (f)	عزقة
fio, cabo (m)	silk (m)	سلك
macaco (m)	rāfi'at sayyāra (f)	رافعة سيّارة
chave (f) de boca	miftāḥ aṣ ṣawāmīl (m)	مفتاح الصواميل
martelo (m)	miṭraqa (f)	مطرقة
bomba (f)	ṭulumba (f)	طلمبة
chave (f) de fendas	mifakk (m)	مفكّ
extintor (m)	miṭfa'at ḥarīq (f)	مطفأة حريق
triângulo (m) de emergência	muθallaθ taḥðīr (m)	مثلث تحذير

parar (vi) (motor)	tawaqqaf	توقّف
paragem (f)	tawaqquf (m)	توقّف
estar quebrado	kān maksūran	كان مكسورًا
superaquecer-se (vr)	saχan bi ʃidda	سخن بشدّة
entupir-se (vr)	kān masdūdan	كان مسدودًا
congelar-se (vr)	taʒammad	تجمّد
rebentar (vi)	infaʒar	إنفجر
pressão (f)	dayt (m)	ضغط
nível (m)	mustawa (m)	مستوى
frouxo	da'īf	ضعيف
mossa (f)	ba'ʒa (f)	بعجة
ruído (m)	daqq (m)	دقّ
fissura (f)	ʃaqq (m)	شقّ
arranhão (m)	χadʃ (m)	خدش

179. Carros. Estrada

estrada (f)	tarīq (m)	طريق
autoestrada (f)	tarīq sarī' (m)	طريق سريع
rodovia (f)	tarīq sarī' (m)	طريق سريع
direção (f)	ittiʒāh (m)	إتّجاه
distância (f)	masāfa (f)	مسافة
ponte (f)	ʒisr (m)	جسر
parque (m) de estacionamento	mawqif as sayyārāt (m)	موقف السيّارات
praça (f)	maydān (m)	ميدان
nó (m) rodoviário	taqātu' turuq (m)	تقاطع طرق
túnel (m)	nafaq (m)	نفق
posto (m) de gasolina	mahattat banzīn (f)	محطّة بنزين
parque (m) de estacionamento	mawqif as sayyārāt (m)	موقف السيّارات
bomba (f) de gasolina	midaχχat banzīn (f)	مضخّة بنزين
oficina (f) de reparação de carros	warʃat iṣlāh as sayyārāt (f)	ورشة إصلاح السيّارات
abastecer (vt)	mala' bil wuqūd	ملأ بالوقود
combustível (m)	wuqūd (m)	وقود
bidão (m) de gasolina	ʒirikan (m)	جركن
asfalto (m)	asfalt (m)	أسفلت
marcação (f) de estradas	'alāmāt at tarīq (pl)	علامات الطريق
lancil (m)	hāffat ar raṣīf (f)	حافّة الرصيف
proteção (f) guard-rail	sūr (m)	سور
valeta (f)	qanāt (f)	قناة
berma (f) da estrada	hāffat at tarīq (f)	حافّة الطريق
poste (m) de luz	'amūd nūr (m)	عمود نور
conduzir, guiar (vt)	sāq	ساق
virar (ex. ~ à direita)	in'ataf	إنعطف
dar retorno	istadār lil χalf	إستدار للخلف
marcha-atrás (f)	haraka ilal warā' (f)	حركة إلى الوراء
buzinar (vi)	zammar	زمّر

buzina (f)	ṣawṭ az zāmūr (m)	صوت الزامور
atolar-se (vr)	waḥil	وحل
patinar (na lama)	dawwar al ʻaӡala	دور العجلة
desligar (vt)	awqaf	أوقف

velocidade (f)	surʻa (f)	سرعة
exceder a velocidade	taӡāwaz as surʻa al quṣwa	تجاوز السرعة القصوى
multar (vt)	faraḍ ɣarāma	فرض غرامة
semáforo (m)	iʃārāt al murūr (pl)	إشارات المرور
carta (f) de condução	ruxṣat al qiyāda (f)	رخصة قيادة

passagem (f) de nível	maʻbar (m)	معبر
cruzamento (m)	taqāṭuʻ (m)	تقاطع
passadeira (f)	maʻbar al muʃāt (m)	معبر المشاة
curva (f)	munʻatif (m)	منعطف
zona (f) pedonal	makān muxaṣṣaṣ lil muʃāt (f)	مكان مخصّص للمشاة

180. Sinais de trânsito

código (m) da estrada	qawāʻid al murūr (pl)	قواعد المرور
sinal (m) de trânsito	ʻalāma (f)	علامة
ultrapassagem (f)	taӡāwuz (m)	تجاوز
curva (f)	munʻatif (m)	منعطف
inversão (f) de marcha	dawarān lil xalf (m)	دوران للخلف
rotunda (f)	dawarān murūriy (m)	دوران مروري

sentido proibido	mamnūʻ ad duxūl	ممنوع الدخول
trânsito proibido	mamnūʻ murūr as sayyārāt	ممنوع مرور السيارات
proibição de ultrapassar	mamnūʻ at taӡāwuz	ممنوع التجاوز
estacionamento proibido	mamnuʻ al wuqūf	ممنوع الوقوف
paragem proibida	mamnūʻ al wuqūf	ممنوع الوقوف

curva (f) perigosa	munʻataf xaṭir (m)	منعطف خطر
descida (f) perigosa	munhadar xatar (m)	منحدر خطر
trânsito de sentido único	ṭarīq ittiӡāh wāḥid (m)	طريق إتجاه واحد
passadeira (f)	maʻbar al muʃāt (m)	معبر المشاة
pavimento (m) escorregadio	ṭarīq zaliq (m)	طريق زلق
cedência de passagem	iʃārat waḍʻiyyat tark al awlawiyya	إشارة وضعيّة ترك الأولويّة

PESSOAS. EVENTOS

Eventos

181. Férias. Evento

festa (f)	ʿīd (m)	عيد
festa (f) nacional	ʿīd waṭaniy (m)	عيد وطني
feriado (m)	yawm al ʿuṭla ar rasmiyya (m)	يوم العطلة الرسمية
festejar (vt)	iḥtafal	إحتفل
evento (festa, etc.)	ḥadaθ (m)	حدث
evento (banquete, etc.)	munasaba (f)	مناسبة
banquete (m)	walīma (f)	وليمة
receção (f)	ḥaflat istiqbāl (f)	حفلة إستقبال
festim (m)	walīma (f)	وليمة
aniversário (m)	ðikra sanawiyya (f)	ذكرى سنوية
jubileu (m)	yubīl (m)	يوبيل
celebrar (vt)	iḥtafal	إحتفل
Ano (m) Novo	ra's as sana (m)	رأس السنة
Feliz Ano Novo!	kull sana wa anta ṭayyib!	كلّ سنة وأنت طيّب!
Pai (m) Natal	baba nuwīl (m)	بابا نويل
Natal (m)	ʿīd al mīlād (m)	عيد الميلاد
Feliz Natal!	ʿīd mīlād saʿīd!	عيد ميلاد سعيد!
árvore (f) de Natal	ʃaʒarat ra's as sana (f)	شجرة رأس السنة
fogo (m) de artifício	al ʿāb nāriyya (pl)	ألعاب ناريّة
boda (f)	zifāf (m)	زفاف
noivo (m)	ʿarīs (m)	عريس
noiva (f)	ʿarūsa (f)	عروسة
convidar (vt)	da'a	دعا
convite (m)	biṭāqat da'wa (f)	بطاقة دعوة
convidado (m)	ḍayf (m)	ضيف
visitar (vt)	zār	زار
receber os hóspedes	istaqbal aḍ ḍuyūf	إستقبل الضيوف
presente (m)	hadiyya (f)	هديّة
oferecer (vt)	qaddam	قدّم
receber presentes	istalam al hadāya	إستلم الهدايا
ramo (m) de flores	bāqat zuhūr (f)	باقة زهور
felicitações (f pl)	tahnī'a (f)	تهنئة
felicitar (dar os parabéns)	hanna'	هنّأ
cartão (m) de parabéns	biṭāqat tahnī'a (f)	بطاقة تهنئة

| enviar um postal | arsal biṭāqat tahniʾa | أرسل بطاقة تهنئة |
| receber um postal | istalam biṭāqat tahnīʾa | إستلم بطاقة تهنئة |

brinde (m)	naχb (m)	نخب
oferecer (vt)	ḍayyaf	ضيّف
champanhe (m)	ʃambāniya (f)	شمبانيا

divertir-se (vr)	istamtaʿ	إستمتع
diversão (f)	faraḥ (m)	فرح
alegria (f)	saʿāda (f)	سعادة

| dança (f) | rāqiṣa (f) | رقصة |
| dançar (vi) | raqaṣ | رقص |

| valsa (f) | vāls (m) | فالس |
| tango (m) | tāngu (m) | تانجو |

182. Funerais. Enterro

cemitério (m)	maqbara (f)	مقبرة
sepultura (f), túmulo (m)	qabr (m)	قبر
cruz (f)	ṣalīb (m)	صليب
lápide (f)	ʃāhid al qabr (m)	شاهد القبر
cerca (f)	sūr (m)	سور
capela (f)	kanīsa saɣīra (f)	كنيسة صغيرة

morte (f)	mawt (m)	موت
morrer (vi)	māt	مات
dofunto (m)	al mutawaffi (m)	المتوفّي
luto (m)	ḥidād (m)	حداد

enterrar, sepultar (vt)	dafan	دفن
agência (f) funerária	bayt al ʒanāzāt (m)	بيت الجنازات
funeral (m)	ʒanāza (f)	جنازة
coroa (f) de flores	iklīl (m)	إكليل
caixão (m)	tābūt (m)	تابوت
carro (m) funerário	sayyārat naql al mawta (f)	سيّارة نقل الموتى
mortalha (f)	kafan (m)	كفن

| procissão (f) funerária | ʒanāza (f) | جنازة |
| urna (f) funerária | qārūra li ḥifẓ ramād al mawta (f) | قارورة لحفظ رماد الموتى |

| crematório (m) | maḥraqat ʒuθaθ al mawta (f) | محرقة جثث الموتى |

obituário (m), necrologia (f)	naʿiy (m)	نعي
chorar (vi)	baka	بكى
soluçar (vi)	naḥab	نحب

183. Guerra. Soldados

| pelotão (m) | faṣīla (f) | فصيلة |
| companhia (f) | sariyya (f) | سرية |

regimento (m)	fawʒ (m)	فوج
exército (m)	ʒayʃ (m)	جبش
divisão (f)	firqa (f)	فرقة
destacamento (m)	waḥda (f)	وحدة
hoste (f)	ʒayʃ (m)	جبش
soldado (m)	ʒundiy (m)	جنديّ
oficial (m)	ḍābiṭ (m)	ضابط
soldado (m) raso	ʒundiy (m)	جنديّ
sargento (m)	raqīb (m)	رقيب
tenente (m)	mulāzim (m)	ملازم
capitão (m)	naqīb (m)	نقيب
major (m)	rā'id (m)	رائد
coronel (m)	ʿaqīd (m)	عقيد
general (m)	ʒinirāl (m)	جنرال
marujo (m)	baḥḥār (m)	بحّار
capitão (m)	qubṭān (m)	قبطان
contramestre (m)	raʾīs al baḥḥāra (m)	رئيس البحّارة
artilheiro (m)	madfaʿiy (m)	مدفعيّ
soldado (m) paraquedista	ʒundiy al maẓallāt (m)	جنديّ المظلّات
piloto (m)	ṭayyār (m)	طيّار
navegador (m)	mallāḥ (m)	ملّاح
mecânico (m)	mikanīkiy (m)	ميكانيكيّ
sapador (m)	muhandis ʿaskariy (m)	مهندس عسكريّ
paraquedista (m)	miẓalliy (m)	مظلّيّ
explorador (m)	mustakʃif (m)	مستكشف
franco-atirador (m)	qannāṣ (m)	قنّاص
patrulha (f)	dawriyya (f)	دوريّة
patrulhar (vt)	qām bi dawriyya	قام بدوريّة
sentinela (f)	ḥāris (m)	حارس
guerreiro (m)	muḥārib (m)	محارب
patriota (m)	waṭaniy (m)	وطنيّ
herói (m)	baṭal (m)	بطل
heroína (f)	baṭala (f)	بطلة
traidor (m)	χāʾin (m)	خائن
trair (vt)	χān	خان
desertor (m)	hārib min al ʒayʃ (m)	هارب من الجيش
desertar (vt)	harab min al ʒayʃ	هرب من الجيش
mercenário (m)	maʾʒūr (m)	مأجور
recruta (m)	ʒundiy ʒadīd (m)	جنديّ جديد
voluntário (m)	mutaṭawwiʿ (m)	متطوّع
morto (m)	qatīl (m)	قتيل
ferido (m)	ʒarīḥ (m)	جريح
prisioneiro (m) de guerra	asīr (m)	أسير

184. Guerra. Ações militares. Parte 1

guerra (f)	ḥarb (f)	حرب
guerrear (vt)	ḥārab	حارب
guerra (f) civil	ḥarb ahliyya (f)	حرب أهلية
perfidamente	yadran	غدرًا
declaração (f) de guerra	i'lān ḥarb (m)	إعلان حرب
declarar (vt) guerra	a'lan	أعلن
agressão (f)	'udwān (m)	عدوان
atacar (vt)	haʒam	هجم
invadir (vt)	iḥtall	إحتل
invasor (m)	muḥtall (m)	محتل
conquistador (m)	fātiḥ (m)	فاتح
defesa (f)	difā' (m)	دفاع
defender (vt)	dāfa'	دافع
defender-se (vr)	dāfa' 'an nafsih	دافع عن نفسه
inimigo (m)	'aduww (m)	عدو
adversário (m)	χaṣm (m)	خصم
inimigo	'aduww	عدو
estratégia (f)	istratiʒiyya (f)	إستراتيجية
tática (f)	taktīk (m)	تكتيك
ordem (f)	amr (m)	أمر
comando (m)	amr (m)	أمر
ordenar (vt)	amar	أمر
missão (f)	muhimma (f)	مهمة
secreto	sirriy	سري
batalha (f)	ma'raka (f)	معركة
combate (m)	qitāl (m)	قتال
ataque (m)	huʒūm (m)	هجوم
assalto (m)	inqiḍāḍ (m)	إنقضاض
assaltar (vt)	inqaḍḍ	إنقض
assédio, sítio (m)	ḥiṣār (m)	حصار
ofensiva (f)	huʒūm (m)	هجوم
passar à ofensiva	haʒam	هجم
retirada (f)	insiḥāb (m)	إنسحاب
retirar-se (vr)	insaḥab	إنسحب
cerco (m)	iḥāṭa (f)	إحاطة
cercar (vt)	aḥāṭ	أحاط
bombardeio (m)	qaṣf (m)	قصف
lançar uma bomba	asqaṭ qumbula	أسقط قنبلة
bombardear (vt)	qaṣaf	قصف
explosão (f)	infiʒār (m)	إنفجار
tiro (m)	ṭalaqa (f)	طلقة

disparar um tiro	aṭlaq an nār	أطلق النار
tiroteio (m)	iṭlāq an nār (m)	إطلاق النار
apontar para ...	ṣawwab	صوّب
apontar (vt)	ṣawwab	صوّب
acertar (vt)	aṣāb al hadaf	أصاب الهدف
afundar (um navio)	aɣraq	أغرق
brecha (f)	θuqb (m)	ثقب
afundar-se (vr)	ɣariq	غرق
frente (m)	ʒabha (f)	جبهة
evacuação (f)	iχlāʼ aṭ ṭawāriʼ (m)	إخلاء الطوارئ
evacuar (vt)	aχla	أخلى
trincheira (f)	χandaq (m)	خندق
arame (m) farpado	aslāk ʃāʼika (pl)	أسلاك شائكة
obstáculo (m) anticarro	ḥāʒiz (m)	حاجز
torre (f) de vigia	burʒ muraqaba (m)	برج مراقبة
hospital (m)	mustaʃfa ʻaskariy (m)	مستشفى عسكريّ
ferir (vt)	ʒaraḥ	جرح
ferida (f)	ʒurḥ (m)	جرح
ferido (m)	ʒarīḥ (m)	جريح
ficar ferido	uṣīb bil ʒirāḥ	أصيب بالجراح
grave (ferida ~)	χaṭīr	خطير

185. Guerra. Ações militares. Parte 2

cativeiro (m)	asr (m)	أسر
capturar (vt)	asar	أسر
estar em cativeiro	kān asīran	كان أسيرًا
ser aprisionado	waqaʻ fil asr	وقع في الأسر
campo (m) de concentração	muʻaskar iʻtiqāl (m)	معسكر إعتقال
prisioneiro (m) de guerra	asīr (m)	أسير
escapar (vi)	harab	هرب
trair (vt)	χān	خان
traidor (m)	χāʼin (m)	خائن
traição (f)	χiyāna (f)	خيانة
fuzilar, executar (vt)	aʻdam ramyan bir raṣāṣ	أعدم رميًا بالرصاص
fuzilamento (m)	iʻdām ramyan bir raṣāṣ (m)	إعدام رميًا بالرصاص
equipamento (m)	al ʻitād al ʻaskariy (m)	العتاد العسكريّ
platina (f)	katāfa (f)	كتافة
máscara (f) antigás	qināʻ al ɣāz (m)	قناع الغاز
rádio (m)	ʒihāz lāsilkiy (m)	جهاز لاسلكيّ
cifra (f), código (m)	ʃifra (f)	شفرة
conspiração (f)	sirriyya (f)	سرّيّة
senha (f)	kalimat al murūr (f)	كلمة مرور
mina (f)	laɣm (m)	لغم

| minar (vt) | layyam | لغّم |
| campo (m) minado | ḥaql alɣām (m) | حقل ألغام |

alarme (m) aéreo	inðār ʒawwiy (m)	إنذار جوّيّ
alarme (m)	inðār (m)	إنذار
sinal (m)	iʃāra (f)	إشارة
sinalizador (m)	iʃāra muḍīʿa (f)	إشارة مضيئة

estado-maior (m)	maqarr (m)	مقرّ
reconhecimento (m)	kaʃʃāfat al istiṭlāʿ (f)	كشّافة الإستطلاع
situação (f)	waḍ' (m)	وضع
relatório (m)	taqrīr (m)	تقرير
emboscada (f)	kamīn (m)	كمين
reforço (m)	imdādāt 'askariyya (pl)	إمدادات عسكريّة

alvo (m)	hadaf (m)	هدف
campo (m) de tiro	ḥaql taʒārib (m)	حقل تجارب
manobras (f pl)	munāwarāt 'askariyya (pl)	مناورات عسكريّة

pânico (m)	ðuʿr (m)	ذعر
devastação (f)	damār (m)	دمار
ruínas (f pl)	hiṭām (pl)	حطام
destruir (vt)	dammar	دمّر

sobreviver (vi)	naʒa	نجا
desarmar (vt)	ʒarrad min as silāḥ	جرّد من السلاح
manusear (vt)	ista'mal	إستعمل

| Firmes! | intibāh! | إنتباه! |
| Descansar! | istariḥ! | إسترح! |

taçanha (f)	maʾθara (f)	مأثرة
juramento (m)	qasam (m)	قسم
jurar (vi)	aqsam	أقسم

condecoração (f)	wisām (m)	وسام
condecorar (vt)	manaḥ	منح
medalha (f)	midāliyya (f)	ميداليّة
ordem (f)	wisām 'askariy (m)	وسام عسكريّ

vitória (f)	intiṣar - fawz (m)	إنتصار، فوز
derrota (f)	hazīma (f)	هزيمة
armistício (m)	hudna (f)	هدنة

bandeira (f)	rāyat al ma'raka (f)	راية المعركة
glória (f)	maʒd (m)	مجد
desfile (m) militar	isti'rāḍ 'askariy (m)	إستعراض عسكريّ
marchar (vi)	sār	سار

186. Armas

arma (f)	asliḥa (pl)	أسلحة
arma (f) de fogo	asliḥa nāriyya (pl)	أسلحة ناريّة
arma (f) branca	asliḥa bayḍā' (pl)	أسلحة بيضاء

arma (f) química	asliḥa kīmyā'iyya (pl)	أسلحة كيميائية
nuclear	nawawiy	نووي
arma (f) nuclear	asliḥa nawawiyya (pl)	أسلحة نووية
bomba (f)	qumbula (f)	قنبلة
bomba (f) atómica	qumbula nawawiyya (f)	قنبلة نووية
pistola (f)	musaddas (m)	مسدس
caçadeira (f)	bunduqiyya (f)	بندقية
pistola-metralhadora (f)	bunduqiyya huȝūmiyya (f)	بندقية هجومية
metralhadora (f)	raʃʃāʃ (m)	رشاش
boca (f)	fūha (f)	فوهة
cano (m)	sabṭāna (f)	سبطانة
calibre (m)	'iyār (m)	عيار
gatilho (m)	zinād (m)	زناد
mira (f)	muṣawwib (m)	مصوب
carregador (m)	maχzan (m)	مخزن
coronha (f)	'aqab al bunduqiyya (m)	عقب البندقية
granada (f) de mão	qumbula yadawiyya (f)	قنبلة يدوية
explosivo (m)	mawādd mutafaȝȝira (pl)	مواد متفجرة
bala (f)	ruṣāṣa (f)	رصاصة
cartucho (m)	χarṭūʃa (f)	خرطوشة
carga (f)	haʃwa (f)	حشوة
munições (f pl)	ðaχā'ir (pl)	ذخائر
bombardeiro (m)	qāðifat qanābil (f)	قاذفة قنابل
avião (m) de caça	ṭā'ira muqātila (f)	طائرة مقاتلة
helicóptero (m)	hiliukūbtir (m)	هليكوبتر
canhão (m) antiaéreo	madfaθ muḍādd liṭ ṭa'irāṭ (m)	مدفع مضاد للطائرات
tanque (m)	dabbāba (f)	دبابة
canhão (de um tanque)	madfa' ad dabbāba (m)	مدفع الدبابة
artilharia (f)	madfa'iyya (f)	مدفعية
canhão (m)	madfa' (m)	مدفع
fazer a pontaria	ṣawwab	صوب
obus (m)	qaðīfa (f)	قذيفة
granada (f) de morteiro	qumbula hāwun (f)	قنبلة هاون
morteiro (m)	hāwun (m)	هاون
estilhaço (m)	ʃaẓiyya (f)	شظية
submarino (m)	ɣawwāṣa (f)	غواصة
torpedo (m)	ṭurbīd (m)	طوربيد
míssil (m)	ṣārūχ (m)	صاروخ
carregar (uma arma)	haʃa	حشا
atirar, disparar (vi)	aṭlaq an nār	أطلق النار
apontar para ...	ṣawwab	صوب
baioneta (f)	harba (f)	حربة
espada (f)	ʃiʃ (m)	شيش
sabre (m)	sayf munhani (m)	سيف منحن

lança (f)	rumḥ (m)	رمح
arco (m)	qaws (m)	قوس
flecha (f)	sahm (m)	سهم
mosquete (m)	muskīt (m)	مسكيت
besta (f)	qaws musta'raḍ (m)	قوس مستعرض

187. Povos da antiguidade

primitivo	bidā'iy	بدائي
pré-histórico	ma qabl at tarīx	ما قبل التاريخ
antigo	qadīm	قديم

Idade (f) da Pedra	al 'aṣr al ḥaʒariy (m)	العصر الحجري
Idade (f) do Bronze	al 'aṣr al brunziy (m)	العصر البرونزي
período (m) glacial	al 'aṣr al ʒalīdiy (m)	العصر الجليدي

tribo (f)	qabīla (f)	قبيلة
canibal (m)	'ākil laḥm al baʃar (m)	آكل لحم البشر
caçador (m)	ṣayyād (m)	صياد
caçar (vi)	iṣṭād	إصطاد
mamute (m)	mamūθ (m)	ماموث

caverna (f)	kahf (m)	كهف
fogo (m)	nār (f)	نار
fogueira (f)	nār muxayyam (m)	نار مخيم
pintura (f) rupestre	rasm fil kahf (m)	رسم في الكهف

ferramenta (f)	adāt (f)	أداة
lança (f)	rumḥ (m)	رمح
machado (m) de pedra	fa's ḥaʒariy (m)	فأس حجري

guerrear (vt)	ḥārab	حارب
domesticar (vt)	daʒʒan	دجن

ídolo (m)	ṣanam (m)	صنم
adorar, venerar (vt)	'abad	عبد

superstição (f)	xurāfa (f)	خرافة
ritual (m)	mansak (m)	منسك

evolução (f)	taṭawwur (m)	تطور
desenvolvimento (m)	numuww (m)	نمو

desaparecimento (m)	ixtifā' (m)	إختفاء
adaptar-se (vr)	takayyaf	تكيف

arqueologia (f)	'ilm al 'āθār (m)	علم الآثار
arqueólogo (m)	'ālim 'āθār (m)	عالم آثار
arqueológico	aθariy	أثري

local (m) das escavações	mawqi' ḥafr (m)	موقع حفر
escavações (f pl)	tanqīb (m)	تنقيب
achado (m)	iktiʃāf (m)	إكتشاف
fragmento (m)	qiṭ'a (f)	قطعة

188. Idade média

povo (m)	ʃaʿb (m)	شعب
povos (m pl)	ʃuʿūb (pl)	شعوب
tribo (f)	qabīla (f)	قبيلة
tribos (f pl)	qabāʾil (pl)	قبائل

bárbaros (m pl)	al barābira (pl)	البرابرة
gauleses (m pl)	al ɣalyūn (pl)	الغاليون
godos (m pl)	al qūṭiyyūn (pl)	القوطيّون
eslavos (m pl)	as silāf (pl)	السلاف
víquingues (m pl)	al vaykinɣ (pl)	الفايكينغ

| romanos (m pl) | ar rūmān (pl) | الرومان |
| romano | rumāniy | رومانيّ |

bizantinos (m pl)	bizanṭiyyūn (pl)	بيزنطيّون
Bizâncio	bīzanṭa (f)	بيزنطة
bizantino	bizanṭiy	بيزنطيّ

imperador (m)	imbiraṭūr (m)	إمبراطور
líder (m)	zaʿīm (m)	زعيم
poderoso	qawiy	قويّ
rei (m)	malik (m)	ملك
governante (m)	ḥākim (m)	حاكم

cavaleiro (m)	fāris (m)	فارس
senhor feudal (m)	iqṭāʿiy (m)	إقطاعيّ
feudal	iqṭāʿiy	إقطاعيّ
vassalo (m)	muqṭaʿ (m)	مقطع

duque (m)	dūq (m)	دوق
conde (m)	īrl (m)	إيرل
barão (m)	barūn (m)	بارون
bispo (m)	usquf (m)	أسقف

armadura (f)	dirʿ (m)	درع
escudo (m)	turs (m)	ترس
espada (f)	sayf (m)	سيف
viseira (f)	ḥāffa amāmiyya lil χūða (f)	حافة أماميّة للخوذة
cota (f) de malha	dirʿ az zarad (m)	درع الزرد

| cruzada (f) | ḥamla ṣalībiyya (f) | حملة صليبيّة |
| cruzado (m) | ṣalībiy (m) | صليبيّ |

território (m)	arḍ (f)	أرض
atacar (vt)	haʒam	هجم
conquistar (vt)	fataḥ	فتح
ocupar, invadir (vt)	iḥtall	إحتلّ

assédio, sítio (m)	ḥiṣār (m)	حصار
sitiado	muḥāṣar	محاصر
assediar, sitiar (vt)	ḥāṣar	حاصر
inquisição (f)	maḥākim at taftīʃ (pl)	محاكم التفتيش
inquisidor (m)	mufattiʃ (m)	مفتّش

tortura (f)	ta'ðīb (m)	تعذيب
cruel	qās	قاس
herege (m)	harṭūqiy (m)	هرطوقيّ
heresia (f)	harṭaqa (f)	هرطقة

navegação (f) marítima	as safar bil baḥr (m)	السفر بالبحر
pirata (m)	qurṣān (m)	قرصان
pirataria (f)	qarṣana (f)	قرصنة
abordagem (f)	muhāʒmat safīna (f)	مهاجمة سفينة
presa (f), butim (m)	ɣanīma (f)	غنيمة
tesouros (m pl)	kunūz (pl)	كنوز

descobrimento (m)	iktiʃāf (m)	إكتشاف
descobrir (novas terras)	iktaʃaf	إكتشف
expedição (f)	ba'θa (f)	بعثة

mosqueteiro (m)	fāris (m)	فارس
cardeal (m)	kardināl (m)	كاردينال
heráldica (f)	ʃi'ārāt an nabāla (pl)	شعارات النبالة
heráldico	χāṣṣ bi ʃi'ārāt an nabāla	خاصّ بشعارات النبالة

189. Líder. Chefe. Autoridades

rei (m)	malik (m)	ملك
rainha (f)	malika (f)	ملكة
real	malakiy	ملكيّ
reino (m)	mamlaka (f)	مملكة

príncipe (m)	amīr (m)	أمير
princesa (f)	amīra (f)	أميرة

presidente (m)	ra'īs (m)	رئيس
vice-presidente (m)	nā'ib ar ra'īs (m)	نائب الرئيس
senador (m)	'uḍw maʒlis aʃ ʃuyūχ (m)	عضو مجلس الشيوخ

monarca (m)	'āhil (m)	عاهل
governante (m)	ḥākim (m)	حاكم
ditador (m)	diktatūr (m)	ديكتاتور
tirano (m)	ṭāɣiya (f)	طاغية
magnata (m)	ra'smāliy kabīr (m)	رأسمالي كبير

diretor (m)	mudīr (m)	مدير
chefe (m)	ra'īs (m)	رئيس
dirigente (m)	mudīr (m)	مدير
patrão (m)	ra'īs (m), mudīr (m)	رئيس، مدير
dono (m)	ṣāḥib (m)	صاحب

líder, chefe (m)	za'īm (m)	زعيم
chefe (~ de delegação)	ra'īs (m)	رئيس
autoridades (f pl)	suluṭāt (pl)	سلطات
superiores (m pl)	ru'asā' (pl)	رؤساء

governador (m)	muḥāfiẓ (m)	محافظ
cônsul (m)	qunṣul (m)	قنصل

diplomata (m)	diblumāsiy (m)	دبلوماسيّ
Presidente (m) da Câmara	raʼīs al baladiyya (m)	رئيس البلديّة
xerife (m)	ʃarīf (m)	شريف

imperador (m)	imbiraṭūr (m)	إمبراطور
czar (m)	qayṣar (m)	قيصر
faraó (m)	firʻawn (m)	فرعون
cã (m)	χān (m)	خان

190. Estrada. Caminho. Direções

estrada (f)	ṭarīq (m)	طريق
caminho (m)	ṭarīq (m)	طريق

rodovia (f)	ṭarīq sarīʻ (m)	طريق سريع
autoestrada (f)	ṭarīq sarīʻ (m)	طريق سريع
estrada (f) nacional	ṭarīq waṭaniy (m)	طريق وطني

estrada (f) principal	ṭarīq raʼīsiy (m)	طريق رئيسيّ
caminho (m) de terra batida	ṭarīq turābiy (m)	طريق ترابي

trilha (f)	mamarr (m)	ممرّ
vereda (f)	mamarr (m)	ممرّ

Onde?	ayna?	أين؟
Para onde?	ila ayna?	إلى أين؟
De onde?	min ayna?	من أين؟

direção (f)	ittiჳāh (m)	إتّجاه
indicar (orientar)	aʃār	أشار

para esquerda	ilaʃ ʃimāl	إلى الشمال
para direita	ilal yamīn	إلى اليمين
em frente	ilal amām	إلى الأمام
para trás	ilal warā'	إلى الوراء

curva (f)	munʻaṭif (m)	منعطف
virar (ex. ~ à direita)	inʻaṭaf	إنعطف
dar retorno	istadār lil χalf	إستدار للخلف

estar visível	ẓahar	ظهر
aparecer (vi)	ẓahar	ظهر

paragem (pausa)	istirāḥa (f)	إستراحة
descansar (vi)	istarāḥ	إستراح
descanso (m)	istirāḥa (f)	إستراحة

perder-se (vr)	tāh	تاه
conduzir (caminho)	adda ila ...	أدّى إلى...
chegar a ...	waṣal ila ...	وصل إلى...
trecho (m)	imtidād (m)	إمتداد

asfalto (m)	asfalt (m)	اسفلت
lancil (m)	ḥāffat ar raṣīf (f)	حافة الرصيف

valeta (f)	χandaq (m)	خندق
tampa (f) de esgoto	fatḥat ad duχūl (f)	فتحة الدخول
berma (f) da estrada	ḥāffat aṭ ṭarīq (f)	حافة الطريق
buraco (m)	ḥufra (f)	حفرة
ir (a pé)	maʃa	مشى
ultrapassar (vt)	laḥiq bi	لحق بـ
passo (m)	χaṭwa (f)	خطوة
a pé	māʃiyan	ماشياً
bloquear (vt)	sadd	سدّ
cancela (f)	ḥāʒiz ṭarīq (m)	حاجز طريق
beco (m) sem saída	ṭarīq masdūd (m)	طريق مسدود

191. Viloação da lei. Criminosos. Parte 1

bandido (m)	qāṭiʿ ṭarīq (m)	قاطع طريق
crime (m)	ʒarīma (f)	جريمة
criminoso (m)	muʒrim (m)	مجرم
ladrão (m)	sāriq (m)	سارق
roubar (vt)	saraq	سرق
furto, roubo (m)	sirqa (f)	سرقة
raptar (ex. ~ uma criança)	χaṭaf	خطف
rapto (m)	χaṭf (m)	خطف
raptor (m)	χāṭif (m)	خاطف
resgate (m)	fidya (f)	فدية
pedir resgate	ṭalab fidya	طلب فدية
roubar (vt)	nahab	نهب
assalto, roubo (m)	nahb (m)	نهب
assaltante (m)	nahhāb (m)	نهّاب
extorquir (vt)	balṭaʒ	بلطج
extorsionário (m)	balṭaʒiy (m)	بلطجي
extorsão (f)	balṭaʒa (f)	بلطجة
matar, assassinar (vt)	qatal	قتل
homicídio (m)	qatl (m)	قتل
homicida, assassino (m)	qātil (m)	قاتل
tiro (m)	ṭalaqat nār (f)	طلقة نار
dar um tiro	aṭlaq an nār	أطلق النار
matar a tiro	qatal bir ruṣāṣ	قتل بالرصاص
atirar, disparar (vi)	aṭlaq an nār	أطلق النار
tiroteio (m)	iṭlāq an nār (m)	إطلاق النار
incidente (m)	ḥādiθ (m)	حادث
briga (~ de rua)	ʿirāk (m)	عراك
Socorro!	sāʿidni	ساعدني!
vítima (f)	ḍaḥiyya (f)	ضحيّة

danificar (vt)	atlaf	أتلف
dano (m)	χasāra (f)	خسارة
cadáver (m)	ʒuθθa (f)	جُثّة
grave	ʿanīf	عنيف

atacar (vt)	haʒam	هجم
bater (espancar)	ḍarab	ضرب
espancar (vt)	ḍarab	ضرب
tirar, roubar (dinheiro)	salab	سلب
esfaquear (vt)	ṭaʿan ḥatta al mawt	طعن حتّى الموت
mutilar (vt)	ʃawwah	شوّه
ferir (vt)	ʒaraḥ	جرح

chantagem (f)	balṭaʒa (f)	بلطجة
chantagear (vt)	ibtazz	إبتزّ
chantagista (m)	mubtazz (m)	مبتزّ

extorsão (em troca de proteção)	naṣb (m)	نصب
extorsionário (m)	naṣṣāb (m)	نصّاب
gângster (m)	raʒul ʿiṣāba (m)	رجل عصابة
máfia (f)	māfia (f)	مافيا

carteirista (m)	naʃʃāl (m)	نشّال
assaltante, ladrão (m)	liṣṣ buyūt (m)	لصّ بيوت
contrabando (m)	tahrīb (m)	تهريب
contrabandista (m)	muharrib (m)	مهرّب

falsificação (f)	tazwīr (m)	تزوير
falsificar (vt)	zawwar	زوّر
falsificado	muzawwar	مزوّر

192. Viloação da lei. Criminosos. Parte 2

violação (f)	iɣtiṣāb (m)	إغتصاب
violar (vt)	iɣtaṣab	إغتصب
violador (m)	muɣtaṣib (m)	مغتصب
maníaco (m)	mahwūs (m)	مهووس

prostituta (f)	ʿāhira (f)	عاهرة
prostituição (f)	daʿāra (f)	دعارة
chulo (m)	qawwād (m)	قوّاد

| toxicodependente (m) | mudmin muχaddirāt (m) | مدمن مخدّرات |
| traficante (m) | tāʒir muχaddirāt (m) | تاجر مخدّرات |

explodir (vt)	faʒʒar	فجّر
explosão (f)	infiʒār (m)	إنفجار
incendiar (vt)	aʃʿal an nār	أشعل النار
incendiário (m)	muʃʿil ḥarīq (m)	مشعل حريق

terrorismo (m)	irhāb (m)	إرهاب
terrorista (m)	irhābiy (m)	إرهابيّ
refém (m)	rahīna (f)	رهينة

enganar (vt)	iḥtāl	إحتال
engano (m)	iḥtiyāl (m)	إحتيال
vigarista (m)	muḥtāl (m)	محتال

subornar (vt)	raʃa	رشا
suborno (atividade)	irtiʃā' (m)	إرتشاء
suborno (dinheiro)	raʃwa (f)	رشوة

veneno (m)	samm (m)	سَم
envenenar (vt)	sammam	سمم
envenenar-se (vr)	sammam nafsahu	سمم نفسه

suicídio (m)	intiḥār (m)	إنتحار
suicida (m)	muntaḥir (m)	منتحر

ameaçar (vt)	haddad	هدَد
ameaça (f)	tahdīd (m)	تهديد
atentar contra a vida de ...	ḥāwal iɣtiyāl	حاول الإغتيال
atentado (m)	muḥāwalat iɣtiyāl (f)	محاولة إغتيال

roubar (o carro)	saraq	سرق
desviar (o avião)	iχtaṭaf	إختطف

vingança (f)	intiqām (m)	إنتقام
vingar (vt)	intaqam	إنتقم

torturar (vt)	'aððab	عذَب
tortura (f)	ta'ðīb (m)	تعذيب
atormentar (vt)	'aððab	عذَب

pirata (m)	qurṣān (m)	قرصان
desordeiro (m)	wabaʃ (m)	وبش
armado	musallaḥ	مسلح
violência (f)	'unf (m)	عنف
ilegal	ɣayr qānūniy	غير قانوني

espionagem (f)	taӡassas (m)	تجسّس
espionar (vi)	taӡassas	تجسّس

193. Polícia. Lei. Parte 1

justiça (f)	qaḍā' (m)	قضاء
tribunal (m)	maḥkama (f)	محكمة

juiz (m)	qāḍi (m)	قاض
jurados (m pl)	muḥallafūn (pl)	محلّفون
tribunal (m) do júri	qaḍā' al muḥallafīn (m)	قضاء المحلّفين
julgar (vt)	ḥakam	حكم

advogado (m)	muḥāmi (m)	محام
réu (m)	mudda'a 'alayh (m)	مدّعى عليه
banco (m) dos réus	qafṣ al ittihām (m)	قفص الإتهام
acusação (f)	ittihām (m)	إتهام
acusado (m)	muttaham (m)	متّهم

| sentença (f) | hukm (m) | حكم |
| sentenciar (vt) | hakam | حكم |

culpado (m)	muðnib (m)	مذنب
punir (vt)	ʿāqab	عاقب
punição (f)	ʿuqūba (f), ʿiqāb (m)	عقوبة, عقاب

multa (f)	ɣarāma (f)	غرامة
prisão (f) perpétua	siʒn mada al hayāt (m)	سجن مدى الحياة
pena (f) de morte	ʿuqūbat ʾiʿdām (f)	عقوبة إعدام
cadeira (f) elétrica	kursiy kaharabāʾiy (m)	كرسي كهربائي
forca (f)	maʃnaqa (f)	مشنقة

| executar (vt) | aʿdam | أعدم |
| execução (f) | iʿdām (m) | إعدام |

| prisão (f) | siʒn (m) | سجن |
| cela (f) de prisão | zinzāna (f) | زنزانة |

escolta (f)	hirāsa (f)	حراسة
guarda (m) prisional	hāris siʒn (m)	حارس سجن
preso (m)	saʒīn (m)	سجين

| algemas (f pl) | asfād (pl) | أصفاد |
| algemar (vt) | saffad | صفد |

fuga, evasão (f)	hurūb min as siʒn (m)	هروب من السجن
fugir (vi)	harab	هرب
desaparecer (vi)	iχtafa	إختفى
soltar, libertar (vt)	aχla sabīl	أخلى سبيل
amnistia (f)	ʿafw ʿāmm (m)	عفو عام

polícia (instituição)	ʃurta (f)	شرطة
polícia (m)	ʃurtiy (m)	شرطي
esquadra (f) de polícia	qism ʃurta (m)	قسم شرطة
cassetete (m)	hirāwat aʃ ʃurtiy (f)	هراوة الشرطي
megafone (m)	būq (m)	بوق

carro (m) de patrulha	sayyārat dawrīyyāt (f)	سيارة دوريات
sirene (f)	saffārat inðār (f)	صفارة إنذار
ligar a sirene	atlaq sirīna	أطلق سرينة
toque (m) da sirene	sawt sirīna (m)	صوت سرينة

cena (f) do crime	masrah al ʒarīma (m)	مسرح الجريمة
testemunha (f)	ʃāhid (m)	شاهد
liberdade (f)	hurriyya (f)	حرّية
cúmplice (m)	ʃarīk fil ʒarīma (m)	شريك في الجريمة
escapar (vi)	harab	هرب
traço (não deixar ~s)	aθar (m)	أثر

194. Polícia. Lei. Parte 2

| procura (f) | bahθ (m) | بحث |
| procurar (vt) | bahaθ | بحث |

suspeita (f)	ʃubha (f)	شبهة
suspeito	maʃbūh	مشبوه
parar (vt)	awqaf	أوقف
deter (vt)	i'taqal	إعتقل

caso (criminal)	qaḍiyya (f)	قضيّة
investigação (f)	taḥqīq (m)	تحقيق
detetive (m)	muḥaqqiq (m)	محقق
investigador (m)	mufattiʃ (m)	مفتّش
versão (f)	riwāya (f)	رواية

motivo (m)	dāfiʿ (m)	دافع
interrogatório (m)	istiʒwāb (m)	إستجواب
interrogar (vt)	istaʒwab	إستجوب
questionar (vt)	istanṭaq	إستنطق
verificação (f)	faḥṣ (m)	فحص

batida (f) policial	ʒamʿ (m)	جمع
busca (f)	taftīʃ (m)	تفتيش
perseguição (f)	muṭārada (f)	مطاردة
perseguir (vt)	ṭārad	طارد
seguir (vt)	tābaʿ	تابع

prisão (f)	i'tiqāl (m)	إعتقال
prender (vt)	i'taqal	إعتقل
pegar, capturar (vt)	qabaḍ	قبض
captura (f)	qabḍ (m)	قبض

documento (m)	waθīqa (f)	وثيقة
prova (f)	dalīl (m)	دليل
provar (vt)	aθbat	أثبت
pegada (f)	baṣma (f)	بصمة
impressões (f pl) digitais	baṣamāt al aṣābiʿ (pl)	بصمات الأصابع
prova (f)	dalīl (m)	دليل

álibi (m)	dafʿ bil ɣayba (f)	دفع بالغيبة
inocente	barīʾ	بريء
injustiça (f)	ẓulm (m)	ظلم
injusto	ɣayr ʿādil	غير عادل

criminal	iʒrāmiy	إجراميّ
confiscar (vt)	ṣādar	صادر
droga (f)	muxaddirāt (pl)	مخدّرات
arma (f)	silāḥ (m)	سلاح
desarmar (vt)	ʒarrad min as silāḥ	جرّد من السلاح
ordenar (vt)	amar	أمر
desaparecer (vi)	ixtafa	إختفى

lei (f)	qānūn (m)	قانون
legal	qānūniy, ʃarʿiy	قانونيّ، شرعيّ
ilegal	ɣayr qanūny, ɣayr ʃarʿi	غير قانونيّ، غير شرعيّ

responsabilidade (f)	mas'ūliyya (f)	مسؤوليّة
responsável	mas'ūl (m)	مسؤول

NATUREZA

A Terra. Parte 1

195. Espaço sideral

cosmos (m)	faḍā' (m)	فضاء
cósmico	faḍā'iy	فضائيّ
espaço (m) cósmico	faḍā' (m)	فضاء
mundo (m)	'ālam (m)	عالم
universo (m)	al kawn (m)	الكون
galáxia (f)	al maʒarra (f)	المجرّة
estrela (f)	naʒm (m)	نجم
constelação (f)	burʒ (m)	برج
planeta (m)	kawkab (m)	كوكب
satélite (m)	qamar ṣinā'iy (m)	قمر صناعيّ
meteorito (m)	ḥaʒar nayzakiy (m)	حجر نيزكيّ
cometa (m)	muðannab (m)	مذنّب
asteroide (m)	kuwaykib (m)	كويكب
órbita (f)	madār (m)	مدار
girar (vi)	dār	دار
atmosfera (f)	al ɣilāf al ʒawwiy (m)	الغلاف الجوّيّ
Sol (m)	aʃ ʃams (f)	الشمس
Sistema (m) Solar	al maʒmū'a aʃ ʃamsiyya (f)	المجموعة الشمسيّة
eclipse (m) solar	kusūf aʃ ʃams (m)	كسوف الشمس
Terra (f)	al arḍ (f)	الأرض
Lua (f)	al qamar (m)	القمر
Marte (m)	al mirrīχ (m)	المرّيخ
Vénus (f)	az zahra (f)	الزهرة
Júpiter (m)	al muʃtari (m)	المشتري
Saturno (m)	zuḥal (m)	زحل
Mercúrio (m)	'aṭārid (m)	عطارد
Urano (m)	urānus (m)	اورانوس
Neptuno (m)	nibtūn (m)	نبتون
Plutão (m)	blūtu (m)	بلوتو
Via Láctea (f)	darb at tabbāna (m)	درب التبّانة
Ursa Maior (f)	ad dubb al akbar (m)	الدبّ الأكبر
Estrela Polar (f)	naʒm al 'quṭb (m)	نجم القطب
marciano (m)	sākin al mirrīχ (m)	ساكن المرّيخ
extraterrestre (m)	faḍā'iy (m)	فضائيّ

alienígena (m)	fadā'iy (m)	فضائيٌ
disco (m) voador	tabaq tā'ir (m)	طبق طائر
nave (f) espacial	markaba fadā'iyya (f)	مركبة فضائيّة
estação (f) orbital	mahattat fadā' (f)	محطّة فضاء
lançamento (m)	intilāq (m)	إنطلاق
motor (m)	mutūr (m)	موتور
bocal (m)	manfaθ (m)	منفث
combustível (m)	wuqūd (m)	وقود
cabine (f)	kabīna (f)	كابينة
antena (f)	hawā'iy (m)	هوائيٌ
vigia (f)	kuwwa mustadīra (f)	كوّة مستديرة
bateria (f) solar	lawh ʃamsiy (m)	لوح شمسيٌ
traje (m) espacial	baðlat al fadā' (f)	بذلة الفضاء
imponderabilidade (f)	in'idām al wazn (m)	إنعدام الوزن
oxigénio (m)	uksiӡīn (m)	أكسجين
acoplagem (f)	rasw (m)	رسو
fazer uma acoplagem	rasa	رسا
observatório (m)	marsad (m)	مرصد
telescópio (m)	tiliskūp (m)	تلسكوب
observar (vt)	rāqab	راقب
explorar (vt)	istakʃaf	إستكشف

196. A Terra

Terra (f)	al ard (f)	الأرض
globo terrestre (Terra)	al kura al ardiyya (f)	الكرة الأرضيّة
planeta (m)	kawkab (m)	كوكب
atmosfera (f)	al ɣilāf al ӡawwiy (m)	الغلاف الجويَ
geografia (f)	ӡuɣrāfiya (f)	جغرافيا
natureza (f)	tabī'a (f)	طبيعة
globo (mapa esférico)	namūðaӡ lil kura al ardiyya (m)	نموذج للكرة الأرضيّة
mapa (m)	xarīta (f)	خريطة
atlas (m)	atlas (m)	أطلس
Europa (f)	urūbba (f)	أوروبا
Ásia (f)	'āsiya (f)	آسيا
África (f)	afrīqiya (f)	أفريقيا
Austrália (f)	usturāliya (f)	أستراليا
América (f)	amrīka (f)	أمريكا
América (f) do Norte	amrīka aʃ ʃimāliyya (f)	أمريكا الشماليّة
América (f) do Sul	amrīka al ӡanūbiyya (f)	أمريكا الجنوبيّة
Antártida (f)	al qutb al ӡanūbiy (m)	القطب الجنوبيٌ
Ártico (m)	al qutb aʃ ʃimāliy (m)	القطب الشماليٌ

197. Pontos cardeais

norte (m)	ʃimāl (m)	شمال
para norte	ilaʃ ʃimāl	إلى الشمال
no norte	fiʃ ʃimāl	في الشمال
do norte	ʃimāliy	شماليّ
sul (m)	ʒanūb (m)	جنوب
para sul	ilal ʒanūb	إلى الجنوب
no sul	fil ʒanūb	في الجنوب
do sul	ʒanūbiy	جنوبيّ
oeste, ocidente (m)	ɣarb (m)	غرب
para oeste	ilal ɣarb	إلى الغرب
no oeste	fil ɣarb	في الغرب
ocidental	ɣarbiy	غربيّ
leste, oriente (m)	ʃarq (m)	شرق
para leste	ilaʃ ʃarq	إلى الشرق
no leste	fiʃ ʃarq	في الشرق
oriental	ʃarqiy	شرقيّ

198. Mar. Oceano

mar (m)	baḥr (m)	بحر
oceano (m)	muḥīṭ (m)	محيط
golfo (m)	χalīʒ (m)	خليج
estreito (m)	maḍīq (m)	مضيق
terra (f) firme	barr (m)	برّ
continente (m)	qārra (f)	قارّة
ilha (f)	ʒazīra (f)	جزيرة
península (f)	ʃibh ʒazīra (f)	شبه جزيرة
arquipélago (m)	maʒmūʿat ʒuzur (f)	مجموعة جزر
baía (f)	χalīʒ (m)	خليج
porto (m)	mīnā' (m)	ميناء
lagoa (f)	buḥayra ʃāṭi'a (f)	بحيرة شاطئة
cabo (m)	ra's (m)	رأس
atol (m)	ʒazīra marʒāniyya istiwā'iyya (f)	جزيرة مرجانيّة إستوائيّة
recife (m)	ʃiʿāb (pl)	شعاب
coral (m)	murʒān (m)	مرجان
recife (m) de coral	ʃiʿāb marʒāniyya (pl)	شعاب مرجانيّة
profundo	ʿamīq	عميق
profundidade (f)	ʿumq (m)	عمق
abismo (m)	mahwāt (f)	مهواة
fossa (f) oceânica	χandaq (m)	خندق
corrente (f)	tayyār (m)	تيّار
banhar (vt)	aḥāṭ	أحاط

| litoral (m) | sāḥil (m) | ساحل |
| costa (f) | sāḥil (m) | ساحل |

maré (f) alta	madd (m)	مدّ
refluxo (m), maré (f) baixa	ʒazr (m)	جزر
restinga (f)	miyāh ḍaḥla (f)	مياه ضحلة
fundo (m)	qāʿ (m)	قاع

onda (f)	mawʒa (f)	موجة
crista (f) da onda	qimmat mawʒa (f)	قمّة موجة
espuma (f)	zabad al baḥr (m)	زبد البحر

tempestade (f)	ʿāṣifa (f)	عاصفة
furacão (m)	iʿṣār (m)	إعصار
tsunami (m)	tsunāmi (m)	تسونامي
calmaria (f)	hudūʾ (m)	هدوء
calmo	hādiʾ	هادئ

| polo (m) | quṭb (m) | قطب |
| polar | quṭby | قطبي |

latitude (f)	ʿarḍ (m)	عرض
longitude (f)	ṭūl (m)	طول
paralela (f)	mutawāzi (m)	متواز
equador (m)	xaṭṭ al istiwāʾ (m)	خط الإستواء

céu (m)	samāʾ (f)	سماء
horizonte (m)	ufuq (m)	أفق
ar (m)	hawāʾ (m)	هواء

farol (m)	manāra (f)	منارة
mergulhar (vi)	ɣāṣ	غاص
afundar-se (vr)	ɣariq	غرق
tesouros (m pl)	kunūz (pl)	كنوز

199. Nomes de Mares e Oceanos

Oceano (m) Atlântico	al muḥīṭ al aṭlasiy (m)	المحيط الأطلسي
Oceano (m) Índico	al muḥīṭ al hindiy (m)	المحيط الهندي
Oceano (m) Pacífico	al muḥīṭ al hādiʾ (m)	المحيط الهادئ
Oceano (m) Ártico	al muḥīṭ il mutaʒammid aʃʃimāliy (m)	المحيط المتجمّد الشمالي

Mar (m) Negro	al baḥr al aswad (m)	البحر الأسود
Mar (m) Vermelho	al baḥr al aḥmar (m)	البحر الأحمر
Mar (m) Amarelo	al baḥr al aṣfar (m)	البحر الأصفر
Mar (m) Branco	al baḥr al abyaḍ (m)	البحر الأبيض

Mar (m) Cáspio	baḥr qazwīn (m)	بحر قزوين
Mar (m) Morto	al baḥr al mayyit (m)	البحر الميّت
Mar (m) Mediterrâneo	al baḥr al abyaḍ al mutawassiṭ (m)	البحر الأبيض المتوسّط

| Mar (m) Egeu | baḥr īʒah (m) | بحر إيجة |
| Mar (m) Adriático | al baḥr al adriyatīkiy (m) | البحر الأدرياتيكي |

Mar (m) Arábico	bahr al 'arab (m)	بحر العرب
Mar (m) do Japão	bahr al yabān (m)	بحر اليابان
Mar (m) de Bering	bahr biring (m)	بحر بيرينغ
Mar (m) da China Meridional	bahr aş şīn al ʒanūbiy (m)	بحر الصين الجنوبي

Mar (m) de Coral	bahr al marʒān (m)	بحر المرجان
Mar (m) de Tasman	bahr tasmān (m)	بحر تسمان
Mar (m) do Caribe	al bahr al karībiy (m)	البحر الكاريبي

| Mar (m) de Barents | bahr barints (m) | بحر بارينس |
| Mar (m) de Kara | bahr kara (m) | بحر كارا |

Mar (m) do Norte	bahr aʃ ʃimāl (m)	بحر الشمال
Mar (m) Báltico	al bahr al balṭīq (m)	البحر البلطيق
Mar (m) da Noruega	bahr an narwīʒ (m)	بحر النرويج

200. Montanhas

montanha (f)	ʒabal (m)	جبل
cordilheira (f)	silsilat ʒibāl (f)	سلسلة جبال
serra (f)	qimam ʒabaliyya (pl)	قمم جبلية

cume (m)	qimma (f)	قمّة
pico (m)	qimma (f)	قمّة
sopé (m)	asfal (m)	أسفل
declive (m)	munhadar (m)	منحدر

vulcão (m)	burkān (m)	بركان
vulcão (m) ativo	burkān naʃiṭ (m)	بركان نشط
vulcão (m) extinto	burkān xāmid (m)	بركان خامد

erupção (f)	θawrān (m)	ثوران
cratera (f)	fūhat al burkān (f)	فوهة البركان
magma (m)	māɣma (f)	ماغما
lava (f)	humam burkāniyya (pl)	حمم بركانية
fundido (lava ~a)	munṣahira	منصهرة

desfiladeiro (m)	tal'a (m)	تلعة
garganta (f)	wādi ḍayyiq (m)	واد ضيّق
fenda (f)	ʃaqq (m)	شقّ
precipício (m)	hāwiya (f)	هاوية

passo, colo (m)	mamarr ʒabaliy (m)	ممرّ جبلي
planalto (m)	haḍba (f)	هضبة
falésia (f)	ʒurf (m)	جرف
colina (f)	tall (m)	تلّ

glaciar (m)	nahr ʒalīdiy (m)	نهر جليدي
queda (f) d'água	ʃallāl (m)	شلال
géiser (m)	fawwāra hārra (m)	فوّارة حارّة
lago (m)	buhayra (f)	بحيرة

| planície (f) | sahl (m) | سهل |
| paisagem (f) | manẓar ṭabīʿiy (m) | منظر طبيعي |

eco (m)	şada (m)	صدى
alpinista (m)	mutasalliq al ʒibāl (m)	متسلق الجبال
escalador (m)	mutasalliq şuxūr (m)	متسلق صخور
conquistar (vt)	taɣallab ʿala	تغلب على
subida, escalada (f)	tasalluq (m)	تسلق

201. Nomes de montanhas

Alpes (m pl)	ʒibāl al alb (pl)	جبال الألب
monte Branco (m)	mūn blūn (m)	مون بلون
Pirineus (m pl)	ʒibāl al barānis (pl)	جبال البرانس

Cárpatos (m pl)	ʒibāl al karbāt (pl)	جبال الكاربات
montes (m pl) Urais	ʒibāl al ʾūrāl (pl)	جبال الأورال
Cáucaso (m)	ʒibāl al qawqāz (pl)	جبال القوقاز
Elbrus (m)	ʒabal ilbrūs (m)	جبل إلبروس

Altai (m)	ʒibāl altāy (pl)	جبال ألتاي
Tian Shan (m)	ʒibāl tian ʃan (pl)	جبال تيان شان
Pamir (m)	ʒibāl bamīr (pl)	جبال بامير
Himalaias (m pl)	himalāya (pl)	هيمالايا
monte (m) Everest	ʒabal ivirist (m)	جبل افرست

| Cordilheira (f) dos Andes | ʒibāl al andīz (pl) | جبال الأنديز |
| Kilimanjaro (m) | ʒabal kilimanʒāru (m) | جبل كليمنجارو |

202. Rios

rio (m)	nahr (m)	نهر
fonte, nascente (f)	ʿayn (m)	عين
leito (m) do rio	maʒra an nahr (m)	مجرى النهر
bacia (f)	ḥawḍ (m)	حوض
desaguar no ...	şabb fi ...	صبّ في...

| afluente (m) | rāfid (m) | رافد |
| margem (do rio) | ḍiffa (f) | ضفة |

corrente (f)	tayyār (m)	تيّار
rio abaixo	f ittiʒāh maʒra an nahr	في إتجاه مجرى النهر
rio acima	ḍidd at tayyār	ضد التيّار

inundação (f)	ɣamr (m)	غمر
cheia (f)	fayaḍān (m)	فيضان
transbordar (vi)	fāḍ	فاض
inundar (vt)	ɣamar	غمر

| banco (m) de areia | miyāh ḍaḥla (f) | مياه ضحلة |
| rápidos (m pl) | munḥadar an nahr (m) | منحدر النهر |

barragem (f)	sadd (m)	سدّ
canal (m)	qanāt (f)	قناة
reservatório (m) de água	xazzān māʾiy (m)	خزّان مائيّ

183

eclusa (f)	hawīs (m)	هويس
corpo (m) de água	masṭaḥ māʼiy (m)	مسطح مائيّ
pântano (m)	mustanqaʿ (m)	مستنقع
tremedal (m)	mustanqaʿ (m)	مستنقع
remoinho (m)	dawwāma (f)	دوّامة

arroio, regato (m)	ӡadwal māʼiy (m)	جدول مائيّ
potável	aʃʃurb	الشرب
doce (água)	ʿaðb	عذب

| gelo (m) | ӡalīd (m) | جليد |
| congelar-se (vr) | taӡammad | تجمّد |

203. Nomes de rios

| rio Sena (m) | nahr as sīn (m) | نهر السين |
| rio Loire (m) | nahr al lua:r (m) | نهر اللوار |

rio Tamisa (m)	nahr at tīmz (m)	نهر التيمز
rio Reno (m)	nahr ar rayn (m)	نهر الراين
rio Danúbio (m)	nahr ad danūb (m)	نهر الدانوب

rio Volga (m)	nahr al vulɣa (m)	نهر الفولغا
rio Don (m)	nahr ad dūn (m)	نهر الدون
rio Lena (m)	nahr līna (m)	نهر لينا

rio Amarelo (m)	an nahr al aṣfar (m)	النهر الأصفر
rio Yangtzé (m)	nahr al yanɣtsi (m)	نهر اليانغتسي
rio Mekong (m)	nahr al mikunɣ (m)	نهر الميكونغ
rio Ganges (m)	nahr al ɣānӡ (m)	نهر الغانج

rio Nilo (m)	nahr an nīl (m)	نهر النيل
rio Congo (m)	nahr al kunɣu (m)	نهر الكونغو
rio Cubango (m)	nahr ukavanӡu (m)	نهر اوكافانجو
rio Zambeze (m)	nahr az zambizi (m)	نهر الزمبيزي
rio Limpopo (m)	nahr limbubu (m)	نهر ليمبوبو
rio Mississípi (m)	nahr al mississibbi (m)	نهر الميسيسيبي

204. Floresta

| floresta (f), bosque (m) | ɣāba (f) | غابة |
| florestal | ɣāba | غابة |

mata (f) cerrada	ɣāba kaθīfa (f)	غابة كثيفة
arvoredo (m)	ɣāba ṣaɣīra (f)	غابة صغيرة
clareira (f)	minṭaqa uzīlat minha al aʃӡār (f)	منطقة أزيلت منها الأشجار

matagal (m)	aӡama (f)	أجمة
mato (m)	ʃuӡayrāt (pl)	شجيرات
vereda (f)	mamarr (m)	ممرّ
ravina (f)	wādi ḍayyiq (m)	واد ضيّق

árvore (f)	ʃaӡara (f)	شجرة
folha (f)	waraqa (f)	ورقة
folhagem (f)	waraq (m)	ورق

queda (f) das folhas	tasāquṭ al awrāq (m)	تساقط الأوراق
cair (vi)	saqaṭ	سقط
topo (m)	ra's (m)	رأس

ramo (m)	ɣuṣn (m)	غصن
galho (m)	ɣuṣn (m)	غصن
botão, rebento (m)	burʿum (m)	برعم
agulha (f)	ʃawka (f)	شوكة
pinha (f)	kūz aṣ ṣanawbar (m)	كوز الصنوبر

buraco (m) de árvore	ӡawf (m)	جوف
ninho (m)	ʿuʃʃ (m)	عش
toca (f)	ӡuḥr (m)	جحر

tronco (m)	ӡiðʿ (m)	جذع
raiz (f)	ӡiðr (m)	جذر
casca (f) de árvore	liḥā' (m)	لحاء
musgo (m)	ṭuḥlub (m)	طحلب

arrancar pela raiz	iqtala'	إقتلع
cortar (vt)	qaṭa'	قطع
desflorestar (vt)	azāl al ɣābāt	أزال الغابات
toco, cepo (m)	ӡiðʿ aʃ ʃaӡara (m)	جذع الشجرة

fogueira (f)	nār muxayyam (m)	نار مخيّم
incêndio (m) florestal	ḥarīq ɣāba (m)	حريق غابة
apagar (vt)	aṭfa'	أطفأ

guarda-florestal (m)	ḥāris al ɣāba (m)	حارس الغابة
proteção (f)	ḥimāya (f)	حماية
proteger (a natureza)	ḥama	حمى
caçador (m) furtivo	sāriq aṣ ṣayd (m)	سارق الصيد
armadilha (f)	maṣyada (f)	مصيدة

| colher (cogumelos, bagas) | ӡama' | جمع |
| perder-se (vr) | tāh | تاه |

205. Recursos naturais

recursos (m pl) naturais	θarawāt ṭabīʿiyya (pl)	ثروات طبيعيّة
minerais (m pl)	maʿādin (pl)	معادن
depósitos (m pl)	makāmin (pl)	مكامن
jazida (f)	ḥaql (m)	حقل

extrair (vt)	istaxraӡ	إستخرج
extração (f)	istixrāӡ (m)	إستخراج
minério (m)	xām (m)	خام
mina (f)	manӡam (m)	منجم
poço (m) de mina	manӡam (m)	منجم
mineiro (m)	ʿāmil manӡam (m)	عامل منجم

gás (m)	ɣāz (m)	غاز
gasoduto (m)	χaṭṭ anābīb ɣāz (m)	خط أنابيب غاز
petróleo (m)	naft (m)	نفط
oleoduto (m)	anābīb an naft (pl)	أنابيب النفط
poço (m) de petróleo	bi'r an naft (m)	بئر النفط
torre (f) petrolífera	ḥaffāra (f)	حفّارة
petroleiro (m)	nāqilat an naft (f)	ناقلة النفط
areia (f)	raml (m)	رمل
calcário (m)	ḥaʒar kalsiy (m)	حجر كلسيّ
cascalho (m)	ḥaṣa (m)	حصى
turfa (f)	χaθθ faḥm nabātiy (m)	خثّ فحم نباتيّ
argila (f)	ṭīn (m)	طين
carvão (m)	faḥm (m)	فحم
ferro (m)	ḥadīd (m)	حديد
ouro (m)	ðahab (m)	ذهب
prata (f)	fiḍḍa (f)	فضّة
níquel (m)	nikil (m)	نيكل
cobre (m)	nuḥās (m)	نحاس
zinco (m)	zink (m)	زنك
manganês (m)	manɣanīz (m)	منغنيز
mercúrio (m)	zi'baq (m)	زئبق
chumbo (m)	ruṣāṣ (m)	رصاص
mineral (m)	maʿdan (m)	معدن
cristal (m)	ballūra (f)	بلّورة
mármore (m)	ruχām (m)	رخام
urânio (m)	yurānuim (m)	يورانيوم

A Terra. Parte 2

206. Tempo

tempo (m)	ṭaqs (m)	طقس
previsão (f) do tempo	naʃra ʒawwiyya (f)	نشرة جوّية
temperatura (f)	ḥarāra (f)	حرارة
termómetro (m)	tirmūmitr (m)	ترمومتر
barómetro (m)	barūmitr (m)	بارومتر
húmido	raṭib	رطب
humidade (f)	ruṭūba (f)	رطوبة
calor (m)	ḥarāra (f)	حرارة
cálido	ḥārr	حارّ
está muito calor	al ʒaww ḥārr	الجوّ حارّ
está calor	al ʒaww dāfiʼ	الجوّ دافئ
quente	dāfiʼ	دافئ
está frio	al ʒaww bārid	الجوّ بارد
frio	bārid	بارد
sol (m)	ʃams (f)	شمس
brilhar (vi)	aḍāʼ	أضاء
de sol, ensolarado	muʃmis	مشمس
nascer (vi)	ʃaraq	شرق
pôr-se (vr)	ɣarab	غرب
nuvem (f)	saḥāba (f)	سحابة
nublado	ɣāʼim	غائم
nuvem (f) preta	saḥābat maṭar (f)	سحابة مطر
escuro, cinzento	ɣāʼim	غائم
chuva (f)	maṭar (m)	مطر
está a chover	innaha tamṭur	إنّها تمطر
chuvoso	mumṭir	ممطر
chuviscar (vi)	raðð	رذّ
chuva (f) torrencial	maṭar munhamir (f)	مطر منهمر
chuvada (f)	maṭar ɣazīr (m)	مطر غزير
forte (chuva)	ʃadīd	شديد
poça (f)	birka (f)	بركة
molhar-se (vr)	ibtall	إبتلّ
nevoeiro (m)	ḍabāb (m)	ضباب
de nevoeiro	muḍabbab	مضبّب
neve (f)	θalʒ (m)	ثلج
está a nevar	innaha taθluʒ	إنّها تثلج

207. Tempo extremo. Catástrofes naturais

trovoada (f)	'āṣifa ra'diyya (f)	عاصفة رعديّة
relâmpago (m)	barq (m)	برق
relampejar (vi)	baraq	برق
trovão (m)	ra'd (m)	رعد
trovejar (vi)	ra'ad	رعد
está a trovejar	tar'ad as samā'	ترعد السماء
granizo (m)	maṭar bard (m)	مطر برد
está a cair granizo	tamṭur as samā' bardan	تمطر السماء بردًا
inundar (vt)	ɣamar	غمر
inundação (f)	fayaḍān (m)	فيضان
terremoto (m)	zilzāl (m)	زلزال
abalo, tremor (m)	hazza arḍiyya (f)	هزّة أرضيّة
epicentro (m)	markaz az zilzāl (m)	مركز الزلزال
erupção (f)	θawrān (m)	ثوران
lava (f)	ḥumam burkāniyya (pl)	حمم بركانيّة
turbilhão, tornado (m)	i'ṣār (m)	إعصار
tufão (m)	ṭūfān (m)	طوفان
furacão (m)	i'ṣār (m)	إعصار
tempestade (f)	'āṣifa (f)	عاصفة
tsunami (m)	tsunāmi (m)	تسونامي
ciclone (m)	i'ṣār (m)	إعصار
mau tempo (m)	ṭaqs sayyi' (m)	طقس سيّء
incêndio (m)	ḥarīq (m)	حريق
catástrofe (f)	kāriθa (f)	كارثة
meteorito (m)	ḥaӡar nayzakiy (m)	حجر نيزكيّ
avalanche (f)	inhiyār θalӡiy (m)	إنهيار ثلجيّ
deslizamento (m) de neve	inhiyār θalӡiy (m)	إنهيار ثلجيّ
nevasca (f)	'āṣifa θalӡiyya (f)	عاصفة ثلجيّة
tempestade (f) de neve	'āṣifa θalӡiyya (f)	عاصفة ثلجيّة

208. Ruídos. Sons

silêncio (m)	ṣamt (m)	صمت
som (m)	ṣawt (m)	صوت
ruído, barulho (m)	ḍawḍā' (f)	ضوضاء
fazer barulho	'amal aḍ ḍawḍā'	عمل الضوضاء
ruidoso, barulhento	muz'iӡ	مزعج
alto (adv)	bi ṣawt 'āli	بصوت عال
alto (adj)	'āli	عال
constante (ruído, etc.)	mustamirr	مستمرّ
grito (m)	ṣarχa (f)	صرخة

gritar (vi)	şaraχ	صرخ
sussurro (m)	hamsa (f)	همسة
sussurrar (vt)	hamas	همس
latido (m)	nubāḥ (m)	نباح
latir (vi)	nabaḥ	نبح
gemido (m)	anīn (m)	أنين
gemer (vi)	anna	أنّ
tosse (f)	su'āl (m)	سعال
tossir (vi)	sa'al	سعل
assobio (m)	taşfīr (m)	تصفير
assobiar (vi)	şaffar	صفّر
batida (f)	ṭarq, daqq (m)	طرق، دقّ
bater (vi)	daqq	دقّ
estalar (vi)	farqa'	فرقع
estalido (m)	farqa'a (f)	فرقعة
sirene (f)	şaffārat inðār (f)	صفّارة إنذار
apito (m)	şafīr (m)	صفير
apitar (vi)	şaffar	صفّر
buzina (f)	tazmīr (m)	تزمير
buzinar (vi)	zammar	زمر

209. Inverno

inverno (m)	ʃitā' (m)	شتاء
de inverno	ʃitawiy	شتويّ
no inverno	fiʃ ʃitā'	في الشتاء
neve (f)	θalʒ (m)	ثلج
está a nevar	innaha taθluʒ	إنّها تثلج
queda (f) de neve	tasāquṭ aθ θulūʒ (m)	تساقط الثلوج
amontoado (m) de neve	rukma θalʒiyya (f)	ركمة ثلجيّة
floco (m) de neve	nudfat θalʒ (f)	ندفة ثلج
bola (f) de neve	kurat θalʒ (f)	كرة ثلج
boneco (m) de neve	raʒul θalʒ (m)	رجل ثلج
sincelo (m)	qiṭ'at ʒalīd (f)	قطعة جليد
dezembro (m)	disimbar (m)	ديسمبر
janeiro (m)	yanāyir (m)	يناير
fevereiro (m)	fibrāyir (m)	فبراير
gelo (m)	şaqī' (m)	صقيع
gelado, glacial	şāqi'	صاقع
abaixo de zero	taḥt aş şifr	تحت الصفر
geada (f)	şaqī' (m)	صقيع
geada (f) branca	şaqī' (m)	صقيع
frio (m)	bard (m)	برد
está frio	al ʒaww bārid	الجوّ بارد

casaco (m) de peles	mi'taf farw (m)	معطف فرو
mitenes (f pl)	quffāz muɣlaq (m)	قفاز مغلق
adoecer (vi)	maraḍ	مرض
constipação (f)	bard (m)	برد
constipar-se (vr)	aṣābahu al bard	أصابه البرد
gelo (m)	ȝalīd (m)	جليد
gelo (m) na estrada	ȝalīd (m)	جليد
congelar-se (vr)	taȝammad	تجمّد
bloco (m) de gelo	ṭāfiya ȝalīdiyya (f)	طافية جليديّة
esqui (m)	zallāȝāt (pl)	زلّاجات
esquiador (m)	mutazalliȝ bil iski (m)	متزلّج بالإسكي
esquiar (vi)	tazallaȝ	تزلّج
patinar (vi)	tazaḥlaq 'alal ȝalīd	تزحلق على الجليد

Fauna

210. Mamíferos. Predadores

predador (m)	ḥayawān muftaris (m)	حيوان مفترس
tigre (m)	namir (m)	نمر
leão (m)	asad (m)	أسد
lobo (m)	ði'b (m)	ذئب
raposa (f)	θaʿlab (m)	ثعلب

jaguar (m)	namir amrīkiy (m)	نمر أمريكيّ
leopardo (m)	fahd (m)	فهد
chita (f)	namir ṣayyād (m)	نمر صيّاد

pantera (f)	namir aswad (m)	نمر أسود
puma (m)	būma (m)	بوما
leopardo-das-neves (m)	namir aθ θulūʒ (m)	نمر الثلوج
lince (m)	waʃaq (m)	وشق

coiote (m)	qayūṭ (m)	قيوط
chacal (m)	ibn 'āwa (m)	ابن آوى
hiena (f)	ḍabuʿ (m)	ضبع

211. Animais selvagens

| animal (m) | ḥayawān (m) | حيوان |
| besta (f) | ḥayawān (m) | حيوان |

esquilo (m)	sinʒāb (m)	سنجاب
ouriço (m)	qumfuð (m)	قنفذ
lebre (f)	arnab barriy (m)	أرنب برّيّ
coelho (m)	arnab (m)	أرنب

texugo (m)	ɣarīr (m)	غرير
guaxinim (m)	rākūn (m)	راكون
hamster (m)	qidād (m)	قداد
marmota (f)	marmuṭ (m)	مرموط

toupeira (f)	χuld (m)	خلد
rato (m)	fa'r (m)	فأر
ratazana (f)	ʒurað (m)	جرذ
morcego (m)	χuffāʃ (m)	خفّاش

arminho (m)	qāqum (m)	قاقم
zibelina (f)	sammūr (m)	سمّور
marta (f)	dalaq (m)	دلق
doninha (f)	ibn ʿirs (m)	إبن عرس
vison (m)	mink (m)	منك

| castor (m) | qundus (m) | قندس |
| lontra (f) | quḍā'a (f) | قضاعة |

cavalo (m)	ḥiṣān (m)	حصان
alce (m)	mūz (m)	موظ
veado (m)	ayyil (m)	أيّل
camelo (m)	ʒamal (m)	جمل

bisão (m)	bisūn (m)	بيسون
auroque (m)	θawr barriy (m)	ثور برّيّ
búfalo (m)	ʒāmūs (m)	جاموس

zebra (f)	ḥimār zarad (m)	حمار زرد
antílope (m)	ẓabiy (m)	ظبي
corça (f)	yaḥmūr (m)	يحمور
gamo (m)	ayyil asmar urubbiy (m)	أيّل أسمر أوروبّيّ
camurça (f)	ʃamwāh (f)	شاموأه
javali (m)	xinzīr barriy (m)	خنزير برّيّ

baleia (f)	ḥūt (m)	حوت
foca (f)	fuqma (f)	فقمة
morsa (f)	faẓẓ (m)	فظّ
urso-marinho (m)	fuqmat al firā' (f)	فقمة الفراء
golfinho (m)	dilfīn (m)	دلفين

urso (m)	dubb (m)	دبّ
urso (m) branco	dubb quṭbiy (m)	دبّ قطبيّ
panda (m)	bānda (m)	باندا

macaco (em geral)	qird (m)	قرد
chimpanzé (m)	ʃimbanzi (m)	شيمبانزي
orangotango (m)	urangutān (m)	أورنغوتان
gorila (m)	ɣurīlla (f)	غوريلا
macaco (m)	qird al makāk (m)	قرد المكاك
gibão (m)	ʒibbūn (m)	جيبون

elefante (m)	fīl (m)	فيل
rinoceronte (m)	xartīt (m)	خرتيت
girafa (f)	zarāfa (f)	زرافة
hipopótamo (m)	faras an nahr (m)	فرس النهر

| canguru (m) | kanɣar (m) | كنغر |
| coala (m) | kuala (m) | كوالا |

mangusto (m)	nims (m)	نمس
chinchila (m)	ʃinʃīla (f)	شنشيلة
doninha-fedorenta (f)	ẓaribān (m)	ظربان
porco-espinho (m)	nīṣ (m)	نيص

212. Animais domésticos

gata (f)	qiṭṭa (f)	قطّة
gato (m) macho	ðakar al qiṭṭ (m)	ذكر القطّ
cão (m)	kalb (m)	كلب

cavalo (m)	ḥiṣān (m)	حصان
garanhão (m)	faḥl al χayl (m)	فحل الخيل
égua (f)	unθa al faras (f)	أنثى الفرس

vaca (f)	baqara (f)	بقرة
touro (m)	θawr (m)	ثور
boi (m)	θawr (m)	ثور

ovelha (f)	χarūf (f)	خروف
carneiro (m)	kabʃ (m)	كبش
cabra (f)	mā'iz (m)	ماعز
bode (m)	ðakar al mā'ið (m)	ذكر الماعز

| burro (m) | ḥimār (m) | حمار |
| mula (f) | baɣl (m) | بغل |

porco (m)	χinzīr (m)	خنزير
leitão (m)	χannūṣ (m)	خنوص
coelho (m)	arnab (m)	أرنب

| galinha (f) | daʒāʒa (f) | دجاجة |
| galo (m) | dīk (m) | ديك |

pata (f)	baṭṭa (f)	بطة
pato (macho)	ðakar al baṭṭ (m)	ذكر البط
ganso (m)	iwazza (f)	إوزة

| peru (m) | dīk rūmiy (m) | ديك رومي |
| perua (f) | daʒāʒ rūmiy (m) | دجاج رومي |

animais (m pl) domésticos	ḥayawānāt dawāʒin (pl)	حيوانات دواجن
domesticado	ālif	أليف
domesticar (vt)	allaf	ألف
criar (vt)	rabba	ربى

quinta (f)	mazra'a (f)	مزرعة
aves (f pl) domésticas	ṭuyūr dāʒina (pl)	طيور داجنة
gado (m)	māʃiya (f)	ماشية
rebanho (m), manada (f)	qaṭī' (m)	قطيع

estábulo (m)	isṭabl χayl (m)	إسطبل خيل
pocilga (f)	ḥazīrat al χanāzīr (f)	حظيرة الخنازير
estábulo (m)	zirībat al baqar (f)	زريبة البقر
coelheira (f)	qunn al arānib (m)	قنّ الأرانب
galinheiro (m)	qunn ad daʒāʒ (m)	قن الدجاج

213. Cães. Raças de cães

cão (m)	kalb (m)	كلب
cão pastor (m)	kalb ra'y (m)	كلب رعي
pastor-alemão (m)	kalb ar rā'i al almāniy (m)	كلب الراعي الألماني
caniche (m)	būdli (m)	بودل
teckel (m)	daʃhund (m)	دشهند
buldogue (m)	bulduɣ (m)	بلدغ

boxer (m)	buksir (m)	بوكسر
mastim (m)	mastīf (m)	ماستيف
rottweiler (m)	rut vāylir (m)	روت فايلر
dobermann (m)	dubirmān (m)	دوبرمان

basset (m)	bāsit (m)	باسيت
pastor inglês (m)	bubteyl (m)	بوبتيل
dálmata (m)	kalb dalmāsiy (m)	كلب دلماسي
cocker spaniel (m)	kukkir spaniil (m)	كوكر سبانييل

| terra-nova (m) | nyu faundland (m) | نيوفاوندلاند |
| são-bernardo (m) | san birnār (m) | سنبرنار |

husky (m)	haski (m)	هاسكي
Chow-chow (m)	tʃaw tʃaw (m)	تشاوتشاو
spitz alemão (m)	ʃbītz (m)	شبيتز
carlindogue (m)	bāk (m)	باك

214. Sons produzidos pelos animais

latido (m)	nubāḥ (m)	نباح
latir (vi)	nabaḥ	نبح
miar (vi)	māʾ	ماء
ronronar (vi)	χarχar	خرخر

mugir (vaca)	χār	خار
bramir (touro)	χār	خار
rosnar (vi)	damdam	دمدم

uivo (m)	ʿuwāʾ (m)	عواء
uivar (vi)	ʿawa	عوى
ganir (vi)	ʿawa	عوى

balir (vi)	maʾmaʾ	مأمأ
grunhir (porco)	qabaʿ	قبع
guinchar (vi)	ṣāḥ	صاح

coaxar (sapo)	naqq	نقّ
zumbir (inseto)	ṭann	طنّ
estridular, ziziar (vi)	zaqzaq	زقزق

215. Animais jovens

cria (f), filhote (m)	ʒarw (m)	جرو
gatinho (m)	qiṭṭa sayīra (f)	قطة صغيرة
ratinho (m)	faʾr ṣayīr (m)	فأر صغير
cãozinho (m)	ʒarw (m)	جرو

filhote (m) de lebre	χirniq (m)	خرنق
coelhinho (m)	arnab sayīr (m)	أرنب صغير
lobinho (m)	dayfal ṣayīr að ðiʾab (m)	دغفل صغير الذئب
raposinho (m)	haʒras ṣayīr að θaʿlab (m)	هجرس صغير الثعلب

ursinho (m)	daysam ṣaɣīr ad dubb (m)	ديسم صغير الدبّ
leãozinho (m)	ʃibl al asad (m)	شبل الأسد
filhote (m) de tigre	ʃibl an namir (m)	شبل النمر
filhote (m) de elefante	saɣīr al fīl (m)	صغير الفيل
leitão (m)	χannūṣ (m)	خنّوص
bezerro (m)	'iʒl (m)	عجل
cabrito (m)	ʒaday (m)	جدي
cordeiro (m)	ḥaml (m)	حمل
cria (f) de veado	raʃa' ṣaɣīr al ayyil (m)	رشأ صغير الأيّل
cria (f) de camelo	ṣaɣīr al ʒamal (m)	صغير الجمل
filhote (m) de serpente	ṣaɣīr aθ θu'bān (m)	صغير الثعبان
cria (f) de rã	ḍifḍa' saɣīr (m)	ضفدع صغير
cria (f) de ave	farχ (m)	فرخ
pinto (m)	katkūt (m)	كتكوت
patinho (m)	faraχ baṭṭ (m)	فرخ بط

216. Pássaros

pássaro (m), ave (f)	ṭā'ir (m)	طائر
pombo (m)	ḥamāma (f)	حمامة
pardal (m)	'uṣfūr (m)	عصفور
chapim-real (m)	qurquf (m)	قرقف
pega-rabuda (f)	'aq'aq (m)	عقعق
corvo (m)	ɣurāb aswad (m)	غراب أسود
gralha (f) cinzenta	ɣurāb (m)	غراب
gralha-de-nuca-cinzenta (f)	zāɣ (m)	زاغ
gralha-calva (f)	ɣurāb al qayẓ (m)	غراب القيظ
pato (m)	baṭṭa (f)	بطّة
ganso (m)	iwazza (f)	إوزّة
faisão (m)	tadarruʒ (m)	تدرج
águia (f)	nasr (m)	نسر
açor (m)	bāz (m)	باز
falcão (m)	ṣaqr (m)	صقر
abutre (m)	raχam (m)	رخم
condor (m)	kundūr (m)	كندور
cisne (m)	timma (m)	تمّة
grou (m)	kurkiy (m)	كركي
cegonha (f)	laqlaq (m)	لقلق
papagaio (m)	babaɣā' (m)	ببغاء
beija-flor (m)	ṭannān (m)	طنّان
pavão (m)	ṭāwūs (m)	طاووس
avestruz (m)	na'āma (f)	نعامة
garça (f)	balaʃūn (m)	بلشون
flamingo (m)	nuḥām wardiy (m)	نحام ورديّ
pelicano (m)	baʒa'a (f)	بجعة

rouxinol (m)	bulbul (m)	بلبل
andorinha (f)	sunūnū (m)	سنونو
tordo-zornal (m)	sumna (m)	سمنة
tordo-músico (m)	summuna muɣarrida (m)	سمنة مغرّدة
melro-preto (m)	ʃaḥrūr aswad (m)	شحرور أسود
andorinhão (m)	samāma (m)	سمامة
cotovia (f)	qubbara (f)	قبّرة
codorna (f)	sammān (m)	سمّان
pica-pau (m)	naqqār al ҳaʃab (m)	نقّار الخشب
cuco (m)	waqwāq (m)	وقواق
coruja (f)	būma (f)	بومة
corujão, bufo (m)	būm urāsiy (m)	بوم أوراسي
tetraz-grande (m)	dīk il ҳalanӡ (m)	ديك الخلنج
tetraz-lira (m)	ṭayhūӡ aswad (m)	طيهوج أسود
perdiz-cinzenta (f)	ḥaӡal (m)	حجل
estorninho (m)	zurzūr (m)	زرزور
canário (m)	kanāriy (m)	كناري
galinha-do-mato (f)	ṭayhūӡ il bunduq (m)	طيهوج البندق
tentilhão (m)	ʃurʃūr (m)	شرشور
dom-fafe (m)	diɣnāʃ (m)	دغناش
gaivota (f)	nawras (m)	نورس
albatroz (m)	al qaṭras (m)	القطرس
pinguim (m)	biṭrīq (m)	بطريق

217. Pássaros. Canto e sons

cantar (vi)	ɣanna	غنّى
gritar (vi)	nāda	نادى
cantar (o galo)	ṣāḥ	صاح
cocorocó (m)	kukukuku	كوكوكوكو
cacarejar (vi)	qaraq	قرق
crocitar (vi)	na'aq	نعق
grasnar (vi)	baṭbaṭ	بطبط
piar (vi)	ṣa'ṣa'	صأصأ
chilrear, gorjear (vi)	zaqzaq	زقزق

218. Peixes. Animais marinhos

brema (f)	abramīs (m)	أبراميس
carpa (f)	ʃabbūṭ (m)	شبّوط
perca (f)	farҳ (m)	فرخ
siluro (m)	qarmūṭ (m)	قرموط
lúcio (m)	samak al karāki (m)	سمك الكراكي
salmão (m)	salmūn (m)	سلمون
esturjão (m)	ḥaʃʃ (m)	حفش

arenque (m)	rinʒa (f)	رنجة
salmão (m)	salmūn aṭlasiy (m)	سلمون أطلسيّ
cavala, sarda (f)	usqumriy (m)	أسقمريّ
solha (f)	samak mufalṭaḥ (f)	سمك مفلطح
lúcio perca (m)	samak sandar (m)	سمك سندر
bacalhau (m)	qudd (m)	قدّ
atum (m)	tūna (f)	تونة
truta (f)	salmūn muraqqaṭ (m)	سلمون مرقّط
enguia (f)	ḥankalīs (m)	حنكليس
raia elétrica (f)	ra"ād (m)	رعّاد
moreia (f)	murāy (m)	موراي
piranha (f)	birāna (f)	بيرانا
tubarão (m)	qirʃ (m)	قرش
golfinho (m)	dilfīn (m)	دلفين
baleia (f)	ḥūt (m)	حوت
caranguejo (m)	salṭa'ūn (m)	سلطعون
medusa, alforreca (f)	qindīl al baḥr (m)	قنديل البحر
polvo (m)	uxṭubūṭ (m)	أخطبوط
estrela-do-mar (f)	naʒmat al baḥr (f)	نجمة البحر
ouriço-do-mar (m)	qumfuð al baḥr (m)	قنفذ البحر
cavalo-marinho (m)	ḥiṣān al baḥr (m)	فرس البحر
ostra (f)	maḥār (m)	محار
camarão (m)	ʒambari (m)	جمبريّ
lavagante (m)	istakūza (f)	إستكوزا
lagosta (f)	karkand ʃāik (m)	كركند شائك

219. Anfíbios. Répteis

serpente, cobra (f)	θu'bān (m)	ثعبان
venenoso	sāmm	سامّ
víbora (f)	afʿa (f)	أفعى
cobra-capelo, naja (f)	kūbra (m)	كوبرا
pitão (m)	biθūn (m)	بيثون
jiboia (f)	buwā' (f)	بواء
cobra-de-água (f)	θu'bān al 'uʃb (m)	ثعبان العشب
cascavel (f)	afʿa al ʒalʒala (f)	أفعى الجلجلة
anaconda (f)	anakūnda (f)	أناكوندا
lagarto (m)	siḥliyya (f)	سحليّة
iguana (f)	iɣwāna (f)	إغوانة
varano (m)	waral (m)	ورل
salamandra (f)	samandar (m)	سمندر
camaleão (m)	ḥirbā' (f)	حرباء
escorpião (m)	'aqrab (m)	عقرب
tartaruga (f)	sulaḥfāt (f)	سلحفاة
rã (f)	ḍifḍa' (m)	ضفدع

| sapo (m) | ḍifḍaʿ aṭ ṭīn (m) | ضفدع الطين |
| crocodilo (m) | timsāḥ (m) | تمساح |

220. Insetos

inseto (m)	ḥaʃara (f)	حشرة
borboleta (f)	farāʃa (f)	فراشة
formiga (f)	namla (f)	نملة
mosca (f)	ðubāba (f)	ذبابة
mosquito (m)	namūsa (f)	ناموسة
escaravelho (m)	xunfusa (f)	خنفسة

vespa (f)	dabbūr (m)	دبّور
abelha (f)	naḥla (f)	نملة
mamangava (f)	naḥla ṭannāna (f)	نملة طنّانة
moscardo (m)	naʿra (f)	نعرة

| aranha (f) | ʿankabūt (m) | عنكبوت |
| teia (f) de aranha | nasīʒ ʿankabūt (m) | نسيج عنكبوت |

libélula (f)	yaʿsūb (m)	يعسوب
gafanhoto-do-campo (m)	ʒarād (m)	جراد
traça (f)	ʿitta (f)	عثّة

barata (f)	ṣurṣūr (m)	صرصور
carraça (f)	qurāda (f)	قرادة
pulga (f)	buryūθ (m)	برغوث
borrachudo (m)	baʿūḍa (f)	بعوضة

gafanhoto (m)	ʒarād (m)	جراد
caracol (m)	ḥalzūn (m)	حلزون
grilo (m)	ṣarrār al layl (m)	صرّار الليل
pirilampo (m)	yarāʿa muḍīʾa (f)	يراعة مضيئة
joaninha (f)	daʿsūqa (f)	دعسوقة
besouro (m)	xunfusa kabīra (f)	خنفسة كبيرة

sanguessuga (f)	ʿalaqa (f)	علقة
lagarta (f)	yasrūʿ (m)	يسروع
minhoca (f)	dūda (f)	دودة
larva (f)	yaraqa (f)	يرقة

221. Animais. Partes do corpo

bico (m)	minqār (m)	منقار
asas (f pl)	aʒniḥa (pl)	أجنحة
pata (f)	riʒl (f)	رجل
plumagem (f)	rīʃ (m)	ريش
pena, pluma (f)	rīʃa (f)	ريشة
crista (f)	tāʒ (m)	تاج

| brânquias, guelras (f pl) | xayāʃīm (pl) | خياشيم |
| ovas (f pl) | bayḍ as samak (pl) | بيض السمك |

larva (f)	yaraqa (f)	يرقة
barbatana (f)	zi'nifa (f)	زعنفة
escama (f)	ḥarāfiʃ (pl)	حرافش

canino (m)	nāb (m)	ناب
pata (f)	qadam (f)	قدم
focinho (m)	xaṭm (m)	خطم
boca (f)	fam (m)	فم
cauda (f), rabo (m)	ðayl (m)	ذيل
bigodes (m pl)	ʃawārib (pl)	شوارب

| casco (m) | ḥāfir (m) | حافر |
| corno (m) | qarn (m) | قرن |

carapaça (f)	dirʿ (m)	درع
concha (f)	maḥāra (f)	محارة
casca (f) de ovo	qiʃrat bayḍa (f)	قشرة بيضة

| pelo (m) | ʃaʿr (m) | شعر |
| pele (f), couro (m) | ʒild (m) | جلد |

222. Ações dos animais

| voar (vi) | ṭār | طار |
| dar voltas | ḥallaq | حلق |

| voar (para longe) | ṭār | طار |
| bater as asas | rafraf | رفرف |

| bicar (vi) | naqar | نقر |
| incubar (vt) | qaʿad 'alal bayḍ | قعد على البيض |

| sair do ovo | faqas | فقس |
| fazer o ninho | bana 'iʃʃa | بنى عشّة |

rastejar (vi)	zaḥaf	زحف
picar (vt)	lasaʿ	لسع
morder (vt)	'aḍḍ	عضّ

cheirar (vt)	taʃammam	تشمّم
latir (vi)	nabaḥ	نبح
silvar (vi)	hashas	هسهس

| assustar (vt) | xawwaf | خوّف |
| atacar (vt) | haʒam | هجم |

roer (vt)	qaraḍ	قرض
arranhar (vt)	xadaʃ	خدش
esconder-se (vr)	istaxba'	إختبأ

brincar (vi)	laʿib	لعب
caçar (vi)	iṣṭād	إصطاد
hibernar (vi)	kān di subāt aʃ ʃitā'	كان في سبات الشتاء
extinguir-se (vr)	inqaraḍ	إنقرض

223. Animais. Habitats

hábitat	mawṭin (m)	موطن
migração (f)	hiʒra (f)	هجرة
montanha (f)	ʒabal (m)	جبل
recife (m)	ʃiʿāb (pl)	شعاب
falésia (f)	ʒurf (m)	جرف
floresta (f)	ɣāba (f)	غابة
selva (f)	adɣāl (pl)	أدغال
savana (f)	savānna (f)	سافانّا
tundra (f)	tundra (f)	تندرا
estepe (f)	sahb (m)	سهب
deserto (m)	ṣaḥrāʾ (f)	صحراء
oásis (m)	wāḥa (f)	واحة
mar (m)	baḥr (m)	بحر
lago (m)	buḥayra (f)	بحيرة
oceano (m)	muḥīṭ (m)	محيط
pântano (m)	mustanqaʿ (m)	مستنقع
de água doce	al miyāh al ʿaðba	المياه العذبة
lagoa (f)	birka (f)	بركة
rio (m)	nahr (m)	نهر
toca (f) do urso	wakr (m)	وكر
ninho (m)	ʿuʃʃ (m)	عشّ
buraco (m) de árvore	ʒawf (m)	جوف
toca (f)	ʒuḥr (m)	جحر
formigueiro (m)	ʿuʃʃ naml (m)	عشّ نمل

224. Cuidados com os animais

jardim (m) zoológico	ḥadīqat al ḥayawān (f)	حديقة حيوان
reserva (f) natural	maḥmiyya ṭabiʿiyya (f)	محمية طبيعية
viveiro (m)	murabba (m)	مربّى
jaula (f) de ar livre	qafṣ fil hawāʾ aṭ ṭalq (m)	قفص في الهواء الطلق
jaula, gaiola (f)	qafṣ (m)	قفص
casinha (f) de cão	bayt al kalb (m)	بيت الكلب
pombal (m)	burʒ al ḥamām (m)	برج الحمام
aquário (m)	ḥawḍ samak (m)	حوض سمك
delfinário (m)	ḥawḍ dilfīn (m)	حوض دلفين
criar (vt)	rabba	ربّى
ninhada (f)	ðurriyya (f)	ذرّية
domesticar (vt)	allaf	ألّف
adestrar (vt)	darrab	درّب
ração (f)	ʿalaf (m)	علف
alimentar (vt)	aṭʿam	أطعم

loja (f) de animais	maḥall ḥayawānāt (m)	محلّ حيوانات
açaime (m)	kimāma (f)	كمامة
coleira (f)	ṭawq (m)	طوق
nome (m)	ism (m)	إسم
pedigree (m)	silsilat an nasab (f)	سلسلة النسب

225. Animais. Diversos

alcateia (f)	qaṭīʿ (m)	قطيع
bando (pássaros)	sirb (m)	سرب
cardume (peixes)	sirb (m)	سرب
manada (cavalos)	qaṭīʿ (m)	قطيع

| macho (m) | ðakar (m) | ذكر |
| fêmea (f) | unθa (f) | أنثى |

faminto	ӡawʿān	جوعان
selvagem	barriy	بريّ
perigoso	xaṭīr	خطير

226. Cavalos

| cavalo (m) | ḥiṣān (m) | حصان |
| raça (f) | sulāla (f) | سلالة |

| potro (m) | muhr (m) | مهر |
| égua (f) | unθa al faras (f) | أنثى الفرس |

mustangue (m)	mustān (m)	موستان
pónei (m)	ḥiṣān qazam (m)	حصان قزم
cavalo (m) de tiro	ḥiṣān an naql (m)	حصان النقل

| crina (f) | ʿurf (m) | عرف |
| cauda (f) | ðayl (m) | ذيل |

casco (m)	ḥāfir (m)	حافر
ferradura (f)	naʿl (m)	نعل
ferrar (vt)	naʿʿal	نعّل
ferreiro (m)	ḥaddād (m)	حدّاد

sela (f)	sarӡ (m)	سرج
estribo (m)	rikāb (m)	ركاب
brida (f)	liӡām (m)	لجام
rédeas (f pl)	ʿinān (m)	عنان
chicote (m)	kurbāӡ (m)	كرباج

cavaleiro (m)	fāris (m)	فارس
colocar sela	asraӡ	أسرج
montar no cavalo	rakib ḥiṣān	جلس على سرج

| galope (m) | rimāḥa (f) | رماحة |
| galopar (vi) | ʿada bil ḥiṣān | عدا بالحصان |

trote (m)	χabab (m)	خبب
a trote	χābban	خابًا
ir a trote	intalaq rākiḍan	إنطلق راكضا
cavalo (m) de corrida	ḥiṣān sibāq (m)	حصان سباق
corridas (f pl)	sibāq al χayl (m)	سباق الخيل
estábulo (m)	isṭabl χayl (m)	إسطبل خيل
alimentar (vt)	aṭʻam	أطعم
feno (m)	qaʃʃ (m)	قش
dar água	saqa	سقى
limpar (vt)	naẓẓaf	نظّف
carroça (f)	ʻarabat χayl (f)	عربة خيل
pastar (vi)	irtaʻa	إرتعى
relinchar (vi)	ṣahal	صهل
dar um coice	rafas	رفس

Flora

227. Árvores

árvore (f)	ʃaʒara (f)	شجرة
decídua	nafḍiyya	نفضية
conífera	ṣanawbariyya	صنوبرية
perene	dā'imat al xuḍra	دائمة الخضرة
macieira (f)	ʃaʒarat tuffāḥ (f)	شجرة تفّاح
pereira (f)	ʃaʒarat kummaθra (f)	شجرة كمّثرى
cerejeira, ginjeira (f)	ʃaʒarat karaz (f)	شجرة كرز
ameixeira (f)	ʃaʒarat barqūq (f)	شجرة برقوق
bétula (f)	batūla (f)	بتولا
carvalho (m)	ballūṭ (f)	بلّوط
tília (f)	ʃaʒarat zayzafūn (f)	شجرة زيزفون
choupo-tremedor (m)	ḥawr raʒrāʒ (m)	حور رجراج
bordo (m)	qayqab (f)	قيقب
espruce-europeu (m)	ratinaʒ (f)	راتينج
pinheiro (m)	ṣanawbar (f)	صنوبر
alerce, lariço (m)	arziyya (f)	أرزية
abeto (m)	tannūb (f)	تنّوب
cedro (m)	arz (f)	أرز
choupo, álamo (m)	ḥawr (f)	حور
tramazeira (f)	ɣubayrā' (f)	غبيراء
salgueiro (m)	ṣafṣāf (f)	صفصاف
amieiro (m)	ʒār il mā' (m)	جار الماء
faia (f)	zān (m)	زان
ulmeiro (m)	dardār (f)	دردار
freixo (m)	marān (f)	مران
castanheiro (m)	kastanā' (f)	كستناء
magnólia (f)	maɣnūliya (f)	مغنوليا
palmeira (f)	naxla (f)	نخلة
cipreste (m)	sarw (f)	سرو
mangue (m)	ayka sāḥiliyya (f)	أيكة ساحلية
embondeiro, baobá (m)	bāubāb (f)	باوباب
eucalipto (m)	ukaliptus (f)	أوكالبتوس
sequoia (f)	siqūya (f)	سيكويا

228. Arbustos

arbusto (m)	ʃuʒayra (f)	شجيرة
arbusto (m), moita (f)	ʃuʒayrāt (pl)	شجيرات

videira (f)	karma (f)	كرمة
vinhedo (m)	karam (m)	كرم
framboeseira (f)	tūt al 'ullayq al aḥmar (m)	توت العلّيق الأحمر
groselheira-vermelha (f)	kiʃmiʃ aḥmar (m)	كشمش أحمر
groselheira (f) espinhosa	'inab aθ θa'lab (m)	عنب الثعلب
acácia (f)	sanṭ (f)	سنط
bérberis (f)	amīr barīs (m)	أمير باريس
jasmim (m)	yāsmīn (m)	ياسمين
junípero (m)	'ar'ar (m)	عرعر
roseira (f)	ʃuʒayrat ward (f)	شجيرة ورد
roseira (f) brava	ward ʒabaliy (m)	ورد جبليّ

229. Cogumelos

cogumelo (m)	fuṭr (f)	فطر
cogumelo (m) comestível	fuṭr ṣāliḥ lil akl (m)	فطر صالح للأكل
cogumelo (m) venenoso	fuṭr sāmm (m)	فطر سامّ
chapéu (m)	ṭarbūʃ al fuṭr (m)	طربوش الفطر
pé, caule (m)	sāq al fuṭr (m)	ساق الفطر
boleto (m)	fuṭr bulīṭ ma'kūl (m)	فطر بوليط مأكول
boleto (m) alaranjado	fuṭr aḥmar (m)	فطر أحمر
míscaro (m) das bétulas	fuṭr bulīṭ (m)	فطر بوليط
cantarela (f)	fuṭr kwīzi (m)	فطر كويزي
rússula (f)	fuṭr russūla (m)	فطر روسّولا
morchella (f)	fuṭr al ɣūʃna (m)	فطر الغوشنة
agário-das-moscas (m)	fuṭr amānīt aṭ ṭā'ir as sāmm (m)	فطر أمانيت الطائر السامّ
cicuta (f) verde	fuṭr amānīt falusyāniy as sāmm (m)	فطر أمانيت فالوسياني السامّ

230. Frutos. Bagas

fruta (f)	θamra (f)	ثمرة
frutas (f pl)	θamr (m)	ثمر
maçã (f)	tuffāḥa (f)	تفّاحة
pera (f)	kummaθra (f)	كمّثرى
ameixa (f)	barqūq (m)	برقوق
morango (m)	farawla (f)	فراولة
ginja, cereja (f)	karaz (m)	كرز
uva (f)	'inab (m)	عنب
framboesa (f)	tūt al 'ullayq al aḥmar (m)	توت العلّيق الأحمر
groselha (f) preta	'inab aθ θa'lab al aswad (m)	عنب الثعلب الأسود
groselha (f) vermelha	kiʃmiʃ aḥmar (m)	كشمش أحمر
groselha (f) espinhosa	'inab aθ θa'lab (m)	عنب الثعلب
oxicoco (m)	tūt aḥmar barriy (m)	توت أحمر برّيّ

laranja (f)	burtuqāl (m)	برتقال
tangerina (f)	yūsufiy (m)	يوسفي
ananás (m)	ananās (m)	أناناس
banana (f)	mawz (m)	موز
tâmara (f)	tamr (m)	تمر

limão (m)	laymūn (m)	ليمون
damasco (m)	miʃmiʃ (f)	مشمش
pêssego (m)	durrāq (m)	دراق
kiwi (m)	kiwi (m)	كيوي
toranja (f)	zinbāʻ (m)	زنباع

baga (f)	ḥabba (f)	حبّة
bagas (f pl)	ḥabbāt (pl)	حبّات
arando (m) vermelho	ʻinab aθ θawr (m)	عنب الثور
morango-silvestre (m)	farāwla barriyya (f)	فراولة برّية
mirtilo (m)	ʻinab al aḥrāʒ (m)	عنب الأحراج

231. Flores. Plantas

| flor (f) | zahra (f) | زهرة |
| ramo (m) de flores | bāqat zuhūr (f) | باقة زهور |

rosa (f)	warda (f)	وردة
tulipa (f)	tulīb (f)	توليب
cravo (m)	qurumful (m)	قرنفل
gladíolo (m)	dalbūθ (f)	دلبوث

centáurea (f)	turunʃāh (m)	ترنشاه
campânula (f)	ʒarīs (iii)	جريس
dente-de-leão (m)	hindibā' (f)	هندباء
camomila (f)	babunʒ (m)	بابونج

aloé (m)	aluwwa (m)	ألوّة
cato (m)	ṣabbār (m)	صبّار
fícus (m)	tīn (m)	تين

lírio (m)	sawsan (m)	سوسن
gerânio (m)	ibrat ar rāʻi (f)	إبرة الراعي
jacinto (m)	zanbaq (f)	زنبق

mimosa (f)	mimūza (f)	ميموزا
narciso (m)	narʒis (f)	نرجس
capuchinha (f)	abu xanʒar (f)	أبو خنجر

orquídea (f)	saḥlab (f)	سحلب
peónia (f)	fawniya (f)	فاوانيا
violeta (f)	banafsaʒ (f)	بنفسج

amor-perfeito (m)	banafsaʒ muθallaθ (m)	بنفسج مثلّك
não-me-esqueças (m)	'āðān al fa'r (pl)	آذان الفأر
margarida (f)	uqhuwān (f)	أقحوان
papoula (f)	xaʃxāʃ (f)	خشخاش
cânhamo (m)	qinnab (m)	قنب

205

hortelã (f)	naʿnāʿ (m)	نعناع
lírio-do-vale (m)	sawsan al wādi (m)	سوسن الوادي
campânula-branca (f)	zahrat al laban (f)	زهرة اللبن

urtiga (f)	qarrāṣ (m)	قرّاص
azeda (f)	ḥammāḍ (m)	حمّاض
nenúfar (m)	nilūfar (m)	نيلوفر
feto (m), samambaia (f)	saraxs (m)	سرخس
líquen (m)	uʃna (f)	أشنة

estufa (f)	dafīʾa (f)	دفيئة
relvado (m)	ʿuʃb (m)	عشب
canteiro (m) de flores	ʒunaynat zuhūr (f)	جنينة زهور

planta (f)	nabāt (m)	نبات
erva (f)	ʿuʃb (m)	عشب
folha (f) de erva	ʿuʃba (f)	عشبة

folha (f)	waraqa (f)	ورقة
pétala (f)	waraqat az zahra (f)	ورقة الزهرة
talo (m)	sāq (f)	ساق
tubérculo (m)	darnat nabāt (f)	درنة نبات

broto, rebento (m)	nabta sayīra (f)	نبتة صغيرة
espinho (m)	ʃawka (f)	شوكة

florescer (vi)	nawwar	نوّر
murchar (vi)	ðabal	ذبل
cheiro (m)	rāʾiḥa (f)	رائحة
cortar (flores)	qaṭaʿ	قطع
colher (uma flor)	qaṭaf	قطف

232. Cereais, grãos

grão (m)	ḥubūb (pl)	حبوب
cereais (plantas)	maḥāṣīl al ḥubūb (pl)	محاصيل الحبوب
espiga (f)	sumbula (f)	سنبلة

trigo (m)	qamḥ (m)	قمح
centeio (m)	ʒāwdār (m)	جاودار
aveia (f)	ʃūfān (m)	شوفان

milho-miúdo (m)	duxn (m)	دخن
cevada (f)	ʃaʿīr (m)	شعير

milho (m)	ðura (f)	ذرّة
arroz (m)	urz (m)	أرز
trigo-sarraceno (m)	ḥinṭa sawdāʾ (f)	حنطة سوداء

ervilha (f)	bisilla (f)	بسلّة
feijão (m)	faṣūliya (f)	فاصوليا
soja (f)	fūl aṣ ṣūya (m)	فول الصويا
lentilha (f)	ʿadas (m)	عدس
fava (f)	fūl (m)	فول

233. Vegetais. Verduras

legumes (m pl)	ḫuḍār (pl)	خضار
verduras (f pl)	ḫuḍrawāt waraqiyya (pl)	خضروات ورقيّة
tomate (m)	ṭamāṭim (f)	طماطم
pepino (m)	ḫiyār (m)	خيار
cenoura (f)	ӡazar (m)	جزر
batata (f)	baṭāṭis (f)	بطاطس
cebola (f)	baṣal (m)	بصل
alho (m)	θūm (m)	ثوم
couve (f)	kurumb (m)	كرنب
couve-flor (f)	qarnabīṭ (m)	قرنبيط
couve-de-bruxelas (f)	kurumb brūksil (m)	كرنب بروكسل
brócolos (m pl)	brūkuli (m)	بروكلي
beterraba (f)	banӡar (m)	بنجر
beringela (f)	bātinӡān (m)	باذنجان
curgete (f)	kūsa (f)	كوسة
abóbora (f)	qarʿ (m)	قرع
nabo (m)	lift (m)	لفت
salsa (f)	baqdūnis (m)	بقدونس
funcho, endro (m)	ʃabat (m)	شبت
alface (f)	ḫass (m)	خسّ
aipo (m)	karafs (m)	كرفس
espargo (m)	halyūn (m)	هليون
espinafre (m)	sabāniḫ (m)	سبانخ
ervilha (f)	bisilla (f)	بسلّة
fava (f)	fūl (m)	فول
milho (m)	ðura (f)	ذرة
feijão (m)	faṣūliya (f)	فاصوليا
pimentão (m)	filfil (m)	فلفل
rabanete (m)	fiӡl (m)	فجل
alcachofra (f)	ḫurʃūf (m)	خرشوف

GEOGRAFIA REGIONAL

Países. Nacionalidades

234. Europa Ocidental

Português	Transliteração	Árabe
Europa (f)	urūbba (f)	أوروبا
União (f) Europeia	al ittiḥād al urubbiy (m)	الإتحاد الأوروبيّ
europeu (m)	urūbbiy (m)	أوروبيّ
europeu	urūbbiy	أوروبيّ
Áustria (f)	an nimsa (f)	النمسا
austríaco (m)	nimsāwy (m)	نمساويّ
austríaca (f)	nimsāwiyya (f)	نمساوية
austríaco	nimsāwiy	نمساويّ
Grã-Bretanha (f)	briṭāniya al 'uẓma (f)	بريطانيا العظمى
Inglaterra (f)	inʒiltirra (f)	إنجلترّا
inglês (m)	briṭāniy (m)	بريطانيّ
inglesa (f)	briṭāniyya (f)	بريطانية
inglês	inʒlīziy	إنجليزيّ
Bélgica (f)	balʒīka (f)	بلجيكا
belga (m)	balʒīkiy (m)	بلجيكيّ
belga (f)	balʒīkiyya (f)	بلجيكة
belga	balʒīkiy	بلجيكيّ
Alemanha (f)	almāniya (f)	ألمانيا
alemão (m)	almāniy (m)	ألمانيّ
alemã (f)	almāniyya (f)	ألمانية
alemão	almāniy	ألمانيّ
Países (m pl) Baixos	hulanda (f)	هولندا
Holanda (f)	hulanda (f)	هولندا
holandês (m)	hulandiy (m)	هولنديّ
holandesa (f)	hulandiyya (f)	هولندية
holandês	hulandiy	هولنديّ
Grécia (f)	al yūnān (f)	اليونان
grego (m)	yunāniy (m)	يونانيّ
grega (f)	yunāniyya (f)	يونانية
grego	yunāniy	يونانيّ
Dinamarca (f)	ad danimārk (f)	الدانمارك
dinamarquês (m)	danimārkiy (m)	دانماركيّ
dinamarquesa (f)	dānimarkiyya (f)	دانماركية
dinamarquês	danimārkiy	دانماركيّ
Irlanda (f)	irlanda (f)	أيرلندا
irlandês (m)	irlandiy (m)	أيرلنديّ

irlandesa (f)	irlandiyya (f)	أيرلنديّة
irlandês	irlandiy	أيرلنديّ
Islândia (f)	'āyslanda (f)	آيسلندا
islandês (m)	'āyslandiy (m)	آيسلنديّ
islandesa (f)	'āyslandiyya (f)	آيسلنديّة
islandês	'āyslandiy	آيسلنديّ
Espanha (f)	isbāniya (f)	إسبانيا
espanhol (m)	isbāniy (m)	إسبانيّ
espanhola (f)	isbāniyya (f)	إسبانيّة
espanhol	isbāniy	إسبانيّ
Itália (f)	iṭāliya (f)	إيطاليا
italiano (m)	iṭāliy (m)	إيطاليّ
italiana (f)	iṭāliyya (f)	إيطاليّة
italiano	iṭāliy	إيطاليّ
Chipre (m)	qubruṣ (f)	قبرص
cipriota (m)	qubruṣiy (m)	قبرصيّ
cipriota (f)	qubruṣiyya (f)	قبرصيّة
cipriota	qubruṣiy	قبرصيّ
Malta (f)	malṭa (f)	مالطا
maltês (m)	mālṭiy (m)	مالطيّ
maltesa (f)	malṭiyya (f)	مالطيّة
maltês	mālṭiy	مالطيّ
Noruega (f)	an nirwīʒ (f)	النرويج
norueguês (m)	nurwīʒiy (m)	نرويجيّ
norueguesa (f)	nurwīʒiyya (f)	نرويجيّة
norueguês	nurwīʒiy	نرويجيّ
Portugal (m)	al burtuɣāl (f)	البرتغال
português (m)	burtuɣāliy (m)	برتغاليّ
portuguesa (f)	burtuɣāliyya (f)	برتغاليّة
português	burtuɣāliy	برتغاليّ
Finlândia (f)	finlanda (f)	فنلندا
finlandês (m)	finlandiy (m)	فنلنديّ
finlandesa (f)	finlandiyya (f)	فنلنديّة
finlandês	finlandiy	فنلنديّ
França (f)	faransa (f)	فرنسا
francês (m)	faransiy (m)	فرنسيّ
francesa (f)	faransiyya (f)	فرنسيّة
francês	faransiy	فرنسيّ
Suécia (f)	as suwayd (f)	السويد
sueco (m)	suwaydiy (m)	سويديّ
sueca (f)	suwaydiyya (f)	سويديّة
sueco	suwaydiy	سويديّ
Suíça (f)	swīsra (f)	سويسرا
suíço (m)	swisriy (m)	سويسريّ
suíça (f)	swisriyya (f)	سويسريّة

suíço	swisriy	سويسري
Escócia (f)	iskutlanda (f)	اسكتلندا
escocês (m)	iskutlandiy (m)	اسكتلندي
escocesa (f)	iskutlandiyya (f)	اسكتلندية
escocês	iskutlandiy	اسكتلندي

Vaticano (m)	al vatikān (m)	الفاتيكان
Liechtenstein (m)	liʃtinʃtāyn (m)	ليشتنشتاين
Luxemburgo (m)	luksimburɣ (f)	لوكسمبورغ
Mónaco (m)	munāku (f)	موناكو

235. Europa Central e de Leste

Albânia (f)	albāniya (f)	ألبانيا
albanês (m)	albāniy (m)	ألباني
albanesa (f)	albāniyya (f)	ألبانية
albanês	albāniy	ألباني

Bulgária (f)	bulɣāriya (f)	بلغاريا
búlgaro (m)	bulɣāriy (m)	بلغاري
búlgara (f)	bulɣāriyya (f)	بلغارية
búlgaro	bulɣāriy	بلغاري

Hungria (f)	al maʒar (f)	المجر
húngaro (m)	maʒariy (m)	مجري
húngara (f)	maʒariyya (f)	مجرية
húngaro	maʒariy	مجري

Letónia (f)	lātviya (f)	لاتفيا
letão (m)	lātviy (m)	لاتفي
letã (f)	lātviyya (f)	لاتفية
letão	lātviy	لاتفي

Lituânia (f)	litwāniya (f)	ليتوانيا
lituano (m)	litwāniy (m)	ليتواني
lituana (f)	litwāniyya (f)	ليتوانية
lituano	litwāny	ليتواني

Polónia (f)	bulanda (f)	بولندا
polaco (m)	bulandiy (m)	بولندي
polaca (f)	bulandiyya (f)	بولندية
polaco	bulandiy	بولندي

Roménia (f)	rumāniya (f)	رومانيا
romeno (m)	rumāniy (m)	روماني
romena (f)	rumāniyya (f)	رومانية
romeno	rumāniy	روماني

Sérvia (f)	ṣirbiya (f)	صربيا
sérvio (m)	ṣirbiy (m)	صربي
sérvia (f)	ṣirbiyya (f)	صربية
sérvio	ṣirbiy	صربي
Eslováquia (f)	sluvākiya (f)	سلوفاكيا
eslovaco (m)	sluvākiy (m)	سلوفاكي

eslovaca (f)	sluvākiyya (f)	سلوفاكيّة
eslovaco	sluvākiy	سلوفاكيّ
Croácia (f)	kruātiya (f)	كرواتيا
croata (m)	kruātiy (m)	كرواتيّ
croata (f)	kruātiyya (f)	كرواتيّة
croata	kruātiy	كرواتيّ
República (f) Checa	atʃ tʃīk (f)	التشيك
checo (m)	tʃīkiy (m)	تشيكيّ
checa (f)	tʃīkiyya (f)	تشيكيّة
checo	tʃīkiy	تشيكيّ
Estónia (f)	istūniya (f)	إستونيا
estónio (m)	istūniy (m)	إستونيّ
estónia (f)	istūniyya (f)	إستونيّة
estónio	istūniy	إستونيّ
Bósnia e Herzegovina (f)	al busna wal hirsuk (f)	البوسنة والهرسك
Macedónia (f)	maqdūniya (f)	مقدونيا
Eslovénia (f)	sluvīniya (f)	سلوفينيا
Montenegro (m)	al ӡabal al aswad (m)	الجبل الأسود

236. Países da ex-URSS

Azerbaijão (m)	aðarbiӡān (m)	أذربيجان
azeri (m)	aðarbiӡāniy (m)	أذربيجانيّ
azeri (f)	aðarbiӡāniyya (f)	أذربيجانيّة
azeri, azerbaijano	aðarbiӡāniy	أذربيجانيّ
Arménia (f)	armīniya (f)	أرمينيا
arménio (m)	armaniy (m)	أرمنيّ
arménia (f)	armaniyya (f)	أرمنيّة
arménio	armaniy	أرمنيّ
Bielorrússia (f)	bilarūs (f)	بيلاروس
bielorrusso (m)	bilarūsiy (m)	بيلاروسيّ
bielorrussa (f)	bilārūsiyya (f)	بيلاروسيّة
bielorrusso	bilarūsiy	بيلاروسيّ
Geórgia (f)	ӡūrӡiya (f)	جورجيا
georgiano (m)	ӡurӡiy (m)	جورجيّ
georgiana (f)	ӡurӡiyya (f)	جورجيّة
georgiano	ӡurӡiy	جورجيّ
Cazaquistão (m)	kazaχstān (f)	كازاخستان
cazaque (m)	kazaχstāniy (m)	كازاخستانيّ
cazaque (f)	kazaχstāniyya (f)	كازاخستانيّة
cazaque	kazaχstāniy	كازاخستانيّ
Quirguistão (m)	qirχizistān (f)	قيرغيزستان
quirguiz (m)	qirχizistāny (m)	قيرغيزستانيّ
quirguiz (f)	qirχizistāniyya (f)	قيرغيزستانيّة
quirguiz	qirχizistāniy	قيرغيزستانيّ

Moldávia (f)	muldāviya (f)	مولدافيا
moldavo (m)	muldāviy (m)	مولدافي
moldava (f)	muldāviyya (f)	مولدافية
moldavo	muldāviy	مولدافي
Rússia (f)	rūsiya (f)	روسيا
russo (m)	rūsiy (m)	روسي
russa (f)	rūsiyya (f)	روسية
russo	rūsiy	روسي
Tajiquistão (m)	taʒīkistān (f)	طاجيكستان
tajique (m)	taʒīkiy (m)	طاجيكي
tajique (f)	taʒīkiyya (f)	طاجيكية
tajique	taʒīkiy	طاجيكي
Turquemenistão (m)	turkmānistān (f)	تركمانستان
turcomeno (m)	turkmāniy (m)	تركماني
turcomena (f)	turkmāniyya (f)	تركمانية
turcomeno	turkmāniy	تركماني
Uzbequistão (f)	uzbikistān (f)	أوزبكستان
uzbeque (m)	uzbikiy (m)	أوزبكي
uzbeque (f)	uzbikiyya (f)	أوزبكية
uzbeque	uzbikiy	أوزبكي
Ucrânia (f)	ukrāniya (f)	أوكرانيا
ucraniano (m)	ukrāniy (m)	أوكراني
ucraniana (f)	ukrāniyya (f)	أوكرانية
ucraniano	ukrāniy	أوكراني

237. Asia

Ásia (f)	’āsiya (f)	آسيا
asiático	’āsyawiy	آسيوي
Vietname (m)	vitnām (f)	فيتنام
vietnamita (m)	vitnāmiy (m)	فيتنامي
vietnamita (f)	vitnāmiyya (f)	فيتنامية
vietnamita	vitnāmiy	فيتنامي
Índia (f)	al hind (f)	الهند
indiano (m)	hindiy (m)	هندي
indiana (f)	hindiyya (f)	هندية
indiano	hindiy	هندي
Israel (m)	isrā’īl (f)	إسرائيل
israelita (m)	isra’īliy (m)	إسرائيلي
israelita (f)	isrā’īliyya (f)	إسرائيلية
israelita	isrā’īliy	إسرائيلي
judeu (m)	yahūdiy (m)	يهودي
judia (f)	yahūdiyya (f)	يهودية
judeu	yahūdiy	يهودي
China (f)	aṣ ṣīn (f)	الصين

chinês (m)	şīniy (m)	صينيّ
chinesa (f)	şīniyya (f)	صينيّة
chinês	şīniy	صينيّ
coreano (m)	kūriy (m)	كوريّ
coreana (f)	kuriyya (f)	كوريّة
coreano	kūriy	كوريّ
Líbano (m)	lubnān (f)	لبنان
libanês (m)	lubnāniy (m)	لبنانيّ
libanesa (f)	lubnāniyya (f)	لبنانيّة
libanês	lubnāniy	لبنانيّ
Mongólia (f)	manɣūliya (f)	منغوليا
mongol (m)	manɣūliy (m)	منغوليّ
mongol (f)	manɣūliyya (f)	منغوليّة
mongol	manɣūliy	منغوليّ
Malásia (f)	malīziya (f)	ماليزيا
malaio (m)	malīziy (m)	ماليزيّ
malaia (f)	malīziyya (f)	ماليزيّة
malaio	malīziy	ماليزيّ
Paquistão (m)	bakistān (f)	باكستان
paquistanês (m)	bakistāniy (m)	باكستانيّ
paquistanesa (f)	bakistāniyya (f)	باكستانيّة
paquistanês	bakistāniy	باكستانيّ
Arábia (f) Saudita	as sa'ūdiyya (f)	السعوديّة
árabe (m)	'arabiy (m)	عربيّ
árabe (f)	'arabiyya (f)	عربيّة
árabe	'arabiy	عربيّ
Tailândia (f)	taylānd (f)	تايلاند
tailandês (m)	taylāndiy (m)	تايلانديّ
tailandesa (f)	taylandiyya (f)	تايلانديّة
tailandês	taylāndiy	تايلانديّ
Taiwan (m)	taywān (f)	تايوان
taiwanês (m)	taywāniy (m)	تايوانيّ
taiwanesa (f)	taywāniyya (f)	تايوانيّة
taiwanês	taywāniy	تايوانيّ
Turquia (f)	turkiya (f)	تركيا
turco (m)	turkiy (m)	تركيّ
turca (f)	turkiyya (f)	تركيّة
turco	turkiy	تركيّ
Japão (m)	al yabān (f)	اليابان
japonês (m)	yabāniy (m)	يابانيّ
japonesa (f)	yabāniyya (f)	يابانيّة
japonês	yabāniy	يابانيّ
Afeganistão (m)	afɣanistān (f)	أفغانستان
Bangladesh (m)	banʒladīʃ (f)	بنجلاديش
Indonésia (f)	indunīsiya (f)	إندونيسيا

Jordânia (f)	al urdun (m)	الأردن
Iraque (m)	al 'irāq (m)	العراق
Irão (m)	'īrān (f)	إيران
Camboja (f)	kambūdya (f)	كمبوديا
Kuwait (m)	al kuwayt (f)	الكويت

Laos (m)	lawus (f)	لاوس
Myanmar (m), Birmânia (f)	myanmār (f)	ميانمار
Nepal (m)	nibāl (f)	نيبال
Emirados Árabes Unidos	al imārāt al 'arabiyya al muttahida (pl)	الإمارات العربيّة المتّحدة

Síria (f)	sūriya (f)	سوريا
Palestina (f)	filistīn (f)	فلسطين
Coreia do Sul (f)	kuriya al ʒanūbiyya (f)	كوريا الجنوبيّة
Coreia do Norte (f)	kūria aʃ ʃimāliyya (f)	كوريا الشماليّة

238. América do Norte

Estados Unidos da América	al wilāyāt al muttahida al amrīkiyya (pl)	الولايات المتّحدة الأمريكيّة
americano (m)	amrīkiy (m)	أمريكيّ
americana (f)	amrīkiyya (f)	أمريكيّة
americano	amrīkiy	أمريكيّ

Canadá (m)	kanada (f)	كندا
canadiano (m)	kanadiy (m)	كنديّ
canadiana (f)	kanadiyya (f)	كنديّة
canadiano	kanadiy	كنديّ

México (m)	al maksīk (f)	المكسيك
mexicano (m)	maksīkiy (m)	مكسيكيّ
mexicana (f)	maksīkiyya (f)	مكسيكيّة
mexicano	maksīkiy	مكسيكيّ

239. América Central do Sul

Argentina (f)	arʒantīn (f)	الأرجنتين
argentino (m)	arʒantīniy (m)	أرجنتينيّ
argentina (f)	arʒantīniyya (f)	أرجنتينيّة
argentino	arʒantīniy	أرجنتينيّ

Brasil (m)	al brazīl (f)	البرازيل
brasileiro (m)	brazīliy (m)	برازيليّ
brasileira (f)	brazīliyya (f)	برازيليّة
brasileiro	brazīliy	برازيليّ

Colômbia (f)	kulumbiya (f)	كولومبيا
colombiano (m)	kulumbiy (m)	كولومبيّ
colombiana (f)	kulumbiyya (f)	كولومبيّة
colombiano	kulumbiy	كولومبيّ
Cuba (f)	kūba (f)	كوبا

cubano (m)	kūbiy (m)	كوبي
cubana (f)	kūbiyya (f)	كوبية
cubano	kūbiy	كوبي

Chile (m)	tʃīli (f)	تشيلي
chileno (m)	tʃīliy (m)	تشيلي
chilena (f)	tʃīliyya (f)	تشيلية
chileno	tʃīliy	تشيلي

Bolívia (f)	bulīviya (f)	بوليفيا
Venezuela (f)	vinizwiyla (f)	فنزويلا
Paraguai (m)	baraɣwāy (f)	باراغواي
Peru (m)	biru (f)	بيرو
Suriname (m)	surinām (f)	سورينام
Uruguai (m)	uruɣwāy (f)	الأوروغواي
Equador (m)	al iqwadūr (f)	الإكوادور

Bahamas (f pl)	ʒuzur bahāmas (pl)	جزر باهاماس
Haiti (m)	haīti (f)	هايتي
República (f) Dominicana	ʒumhūriyyat ad duminikan (f)	جمهورية الدومينيكان
Panamá (m)	banama (f)	بنما
Jamaica (f)	ʒamāyka (f)	جامايكا

240. Africa

Egito (m)	miṣr (f)	مصر
egípcio (m)	miṣriy (m)	مصري
egípcia (f)	miṣriyya (f)	مصرية
egípcio	miṣriy	مصري

Marrocos	al maɣrib (m)	المغرب
marroquino (m)	maɣribiy (m)	مغربي
marroquina (f)	maɣribiyya (f)	مغربية
marroquino	maɣribiy	مغربي

Tunísia (f)	tūnis (f)	تونس
tunisino (m)	tūnisiy (m)	تونسي
tunisina (f)	tūnisiyya (f)	تونسية
tunisino	tūnisiy	تونسي

Gana (f)	ɣāna (f)	غانا
Zanzibar (m)	zanʒibār (f)	زنجبار
Quénia (f)	kiniya (f)	كينيا
Líbia (f)	lībiya (f)	ليبيا
Madagáscar (m)	madaɣaʃqar (f)	مدغشقر

Namíbia (f)	namībiya (f)	ناميبيا
Senegal (m)	as siniɣāl (f)	السنغال
Tanzânia (f)	tanzāniya (f)	تنزانيا
África do Sul (f)	ʒumhūriyyat afrīqiya al ʒanūbiyya (f)	جمهورية أفريقيا الجنوبية
africano (m)	afrīqiy (m)	أفريقي
africana (f)	afrīqiyya (f)	أفريقية
africano	afrīqiy	أفريقي

241. Austrália. Oceania

Austrália (f)	usturāliya (f)	أستراليا
australiano (m)	usturāliy (m)	أستراليّ
australiana (f)	usturāliyya (f)	أستراليّة
australiano	usturāliy	أستراليّ
Nova Zelândia (f)	nyu zilanda (f)	نيوزيلندا
neozelandês (m)	nyu zilandiy (m)	نيوزيلنديّ
neozelandesa (f)	nyu zilandiyya (f)	نيوزيلنديّة
neozelandês	nyu zilandiy	نيوزيلنديّ
Tasmânia (f)	tasmāniya (f)	تاسمانيا
Polinésia Francesa (f)	bulinīziya al faransiyya (f)	بولينزيا الفرنسيّة

242. Cidades

Amesterdão	amstirdām (f)	أمستردام
Ancara	anqara (f)	أنقرة
Atenas	aθīna (f)	أثينا
Bagdade	baɣdād (f)	بغداد
Banguecoque	bankūk (f)	بانكوك
Barcelona	barʃalūna (f)	برشلونة
Beirute	bayrūt (f)	بيروت
Berlim	birlīn (f)	برلين
Bombaim	bumbāy (f)	بومباى
Bona	būn (f)	بون
Bordéus	burdu (f)	بوردو
Bratislava	bratislāva (f)	براتيسلافا
Bruxelas	brūksil (f)	بروكسل
Bucareste	buχarist (f)	بوخارست
Budapeste	budabist (f)	بودابست
Cairo	al qāhira (f)	القاهرة
Calcutá	kalkutta (f)	كلكتا
Chicago	ʃikāɣu (f)	شيكاغو
Cidade do México	madīnat maksiku (f)	مدينة مكسيكو
Copenhaga	kubinhāʒin (f)	كوينهاجن
Dar es Salaam	dar as salām (f)	دار السلام
Deli	dilhi (f)	دلهي
Dubai	dibay (f)	دبي
Dublin, Dublim	dablin (f)	دبلن
Düsseldorf	dusildurf (f)	دوسلدورف
Estocolmo	stukhūlm (f)	ستوكهولم
Florença	flurinsa (f)	فلورنسا
Frankfurt	frankfurt (f)	فرانكفورت
Genebra	ʒinīv (f)	جنيف
Haia	lahāy (f)	لاهاى
Hamburgo	hamburɣ (m)	هامبورغ

| Hanói | hanuy (f) | هانوی |
| Havana | havāna (f) | هافانا |

Helsínquia	hilsinki (f)	هلسنكي
Hiroshima	hiruʃīma (f)	هيروشيما
Hong Kong	hunɣ kunɣ (f)	هونغ كونغ
Istambul	istanbūl (f)	إسطنبول
Jerusalém	al quds (f)	القدس
Kiev	kiyiv (f)	كييف
Kuala Lumpur	kuala lumpur (f)	كوالالمبور
Lisboa	liʃbūna (f)	لشبونة
Londres	lundun (f)	لندن
Los Angeles	lus anʒilis (f)	لوس أنجلوس
Lion	liyūn (f)	ليون

Madrid	madrīd (f)	مدريد
Marselha	marsīliya (f)	مرسيليا
Miami	mayāmi (f)	ميامي
Montreal	muntriyāl (f)	مونتريال
Moscovo	musku (f)	موسكو
Munique	myūniχ (f)	ميونخ

Nairóbi	nayrūbi (f)	نيروبي
Nápoles	nabuli (f)	نابولي
Nice	nīs (f)	نيس
Nova York	nyu yūrk (f)	نيويورك

Oslo	uslu (f)	أوسلو
Ottawa	uttawa (f)	أوتاوا
Paris	barīs (f)	باريس
Pequim	bikīn (f)	بيكين
Praga	brāɣ (f)	براغ

Rio de Janeiro	riu di ʒaniyru (f)	ريو دي جانيرو
Roma	rūma (f)	روما
São Petersburgo	sant bitirsburɣ (f)	سانت بطرسبرغ
Seul	siūl (f)	سيول
Singapura	sinɣafūra (f)	سنغافورة
Sydney	sidniy (f)	سيدني

Taipé	taybay (f)	تايبيه
Tóquio	ṭukyu (f)	طوكيو
Toronto	turūntu (f)	تورونتو
Varsóvia	warsaw (f)	وارسو
Veneza	al bunduqiyya (f)	البندقية
Viena	vyīna (f)	فيينا

| Washington | wāʃinṭun (f) | واشنطن |
| Xangai | ʃanɣhāy (f) | شانغهاي |

243. Política. Governo. Parte 1

| política (f) | siyāsa (f) | سياسة |
| político | siyāsiy | سياسي |

político (m)	siyāsiy (m)	سِياسِيّ
estado (m)	dawla (f)	دَوْلة
cidadão (m)	muwāṭin (m)	مُواطِن
cidadania (f)	ʒinsiyya (f)	جِنْسِيّة

| brasão (m) de armas | ʃiʻār waṭaniy (m) | شِعار وَطَنِيّ |
| hino (m) nacional | naʃīd waṭaniy (m) | نَشِيد وَطَنِيّ |

governo (m)	ḥukūma (f)	حُكومة
Chefe (m) de Estado	ra's ad dawla (m)	رَأْس الدَوْلة
parlamento (m)	barlamān (m)	بَرْلَمان
partido (m)	ḥizb (m)	حِزْب

| capitalismo (m) | ra'smāliyya (f) | رَأْسِمالِيّة |
| capitalista | ra'smāliy | رَأْسِمالِيّ |

| socialismo (m) | iʃtirākiyya (f) | إشْتِراكِيّة |
| socialista | iʃtirākiy | إشْتِراكِيّ |

comunismo (m)	ʃuyūʻiyya (f)	شِيوعِيّة
comunista	ʃuyūʻiy	شِيوعِيّ
comunista (m)	ʃuyūʻiy (m)	شِيوعِيّ

democracia (f)	dimuqraṭiyya (f)	دِيموقْراطِيّة
democrata (m)	dimuqrāṭiy (m)	دِيموقْراطِيّ
democrático	dimuqrāṭiy	دِيموقْراطِيّ
Partido (m) Democrático	al ḥizb ad dimukrāṭiy (m)	الحَزْب الدِيموقْراطِيّ

liberal (m)	libirāliy (m)	لِيبِرالِيّ
liberal	libirāliy	لِيبِرالِيّ
conservador (m)	muḥāfiẓ (m)	مُحافِظ
conservador	muḥāfiẓ	مُحافِظ

república (f)	ʒumhūriyya (f)	جُمْهورِيّة
republicano (m)	ʒumhūriy (m)	جُمْهورِيّ
Partido (m) Republicano	al ḥizb al ʒumhūriy (m)	الحَزْب الجُمْهورِيّ

eleições (f pl)	intiꭓābāt (pl)	إنْتِخابات
eleger (vt)	intaꭓab	إنْتَخَب
eleitor (m)	nāꭓib (m)	ناخِب
campanha (f) eleitoral	ḥamla intiꭓābiyya (f)	حَمْلة إنْتِخابِيّة

votação (f)	taṣwīt (m)	تَصْوِيت
votar (vi)	ṣawwat	صَوّت
direito (m) de voto	ḥaqq al intiꭓāb (m)	حَقّ الإنْتِخاب

candidato (m)	muraʃʃaḥ (m)	مُرَشَّح
candidatar-se (vi)	raʃʃaḥ nafsahu	رَشَّح نَفْسَه
campanha (f)	ḥamla (f)	حَمْلة

| da oposição | muʻāriḍ | مُعارِض |
| oposição (f) | muʻāraḍa (f) | مُعارَضة |

visita (f)	ziyāra (f)	زِيارة
visita (f) oficial	ziyāra rasmiyya (f)	زِيارة رَسْمِيّة
internacional	duwaliy	دُوَلِيّ

| negociações (f pl) | mubāḥaθāt (pl) | مباحثات |
| negociar (vi) | aȝra mubāḥaθāt | أجرى مباحثات |

244. Política. Governo. Parte 2

sociedade (f)	muȝtamaʿ (m)	مجتمع
constituição (f)	dustūr (m)	دستور
poder (ir para o ~)	sulṭa (f)	سلطة
corrupção (f)	fasād (m)	فساد

| lei (f) | qānūn (m) | قانون |
| legal | qānūniy | قانوني |

| justiça (f) | ʿadāla (f) | عدالة |
| justo | ʿādil | عادل |

comité (m)	laȝna (f)	لجنة
projeto-lei (m)	maʃrūʿ qānūn (m)	مشروع قانون
orçamento (m)	mīzāniyya (f)	ميزانية
política (f)	siyāsa (f)	سياسة
reforma (f)	iṣlāḥ (m)	إصلاح
radical	radikāliy	راديكالي

força (f)	quwwa (f)	قوة
poderoso	qawiy	قوي
partidário (m)	muʾayyid (m)	مؤيد
influência (f)	taʾθīr (m)	تأثير

regime (m)	niẓām ḥukm (m)	نظام حكم
conflito (m)	χilāf (m)	خلاف
conspiração (f)	muʾāmara (f)	مؤامرة
provocação (f)	istifzāz (m)	إستفزاز

derrubar (vt)	asqaṭ	أسقط
derrube (m), queda (f)	isqāṭ (m)	إسقاط
revolução (f)	θawra (f)	ثورة

| golpe (m) de Estado | inqilāb (m) | إنقلاب |
| golpe (m) militar | inqilāb ʿaskariy (m) | انقلاب عسكري |

crise (f)	azma (f)	أزمة
recessão (f) económica	rukūd iqtiṣādiy (m)	ركود إقتصادي
manifestante (m)	mutaẓāhir (m)	متظاهر
manifestação (f)	muẓāhara (f)	مظاهرة
lei (f) marcial	al aḥkām al ʿurfiyya (pl)	الأحكام العرفية
base (f) militar	qaʿida ʿaskariyya (f)	قاعدة عسكرية

| estabilidade (f) | istiqrār (m) | إستقرار |
| estável | mustaqirr | مستقر |

exploração (f)	istiɣlāl (m)	إستغلال
explorar (vt)	istaɣall	إستغل
racismo (m)	ʿunṣuriyya (f)	عنصرية
racista (m)	ʿunṣuriy (m)	عنصري

fascismo (m)	fāʃiyya (f)	فاشيّة
fascista (m)	fāʃiy (m)	فاشيّ

245. Países. Diversos

estrangeiro (m)	aʒnabiy (m)	أجنبيّ
estrangeiro	aʒnabiy	أجنبيّ
no estrangeiro	fil χāriʒ	في الخارج
emigrante (m)	nāziḥ (m)	نازح
emigração (f)	nuziḥ (m)	نزوح
emigrar (vi)	nazūḥ	نزح
Ocidente (m)	al ɣarb (m)	الغرب
Oriente (m)	aʃ ʃarq (m)	الشرق
Extremo Oriente (m)	aʃ ʃarq al aqṣa (m)	الشرق الأقصى
civilização (f)	ḥaḍāra (f)	حضارة
humanidade (f)	al baʃariyya (f)	البشريّة
mundo (m)	al 'ālam (m)	العالم
paz (f)	salām (m)	سلام
mundial	'ālamiy	عالميّ
pátria (f)	waṭan (m)	وطن
povo (m)	ʃa'b (m)	شعب
população (f)	sukkān (pl)	سكّان
gente (f)	nās (pl)	ناس
nação (f)	umma (f)	أمّة
geração (f)	ʒīl (m)	جبل
território (m)	arḍ (f)	أرض
região (f)	mintaqa (f)	منطقة
estado (m)	wilāya (f)	ولاية
tradição (f)	taqlīd (m)	تقليد
costume (m)	'āda (f)	عادة
ecologia (f)	'ilm al bīʾa (m)	علم البيئة
índio (m)	hindiy aḥmar (m)	هنديّ أحمر
cigano (m)	ɣaʒariy (m)	غجريّ
cigana (f)	ɣaʒariyya (f)	غجريّة
cigano	ɣaʒariy	غجريّ
império (m)	imbiraṭuriyya (f)	امبراطوريّة
colónia (f)	musta'mara (f)	مستعمرة
escravidão (f)	'ubūdiyya (f)	عبوديّة
invasão (f)	ɣazw (m)	غزو
fome (f)	maʒā'a (f)	مجاعة

246. Grupos religiosos mais importantes. Confissões

religião (f)	dīn (m)	دين
religioso	dīniy	دينيّ

crença (f)	'īmān (m)	إيمان
crer (vt)	'āman	آمن
crente (m)	mu'min (m)	مؤمن

| ateísmo (m) | al ilḥād (m) | الإلحاد |
| ateu (m) | mulḥid (m) | ملحد |

cristianismo (m)	al masīḥiyya (f)	المسيحيّة
cristão (m)	masīḥiy (m)	مسيحي
cristão	masīḥiy	مسيحي

catolicismo (m)	al kaθūlikiyya (f)	الكاثوليكيّة
católico (m)	kaθulīkiy (m)	كاثوليكي
católico	kaθulīkiy	كاثوليكي

protestantismo (m)	al brutistantiyya (f)	البروتستانتية
Igreja (f) Protestante	al kanīsa al brutistantiyya (f)	الكنيسة البروتستانتيّة
protestante (m)	brutistantiy (m)	بروتستانتي

ortodoxia (f)	urθuðuksiyya (f)	الأرثوذكسيّة
Igreja (f) Ortodoxa	al kanīsa al urθuðuksiyya (f)	الكنيسة الأرثوذكسيّة
ortodoxo (m)	urθuðuksiy (m)	أرثوذكسي

presbiterianismo (m)	maʃīχiyya (f)	المشيخيّة
Igreja (f) Presbiteriana	al kanīsa al maʃīχiyya (f)	الكنيسة المشيخيّة
presbiteriano (m)	maʃīχiy (m)	مشيخي

| Igreja (f) Luterana | al kanīsa al luθiriyya (f) | الكنيسة اللوثريّة |
| luterano (m) | luθiriy (m) | لوثري |

| Igreja (f) Batista | al kanīsa al ma'madāniyya (f) | الكنيسة المعمدانيّة |
| batista (m) | ma'madāniy (m) | معمداني |

| Igreja (f) Anglicana | al kanīsa al anʒlikāniyya (f) | الكنيسة الإنجليكانيّة |
| anglicano (m) | anʒlikāniy (m) | أنجليكاني |

| mormonismo (m) | al murumūniyya (f) | المورمونيّة |
| mórmon (m) | masīḥiy murmūn (m) | مسيحي مرمون |

| Judaísmo (m) | al yahūdiyya (f) | اليهودية |
| judeu (m) | yahūdiy (m) | يهودي |

| budismo (m) | al būðiyya (f) | البوذيّة |
| budista (m) | būðiy (m) | بوذي |

| hinduísmo (m) | al hindūsiyya (f) | الهندوسيّة |
| hindu (m) | hindūsiy (m) | هندوسي |

Islão (m)	al islām (m)	الإسلام
muçulmano (m)	muslim (m)	مسلم
muçulmano	islāmiy	إسلامي

Xiismo (m)	al maðhab aʃ ʃīʕiy (m)	المذهب الشيعيّ
xiita (m)	ʃīʕiy (m)	شيعي
sunismo (m)	al maðhab as sunniy (m)	المذهب السنّي
sunita (m)	sunniy (m)	سنّي

247. Religiões. Padres

| padre (m) | qissīs (m), kāhin (m) | قسّيس, كاهن |
| Papa (m) | al bāba (m) | البابا |

monge (m)	rāhib (m)	راهب
freira (f)	rāhiba (f)	راهبة
pastor (m)	qissīs (m)	قسّيس

abade (m)	raʼīs ad dayr (m)	رئيس الدير
vigário (m)	viqār (m)	فيقار
bispo (m)	usquf (m)	أسقف
cardeal (m)	kardināl (m)	كاردينال

pregador (m)	tabʃīr (m)	تبشير
sermão (m)	xuṭba (f)	خطبة
paroquianos (pl)	ra'iyyat al abraʃiyya (f)	رعية الأبرشيّة

| crente (m) | mu'min (m) | مؤمن |
| ateu (m) | mulḥid (m) | ملحد |

248. Fé. Cristianismo. Islão

| Adão | 'ādam (m) | آدم |
| Eva | ḥawā' (f) | حوّاء |

Deus (m)	allah (m)	الله
Senhor (m)	ar rabb (m)	الربّ
Todo Poderoso (m)	al qadīr (m)	القدير

pecado (m)	ðamb (m)	ذنب
pecar (vi)	aðnab	أذنب
pecador (m)	muðnib (m)	مذنب
pecadora (f)	muðniba (f)	مذنبة

| inferno (m) | al ʒaḥīm (f) | الجحيم |
| paraíso (m) | al ʒanna (f) | الجنّة |

| Jesus | yasūʻ (m) | يسوع |
| Jesus Cristo | yasūʻ al masīḥ (m) | يسوع المسيح |

Espírito (m) Santo	ar rūḥ al qudus (m)	الروح القدس
Salvador (m)	al masīḥ (m)	المسيح
Virgem Maria (f)	maryam al 'aðrā' (f)	مريم العذراء

Diabo (m)	aʃ ʃayṭān (m)	الشيطان
diabólico	ʃayṭāniy	شيطاني
Satanás (m)	aʃ ʃayṭān (m)	الشيطان
satânico	ʃayṭāniy	شيطاني

anjo (m)	malāk (m)	ملاك
anjo (m) da guarda	malāk ḥāris (m)	ملاك حارس
angélico	malā'ikiy	ملائكيّ

apóstolo (m)	rasūl (m)	رسول
arcanjo (m)	al malak ar ra'īsiy (m)	الملك الرئيسي
anticristo (m)	al masīḥ ad daʒʒāl (m)	المسيح الدجّال

Igreja (f)	al kanīsa (f)	الكنيسة
Bíblia (f)	al kitāb al muqaddas (m)	الكتاب المقدّس
bíblico	tawrātiy	توراتي

Velho Testamento (m)	al 'aḥd al qadīm (m)	العهد القديم
Novo Testamento (m)	al 'ahd al ʒadīd (m)	العهد الجديد
Evangelho (m)	inʒīl (m)	إنجيل
Sagradas Escrituras (f pl)	al kitāb al muqaddas (m)	الكتاب المقدّس
Céu (m)	al ʒanna (f)	الجنّة

mandamento (m)	waṣiyya (f)	وصيّة
profeta (m)	nabiy (m)	نبي
profecia (f)	nubū'a (f)	نبوءة

Alá	allah (m)	الله
Maomé	muḥammad (m)	محمّد
Corão, Alcorão (m)	al qur'ān (m)	القرآن

mesquita (f)	masʒid (m)	مسجد
mulá (m)	mulla (m)	ملّا
oração (f)	ṣalāt (f)	صلاة
rezar, orar (vi)	ṣalla	صلّى

peregrinação (f)	ḥaʒʒ (m)	حجّ
peregrino (m)	ḥāʒʒ (m)	حاجّ
Meca (f)	makka al mukarrama (f)	مكّة المكرّمة

igreja (f)	kanīsa (f)	كنيسة
templo (m)	ma'bad (m)	معبد
catedral (f)	katidrā'iyya (f)	كاتدرائيّة
gótico	qūṭiy	قوطي
sinagoga (f)	kanīs ma'bad yahūdiy (m)	كنيس معبد يهودي
mesquita (f)	masʒid (m)	مسجد

capela (f)	kanīsa saɣīra (f)	كنيسة صغيرة
abadia (f)	dayr (m)	دير
convento (m)	dayr (m)	دير
mosteiro (m)	dayr (m)	دير

sino (m)	ʒaras (m)	جرس
campanário (m)	burʒ al ʒaras (m)	برج الجرس
repicar (vi)	daqq	دقّ

cruz (f)	ṣalīb (m)	صليب
cúpula (f)	qubba (f)	قبّة
ícone (m)	'īkūna (f)	ايقونة

alma (f)	nafs (f)	نفس
destino (m)	maṣīr (m)	مصير
mal (m)	ʃarr (m)	شرّ
bem (m)	χayr (m)	خير
vampiro (m)	maṣṣāṣ dimā' (m)	مصّاص دماء

223

bruxa (f)	sāḥira (f)	ساحرة
demónio (m)	ʃayṭān (m)	شيطان
espírito (m)	rūḥ (m)	روح
redenção (f)	takfīr (m)	تكفير
redimir (vt)	kaffar ʿan	كفّر عن
missa (f)	qaddās (m)	قدّاس
celebrar a missa	alqa χuṭba bil kanīsa	ألقى خطبة بالكنيسة
confissão (f)	iʿtirāf (m)	إعتراف
confessar-se (vr)	iʿtaraf	إعترف
santo (m)	qiddīs (m)	قدّيس
sagrado	muqaddas (m)	مقدّس
água (f) benta	māʾ muqaddas (m)	ماء مقدّس
ritual (m)	ṭuqūs (pl)	طقوس
ritual	ṭuqūsiy	طقوسيّ
sacrifício (m)	ðabīḥa (f)	ذبيحة
superstição (f)	χurāfa (f)	خرافة
supersticioso	muʾmin bil χurāfāt (m)	مؤمن بالخرافات
vida (f) depois da morte	al ʾāχira (f)	الآخرة
vida (f) eterna	al ḥayāt al abadiyya (f)	الحياة الأبدية

TEMAS DIVERSOS

249. Várias palavras úteis

ajuda (f)	musā'ada (f)	مساعدة
barreira (f)	ḥāʒiz (m)	حاجز
base (f)	asās (m)	أساس
categoria (f)	fi'a (f)	فئة
causa (f)	sabab (m)	سبب
coincidência (f)	ṣudfa (f)	صدفة
coisa (f)	ʃay' (m)	شيء
começo (m)	bidāya (f)	بداية
cómodo (ex. poltrona ~a)	murīḥ	مريح
comparação (f)	muqārana (f)	مقارنة
compensação (f)	ta'wīḍ (m)	تعويض
crescimento (m)	numuww (m)	نمو
desenvolvimento (m)	tanmiya (f)	تنمية
diferença (f)	farq (m)	فرق
efeito (m)	ta'θīr (m)	تأثير
elemento (m)	'unṣur (m)	عنصر
equilíbrio (m)	tawāzun (m)	توازن
erro (m)	xaṭa' (m)	خطأ
esforço (m)	ʒuhd (m)	جهد
estilo (m)	uslūb (m)	أسلوب
exemplo (m)	miθāl (m)	مثال
facto (m)	ḥaqīqa (f)	حقيقة
fim (m)	nihāya (f)	نهاية
forma (f)	ʃakl (m)	شكل
frequente	mutakarrir (m)	متكرر
fundo (ex. ~ verde)	xalfiyya (f)	خلفية
género (tipo)	naw' (m)	نوع
grau (m)	daraʒa (f)	درجة
ideal (m)	miθāl (m)	مثال
labirinto (m)	tayh (m)	تيه
modo (m)	ṭarīqa (f)	طريقة
momento (m)	laḥza (f)	لحظة
objeto (m)	mawḍū' (m)	موضوع
obstáculo (m)	'aqba (f)	عقبة
original (m)	aṣl (m)	أصل
padrão	qiyāsiy	قياسي
padrão (m)	qiyās (m)	قياس
paragem (pausa)	istirāḥa (f)	إستراحة
parte (f)	ʒuz' (m)	جزء

partícula (f)	ʒuz' (m)	جزء
pausa (f)	istirāḥa (f)	إستراحة
posição (f)	mawqif (m)	موقف
princípio (m)	mabda' (m)	مبدأ

problema (m)	muʃkila (f)	مشكلة
processo (m)	ʿamaliyya (f)	عملية
progresso (m)	taqaddum (m)	تقدّم
propriedade (f)	ẋaṣṣa (f)	خاصّة

reação (f)	radd fiʿl (m)	ردّ فعل
risco (m)	muẋāṭara (f)	مخاطرة
ritmo (m)	surʿa (f)	سرعة
segredo (m)	sirr (m)	سرّ
série (f)	silsila (f)	سلسلة

sistema (m)	niẓām (m)	نظام
situação (f)	ḥāla (f), waḍʿ (m)	حالة، وضع
solução (f)	ḥall (m)	حلّ
tabela (f)	ʒadwal (m)	جدول
termo (ex. ~ técnico)	muṣṭalaḥ (m)	مصطلح

tipo (m)	nawʿ (m)	نوع
urgente	ʿāʒil	عاجل
urgentemente	ʿāʒilan	عاجلًا
utilidade (f)	manfaʿa (f)	منفعة

variante (f)	ʃakl muẋtalif (m)	شكل مختلف
variedade (f)	iẋtiyār (m)	إختيار
verdade (f)	ḥaqīqa (f)	حقيقة
vez (f)	dawr (m)	دور
zona (f)	mintaqa (f)	منطقة

250. Modificadores. Adjetivos. Parte 1

aberto	maftūḥ	مفتوح
afiado	ḥādd	حادّ
agradável	laṭīf	لطيف
agradecido	ʃākir	شاكر
alegre	farḥān	فرحان

alto (ex. voz ~a)	ʿāli	عال
amargo	murr	مرّ
amplo	wāsiʿ	واسع
antigo	qadīm	قديم
apertado (sapatos ~s)	ḍayyiq	ضيق

apropriado	ṣāliḥ	صالح
arriscado	ẋaṭir	خطر
artificial	ṣināʿiy	صناعيّ
azedo	ḥāmiḍ	حامض

| baixo (voz ~a) | munẋafiḍ | منخفض |
| barato | raẋīṣ | رخيص |

belo	ȝamīl	جميل
bom	ȝayyid	جيّد
bondoso	ṭayyib	طيّب
bonito	ȝamīl	جميل
bronzeado	asmar	أسمر
burro, estúpido	ɣabiy	غبي
calmo	hādiʾ	هادئ
cansado	taʿbān	تعبان
cansativo	mutʿib	متعب
carinhoso	muhtamm	مهتمّ
caro	ɣāli	غال
cego	aʿma	أعمى
central	markaziy	مركزيّ
cerrado (ex. nevoeiro ~)	kaθīf	كثيف
cheio (ex. copo ~)	malyān	مليان
civil	madaniy	مدنيّ
clandestino	sirriy	سرّيّ
claro	fātiḥ	فاتح
claro (explicação ~a)	wāḍiḥ	واضح
compatível	mutawāfiq	متوافق
comum, normal	ʿādiy	عاديّ
congelado	muȝammad	مجمّد
conjunto	muʃtarak	مشترك
considerável	muhimm	مهمّ
contente	rāḍi	راض
contínuo	mumtadd	ممتدّ
contrário (ex. o efeito ~)	muqābil	مقابل
correto (resposta ~a)	ṣaḥīḥ	صحيح
cru (não cozinhado)	nayy	نيّ
curto	qaṣīr	قصير
de curta duração	qaṣīr	قصير
de sol, ensolarado	muʃmis	مشمس
de trás	xalfiy	خلفيّ
denso (fumo, etc.)	kaθīf	كثيف
desanuviado	ṣāfi	صاف
descuidado	muhmil	مهمل
diferente	muxtalif	مختلف
difícil	ṣaʿb	صعب
difícil, complexo	ṣaʿb	صعب
direito	al yamīn	اليمين
distante	baʿīd	بعيد
diverso	muxtalif	مختلف
doce (açucarado)	musakkar	مسكّر
doce (água)	ʿaðb	عذب
doente	marīḍ	مريض
duro (material ~)	ȝāmid	جامد
educado	muʾaddab	مؤدّب

| encantador | laṭīf | لطيف |
| enigmático | ɣarīb | غريب |

enorme	ḍaxm	ضخم
escuro (quarto ~)	muẓlim	مظلم
especial	xāṣṣ	خاص
esquerdo	al yasār	اليسار
estrangeiro	aʒnabiy	أجنبي

estreito	ḍayyiq	ضيق
exato	daqīq	دقيق
excelente	mumtāz	ممتاز
excessivo	mufriṭ	مفرط
externo	xāriʒiy	خارجي

fácil	sahl	سهل
faminto	ʒawʿān	جوعان
fechado	muɣlaq	مغلق
feliz	saʿīd	سعيد
fértil (terreno ~)	xaṣib	خصب

forte (pessoa ~)	qawiy	قوي
fraco (luz ~a)	bāhit	باهت
frágil	haʃʃ	هش
fresco	qarīr	قرير
fresco (pão ~)	ṭāziʒ	طازج

frio	bārid	بارد
gordo	dasim	دسم
gostoso	laðīð	لذيذ
grande	kabīr	كبير

gratuito, grátis	maʒʒāniy	مجاني
grosso (camada ~a)	θaxīn	ثخين
hostil	muʿādin	معاد
húmido	raṭib	رطب

251. Modificadores. Adjetivos. Parte 2

igual	mumāθil	مماثل
imóvel	θābit	ثابت
importante	muhimm	مهم
impossível	mustaḥīl	مستحيل
incompreensível	ɣayr wāḍiḥ	غير واضح

indigente	muʿdim	معدم
indispensável	ḍarūriy	ضروري
inexperiente	qalīl al xibra	قليل الخبرة
infantil	lil aṭfāl	للأطفال

ininterrupto	mutawāṣil	متواصل
insignificante	ɣayr muhimm	غير مهم
inteiro (completo)	kāmil	كامل
inteligente	ðakiy	ذكي

interno	dāχiliy	داخلي
jovem	ʃābb	شاب
largo (caminho ~)	wāsiʿ	واسع
legal	qānūniy, ʃarʿiy	قانوني، شرعي
leve	χafīf	خفيف

limitado	maḥdūd	محدود
limpo	naẓīf	نظيف
líquido	sā'il	سائل
liso	amlas	أملس
liso (superfície ~a)	musaṭṭaḥ	مسطح

livre	ḥurr	حر
longo (ex. cabelos ~s)	ṭawīl	طويل
maduro (ex. fruto ~)	nāḍiʒ	ناضج
magro	naḥīf	نحيف
magro (pessoa)	naḥīf	نحيف

mais próximo	aqrab	أقرب
mais recente	māḍi	ماض
mate, baço	munṭafi'	منطفئ
mau	sayyi'	سيئ
meticuloso	mutqan	متقن

míope	qaṣīr an naẓar	قصير النظر
mole	ṭariy	طري
molhado	mablūl	مبلول
moreno	asmar	أسمر
morto	mayyit	ميت

não difícil	ɣayr ṣaʿb	غير صعب
não é clara	ɣayr wāḍiḥ	غير واضح
não muito grande	ɣayr kabīr	غير كبير
natal (país ~)	aṣliy	أصلي
necessário	lāzim	لازم

negativo	salbiy	سلبي
nervoso	ʿaṣabiy	عصبي
normal	ʿādiy	عادي
novo	ʒadīd	جديد
o mais importante	ahamm	أهم

obrigatório	ḍarūriy	ضروري
original	aṣliy	أصلي
passado	māḍi	ماض
pequeno	ṣaɣīr	صغير
perigoso	χaṭīr	خطير

permanente	dā'im	دائم
perto	qarīb	قريب
pesado	taqīl	ثقيل
pessoal	ʃaχṣiy	شخصي
plano (ex. ecrã ~ a)	musaṭṭaḥ	مسطح

pobre	faqīr	فقير
pontual	daqīq	دقيق

possível	mumkin	ممكن
pouco fundo	ḍaḥl	ضحل
presente (ex. momento ~)	ḥāḍir	حاضر
prévio	māḍi	ماض
primeiro (principal)	asāsiy	أساسيّ
principal	ra'īsi	رئيسيّ
privado	ʃaxṣiy	شخصيّ
provável	muḥtamal	محتمل
próximo	qarīb	قريب
público	ʿāmm	عامّ
quente (cálido)	sāxin	ساخن
quente (morno)	dāfi'	دافئ
rápido	sarīʿ	سريع
raro	nādir	نادر
remoto, longínquo	baʿīd	بعيد
reto	mustaqīm	مستقيم
salgado	māliḥ	مالح
satisfeito	rāḍi	راض
seco	ʒāff	جافّ
seguinte	muqbil	مقبل
seguro	'āmin	آمن
similar	ʃabīh	شبيه
simples	basīṭ	بسيط
soberbo	mumtāz	ممتاز
sólido	matīn	متين
sombrio	muẓlim	مظلم
sujo	wasix	وسخ
superior	aʿla	أعلى
suplementar	iḍāfiy	إضافيّ
terno, afetuoso	ḥanūn	حنون
tranquilo	hādi'	هادئ
transparente	ʃaffāf	شفّاف
triste (pessoa)	ḥazīn	حزين
triste (um ar ~)	ḥazīn	حزين
último	'āxir	آخر
único	farīd	فريد
usado	mustaʿmal	مستعمل
vazio (meio ~)	xāli	خال
velho	qadīm	قديم
vizinho	muʒāwir	مجاور

500 VERBOS PRINCIPAIS

252. Verbos A-B

aborrecer-se (vr)	ʃaʿar bil malal	شعر بالملل
abraçar (vt)	ʿānaq	عانق
abrir (~ a janela)	fataḥ	فتح
acalmar (vt)	ṭam'an	طمأن

acariciar (vt)	masaḥ	مسح
acenar (vt)	lawwaḥ	لوّح
acender (~ uma fogueira)	aʃʿal	أشعل
achar (vt)	iʿtaqad	إعتقد

acompanhar (vt)	rāfaq	رافق
aconselhar (vt)	naṣaḥ	نصح
acordar (despertar)	ayqaẓ	أيقظ
acrescentar (vt)	aḍāf	أضاف

acusar (vt)	ittaham	إتّهم
adestrar (vt)	darrab	درّب
adivinhar (vt)	xamman	خمّن
admirar (vt)	uʿʒab bi	أعجب بـ

advertir (vt)	ḥaððar	حذّر
afirmar (vt)	aṣarr	أصرّ
afogar-se (pessoa)	yariq	غرق
afugentar (vt)	ṭarad	طرد

agir (vi)	ʿamal	عمل
agitar, sacudir (objeto)	hazz	هزّ
agradecer (vt)	ʃakar	شكر
ajudar (vt)	sāʿad	ساعد

alcançar (objetivos)	balay	بلغ
alimentar (dar comida)	aṭʿam	أطعم
almoçar (vi)	tayadda	تغدّى
alugar (~ o barco, etc.)	ista'ʒar	إستأجر

alugar (~ um apartamento)	ista'ʒar	إستأجر
amar (pessoa)	aḥabb	أحبّ
amarrar (vt)	rabaṭ	ربط
ameaçar (vt)	haddad	هدّد

amputar (vt)	batar	بتر
anotar (escrever)	katab mulāḥaẓa	كتب ملاحظة
anular, cancelar (vt)	alya	ألغى
apagar (com apagador, etc.)	masaḥ	مسح
apagar (um incêndio)	aṭfa'	أطفأ
apaixonar-se de ...	aḥabb	أحبّ

aparecer (vi)	ẓahar	ظهر
aplaudir (vi)	ṣaffaq	صفّق
apoiar (vt)	ayyad	أيّد
apontar para ...	ṣawwab	صوّب

apresentar (alguém a alguém)	'arraf	عرّف
apresentar (Gostaria de ~)	qaddam	قدّم
apressar (vt)	a'ʒʒal	عجّل
apressar-se (vr)	ista'ʒal	إستعجل

aproximar-se (vr)	iqtarab	إقترب
aquecer (vt)	saxxan	سخّن
arrancar (vt)	qaṭa'	قطع
arranhar (gato, etc.)	xadaʃ	خدش

arrepender-se (vr)	nadim	ندم
arriscar (vt)	xāṭar	خاطر
arrumar, limpar (vt)	rattab	رتّب
aspirar a ...	sa'a	سعى
assinar (vt)	waqqa'	وقّع

assistir (vt)	sā'ad	ساعد
atacar (vt)	haʒam	هجم
atar (vt)	rabaṭ bi ...	ربط بـ...
atirar (vi)	aṭlaq an nār	أطلق النار

atracar (vi)	rasa	رسا
aumentar (vi)	izdād	إزداد
aumentar (vt)	zayyad	زيّد
avançar (sb. trabalhos, etc.)	taqaddam	تقدّم

avistar (vt)	lamaḥ	لمح
baixar (guindaste)	anzal	أنزل
barbear-se (vr)	ḥalaq	حلق
basear-se em ...	i'tamad	إعتمد

bastar (vi)	kafa	كفى
bater (espancar)	ḍarab	ضرب
bater (vi)	daqq	دقّ
bater-se (vr)	ta'ārak	تعارك

beber, tomar (vt)	ʃarib	شرب
brilhar (vi)	lam'	لمع
brincar, jogar (crianças)	la'ib	لعب
buscar (vt)	baḥaθ	بحث

253. Verbos C-D

caçar (vi)	iṣṭād	إصطاد
calar-se (parar de falar)	sakat	سكت
calcular (vt)	'add	عدّ
carregar (o caminhão)	ʃaḥan	شحن
carregar (uma arma)	ḥaʃa	حشا

casar-se (vr)	tazawwaʒ	تزوّج
causar (vt)	sabbab	سبّب
cavar (vt)	ḥafar	حفر

ceder (não resistir)	istaslam	إستسلم
cegar, ofuscar (vt)	a'ma	أعمى
censurar (vt)	lām	لام
cessar (vt)	tawaqqaf	توقّف

chamar (~ por socorro)	istayāθ	إستغاث
chamar (dizer em voz alta o nome)	nāda	نادى
chegar (a algum lugar)	waṣal	وصل
chegar (sb. comboio, etc.)	waṣal	وصل

cheirar (tem o cheiro)	fāḥ	فاح
cheirar (uma flor)	iʃtamm	إشتمّ
chorar (vi)	baka	بكى
citar (vt)	istaʃhad	إستشهد

colher (flores)	qaṭaf	قطف
colocar (vt)	waḍa'	وضع
combater (vi, vt)	qātal	قاتل
começar (vt)	bada'	بدأ

comer (vt)	akal	أكل
comparar (vt)	qāran	قارن
compensar (vt)	'awwaḍ	عوّض
competir (vi)	nāfas	نافس

complicar (vt)	'aqqad	عقّد
compor (vt)	laḥḥan	لحّن
comportar-se (vr)	taṣarraf	تصرّف
comprar (vt)	iʃtara	إشترى

compreender (vt)	fahim	فهم
comprometer (vt)	faḍah	فضح
concentrar-se (vr)	tarakkaz	تركّز
concordar (dizer "sim")	ittafaq	إتّفق

condecorar (dar medalha)	manaḥ	منح
conduzir (~ o carro)	qād sayyāra	قاد سيّارة
confessar-se (criminoso)	i'taraf	إعترف
confiar (vt)	waθiq	وثق

confundir (equivocar-se)	iχtalaṭ	إختلط
conhecer (vt)	'araf	عرف
conhecer-se (vr)	ta'arraf	تعرّف
consertar (vt)	naẓẓam	نظّم

consultar ...	istaʃār ...	إستشار...
contagiar-se com ...	in'ada	إنعدى
contar (vt)	ḥaddaθ	حدّث
contar com ...	i'tamad 'ala ...	إعتمد على...
continuar (vt)	istamarr	إستمرّ
contratar (vt)	waẓẓaf	وظّف

controlar (vt)	taḥakkam	تحكّم
convencer (vt)	aqnaʿ	أقنع
convidar (vt)	daʿa	دعا

cooperar (vi)	taʿāwan	تعاون
coordenar (vt)	nassaq	نسّق
corar (vi)	iḥmarr	إحمرّ
correr (vi)	ʒara	جرى
corrigir (vt)	ṣaḥḥaḥ	صحّح

cortar (com um machado)	qataʿ	قطع
cortar (vt)	qataʿ	قطع
cozinhar (vt)	ḥaḍḍar	حضّر
crer (pensar)	iʿtaqad	إعتقد
criar (vt)	χalaq	خلق

cultivar (vt)	anbat	أنبت
cuspir (vi)	bazaq	بزق
custar (vt)	kallaf	كلّف
dar (vt)	aʿta	أعطى

dar banho, lavar (vt)	ḥammam	حمّم
datar (vi)	raʒaʿ tarīχuhu ila	رجع تاريخه إلى
decidir (vt)	qarrar	قرّر
decorar (enfeitar)	zayyan	زيّن
dedicar (vt)	karras	كرّس

defender (vt)	dāfaʿ	دافع
defender-se (vr)	dāfaʿ ʿan nafsih	دافع عن نفسه
deixar (~ a mulher)	tarak	ترك
deixar (esquecer)	nasiya	نسي

deixar (permitir)	samaḥ	سمح
deixar cair (vt)	awqaʿ	أوقع
denominar (vt)	samma	سمّى
denunciar (vt)	waʃa	وشى
depender de … (vi)	taʿallaq bi …	تعلّق بـ…

derramar (vt)	dalaq	دلق
derramar-se (vr)	saqat	سقط
desaparecer (vi)	iχtafa	إختفى
desatar (vt)	fakk	فكّ
desatracar (vi)	aqlaʿ	أقلع

descansar (um pouco)	istarāḥ	إستراح
descer (para baixo)	nazil	نزل
descobrir (novas terras)	iktaʃaf	إكتشف
descolar (avião)	aqlaʿ	أقلع

desculpar (vt)	ʿaðar	عذر
desculpar-se (vr)	iʿtaðar	إعتذر
desejar (vt)	raɣib	رغب
desempenhar (vt)	maθθal	مثّل

desligar (vt)	atfaʾ	أطفأ
desprezar (vt)	iḥtaqar	إحتقر

destruir (documentos, etc.)	atlaf	أتلف
dever (vi)	kān yaʒib ʿalayh	كان يجب عليه
devolver (vt)	aʿād	أعاد

direcionar (vt)	waʒʒah	وجه
dirigir (~ uma empresa)	adār	أدار
dirigir-se	χāṭab	خاطب
(a um auditório, etc.)		
discutir (notícias, etc.)	nāqaʃ	ناقش

distribuir (folhetos, etc.)	wazzaʿ	وزع
distribuir (vt)	wazzaʿ ʿala	وزع على
divertir (vt)	salla	سلى
divertir-se (vr)	istamtaʿ	إستمتع

dividir (mat.)	qasam	قسم
dizer (vt)	qāl	قال
dobrar (vt)	ḍāʿaf	ضاعف
duvidar (vt)	ʃakk fi	شك في

254. Verbos E-J

elaborar (uma lista)	ʒammaʿ	جمع
elevar-se acima de ...	irtafaʿ	إرتفع
eliminar (um obstáculo)	azāl	أزال
embrulhar (com papel)	laff	لف

emergir (submarino)	ṣaʿid ilas saṭḥ	صعد إلى السطح
omitir (vt)	fāḥ	فاح
empreender (vt)	qām bi	قام بـ
empurrar (vt)	dafaʿ	دفع

encabeçar (vt)	raʾs	رأس
encher (~ a garrafa, etc.)	malaʾ	ملأ
encontrar (achar)	waʒad	وجد
enganar (vt)	χadaʿ	خدع

ensinar (vt)	ʿallam	علم
entrar (na sala, etc.)	daχal	دخل
enviar (uma carta)	arsal	أرسل
equipar (vt)	ʒahhaz	جهز

errar (vi)	aχṭaʾ	أخطأ
escolher (vt)	iχtār	إختار
esconder (vt)	χabaʾ	خبأ
escrever (vt)	katab	كتب

escutar (vt)	istamaʿ	إستمع
escutar atrás da porta	tanaṣṣat	تنصت
esmagar (um inseto, etc.)	faʿaṣ	فعص
esperar (contar com)	tawaqqaʿ	توقع

| esperar (o autocarro, etc.) | intazar | إنتظر |
| esperar (ter esperança) | tamanna | تمنى |

espreitar (vi)	waṣwaṣ	وصوص
esquecer (vt)	nasiy	نسي
estar	kān mawʒūdan	كان موجودًا
estar convencido	iqtanaʻ	إقتنع
estar deitado	raqad	رقد
estar perplexo	iḥtār	إحتار
estar sentado	ʒalas	جلس
estremecer (vi)	irtaʻaʃ	إرتعش
estudar (vt)	daras	درس
evitar (vt)	taʒannab	تجنّب
examinar (vt)	baḥas fi	بحث في
exigir (vt)	ṭālib	طالب
existir (vi)	kān mawʒūd	كان موجودًا
explicar (vt)	ʃaraḥ	شرح
expressar (vt)	ʻabbar	عبّر
expulsar (vt)	faʃal	فصل
facilitar (vt)	sahhal	سهّل
falar com ...	takallam maʻa ...	تكلّم مع...
faltar a ...	ɣāb	غاب
fascinar (vt)	fatan	فتن
fatigar (vt)	atʻab	أتعب
fazer (vt)	ʻamal	عمل
fazer lembrar	ðakkar	ذكّر
fazer piadas	mazaḥ	مزح
fazer uma tentativa	ḥāwal	حاول
fechar (vt)	aɣlaq	أغلق
felicitar (dar os parabéns)	hannaʼ	هنّأ
ficar cansado	taʻib	تعب
ficar em silêncio	sakat	سكت
ficar pensativo	ʃaṭaḥ bi muxayyilatih	شطح بمخيّلته
forçar (vt)	aʒbar	أجبر
formar (vt)	ʃakkal	شكّل
fotografar (vt)	ṣawwar	صوّر
gabar-se (vr)	tabāha	تباهى
garantir (vt)	ḍaman	ضمن
gostar (apreciar)	aʻʒab	أعجب
gostar (vt)	aḥabb	أحبّ
gritar (vi)	ṣarax	صرخ
guardar (cartas, etc.)	iḥtafaẓ	إحتفظ
guardar (no armário, etc.)	ʃāl	شال
guerrear (vt)	ḥārab	حارب
herdar (vt)	wariθ	ورث
iluminar (vt)	aḍāʼ	أضاء
imaginar (vt)	taṣawwar	تصوّر
imitar (vt)	qallad	قلّد
implorar (vt)	tawassal	توسّل

importar (vt)	istawrad	إستورد
indicar (orientar)	aʃār	أشار
indignar-se (vr)	istāʾ	إستاء
infetar, contagiar (vt)	aʿda	أعدى
influenciar (vt)	aθθar	أثّر
informar (fazer saber)	axbar	أخبر
informar (vt)	axbar	أخبر
informar-se (~ sobre)	istafsar	إستفسر
inscrever (na lista)	saʒʒal	سجّل
inserir (vt)	adxal	أدخل
insinuar (vt)	lamaḥ	لمح
insistir (vi)	aṣarr	أصرّ
inspirar (vt)	alham	ألهم
instruir (vt)	ʿallam	علّم
insultar (vt)	ahān	أهان
interessar (vt)	hamm	همّ
interessar-se (vr)	ihtamm	إهتمّ
intervir (vi)	tadaxxal	تدخّل
invejar (vt)	ḥasad	حسد
inventar (vt)	ixtaraʿ	إخترع
ir (a pé)	maʃa	مشى
ir (de carro, etc.)	sāfar	سافر
ir nadar	sabaḥ	سبح
ir para a cama	nām	نام
irritar (vt)	azʿaʒ	أزعج
irritar-se (vr)	inzaʿaʒ	إنزعج
isolar (vt)	ʿazal	عزل
jantar (vi)	taʿaʃʃa	تعشّى
jogar, atirar (vt)	rama	رمى
juntar, unir (vt)	waḥḥad	وحّد
juntar-se a ...	inḍamm ila	إنضمّ إلى

255. Verbos L-P

lançar (novo projeto)	aṭlaq	أطلق
lavar (vt)	ɣasal	غسل
lavar a roupa	ɣasal	غسل
lavar-se (vr)	istaḥamm	إستحمّ
lembrar (vt)	taðakkar	تذكّر
ler (vt)	qaraʾ	قرأ
levantar-se (vr)	qām	قام
levar (ex. leva isso daqui)	ðahab bi	ذهب بـ
libertar (cidade, etc.)	ḥarrar	حرّر
ligar (o radio, etc.)	fataḥ, ʃaɣɣal	فتح، شغّل
limitar (vt)	ḥaddad	حدّد

limpar (eliminar sujeira)	nazzaf	نظف
limpar (vt)	nazzaf	نظف
lisonjear (vt)	ӡāmal	جامل
livrar-se de ...	taxallaṣ min ...	تخلص من...
lutar (combater)	qātal	قاتل
lutar (desp.)	ṣāraʿ	صارع
marcar (com lápis, etc.)	ʿallam	علم
matar (vt)	qatal	قتل
memorizar (vt)	ḥafaẓ	حفظ
mencionar (vt)	ðakar	ذكر
mentir (vi)	kaðib	كذب
merecer (vt)	istaḥaqq	إستحق
mergulhar (vi)	ɣāṣ	غاص
misturar (combinar)	xalaṭ	خلط
morar (vt)	sakan	سكن
mostrar (vt)	ʿaraḍ	عرض
mover (arredar)	ḥarrak	حرّك
mudar (modificar)	ɣayyar	غيّر
multiplicar (vt)	ḍarab	ضرب
nadar (vi)	sabaḥ	سبح
negar (vt)	ankar	أنكر
negociar (vi)	aӡra mubāḥaθāt	أجرى مباحثات
nomear (função)	ʿayyan	عين
obedecer (vt)	ṭāʿ	طاع
objetar (vt)	iʿtaraḍ	إعترض
observar (vt)	rāqab	راقب
ofender (vt)	asāʾ	أساء
olhar (vt)	naẓar	نظر
omitir (vt)	ḥaðaf	حذف
ordenar (mil.)	amar	أمر
organizar (evento, etc.)	nazzam	نظم
ousar (vt)	aqdam	أقدم
ouvir (vt)	samiʿ	سمع
pagar (vt)	dafaʿ	دفع
parar (para descansar)	waqaf	وقف
parecer-se (vr)	kān ʃabīhan	كان شبيهًا
participar (vi)	iʃtarak	إشترك
partir (~ para o estrangeiro)	ɣādar	غادر
passar (vt)	marr bi	مرّ بـ
passar a ferro	kawa	كوى
pecar (vi)	aðnab	أذنب
pedir (comida)	ṭalab	طلب
pedir (um favor, etc.)	ṭalab	طلب
pegar (tomar com a mão)	amsak	أمسك
pegar (tomar)	axað	أخذ
pendurar (cortinas, etc.)	ʿallaq	علق

penetrar (vt)	daχal	دخل
pensar (vt)	ẓann	ظنّ
pentear-se (vr)	tamaʃʃaṭ	تمشط

perceber (ver)	lāḥaẓ	لاحظ
perder (o guarda-chuva, etc.)	faqad	فقد
perdoar (vt)	ʿafa	عفا
permitir (vt)	samaḥ	سمح

pertencer a ...	χaṣṣ	خصّ
perturbar (vt)	azʿaʒ	أزعج
pesar (ter o peso)	wazan	وزن
pescar (vt)	iṣṭād as samak	إصطاد السمك

planear (vt)	χaṭṭaṭ	خطّط
poder (vi)	istaṭāʿ	إستطاع
pôr (posicionar)	waḍaʿ	وضع
possuir (vt)	malak	ملك

predominar (vi, vt)	yalab	غلب
preferir (vt)	faḍḍal	فضّل
preocupar (vt)	aqlaq	أقلق
preocupar-se (vr)	qalaq	قلق
preocupar-se (vr)	qalaq	قلق

preparar (vt)	aʿadd	أعدّ
preservar (ex. ~ a paz)	ḥafaẓ	حفظ
prever (vt)	tanabbaʾ	تنبّأ
privar (vt)	ḥaram	حرم

proibir (vt)	manaʿ	منع
projetar, oriar (vt)	ṣammam	صمّم
prometer (vt)	waʿad	وعد
pronunciar (vt)	naṭaq	نطق

propor (vt)	iqtaraḥ, ʿaraḍ	إقترح , عرض
proteger (a natureza)	ḥama	حمى
protestar (vi)	iḥtaʒʒ	إحتجّ
provar (~ a teoria, etc.)	aθbat	أثبت

provocar (vt)	istafazz	إستفزّ
publicitar (vt)	aʿlan	أعلن
punir, castigar (vt)	ʿāqab	عاقب
puxar (vt)	ʃadd	شدّ

256. Verbos Q-Z

quebrar (vt)	kasar	كسر
queimar (vt)	ḥaraq	حرق
queixar-se (vr)	ʃaka	شكا
querer (desejar)	arād	أراد

| rachar-se (vr) | taʃaqqaq | تشقّق |
| realizar (vt) | ḥaqqaq | حقّق |

| recomendar (vt) | naṣaḥ | نصح |
| reconhecer (identificar) | ʿaraf | عرف |

reconhecer (o erro)	iʿtaraf	إعترف
recordar, lembrar (vt)	taðakkar	تذكّر
recuperar-se (vr)	ʃufiy	شفي
recusar (vt)	rafaḍ	رفض

reduzir (vt)	qallal	قلّل
refazer (vt)	aʿād	أعاد
reforçar (vt)	ʿazzaz	عزّز
refrear (vt)	manaʿ	منع

regar (plantas)	saqa	سقى
remover (~ uma mancha)	azāl	أزال
reparar (vt)	aṣlaḥ	أصلح
repetir (dizer outra vez)	karrar	كرّر

reportar (vt)	qaddam taqrīr	قدّم تقريراً
repreender (vt)	wabbaχ	وبّخ
reservar (~ um quarto)	ḥaʒaz	حجز
resolver (o conflito)	sawwa	سوّى
resolver (um problema)	ḥall	حلّ

respirar (vi)	tanaffas	تنفّس
responder (vt)	aʒāb	أجاب
rezar, orar (vi)	ṣalla	صلّى
rir (vi)	ḍaḥik	ضحك

romper-se (corda, etc.)	inqaṭaʿ	إنقطع
roubar (vt)	saraq	سرق
saber (vt)	ʿaraf	عرف
sair (~ de casa)	χaraʒ	خرج

sair (livro)	ṣadar	صدر
salvar (vt)	anqað	أنقذ
satisfazer (vt)	arḍa	أرضى
saudar (vt)	sallam ʿala	سلّم على
secar (vt)	ʒaffaf	جفّف

seguir ...	tabaʿ	تبع
selecionar (vt)	iχtār	إختار
semear (vt)	baðar	بذر
sentar-se (vr)	ʒalas	جلس

sentenciar (vt)	ḥakam	حكم
sentir (~ perigo)	ʃaʿr bi	شعر بـ
ser diferente	iχtalaf	إختلف

ser indispensável	kān maṭlūb	كان مطلوباً
ser necessário	kānat hunāk ḥāʒa ila	كانت هناك حاجة إلى
ser preservado	baqiya	بقي
ser, estar	kān	كان

| servir (restaurant, etc.) | χadam | خدم |
| servir (roupa) | nāsab | ناسب |

significar (palavra, etc.)	'ana	على
significar (vt)	'ana	عني
simplificar (vt)	bassaṭ	بسّط
sobrestimar (vt)	bāliɣ fit taqdīr	بالغ في التقدير
sofrer (vt)	'āna	عانى
sonhar (vi)	ḥalam	حلم
sonhar (vt)	ḥalam	حلم
soprar (vi)	habb	هبّ
sorrir (vi)	ibtasam	إبتسم
subestimar (vt)	istaχaff	إستخفّ
sublinhar (vt)	waḍa' χaṭṭ taḥt	وضع خطّا تحت
sujar-se (vr)	tawassaχ	توسّخ
supor (vt)	iftaraḍ	إفترض
suportar (as dores)	taḥammal	تحمّل
surpreender (vt)	adhaʃ	أدهش
surpreender-se (vr)	indahaʃ	إندهش
suspeitar (vt)	iʃtabah fi	إشتبه في
suspirar (vi)	tanahhad	تنهّد
tentar (vt)	ḥāwal	حاول
ter (vt)	malak	ملك
ter medo	χāf	خاف
terminar (vt)	atamm	أتمّ
tirar (vt)	naza'	نزع
tirar cópias	ṣawwar	صوّر
tirar uma conclusão	istantaʒ	إستنتج
tocar (com as mãos)	lamas	لمس
tomar emprestado	istalaf	إستلف
tomar nota	katab	كتب
tomar o pequeno-almoço	afṭar	أفطر
tornar-se (ex. ~ conhecido)	aṣbaḥ	أصبح
trabalhar (vi)	'amal	عمل
traduzir (vt)	tarʒam	ترجم
transformar (vt)	ḥawwal	حوّل
tratar (a doença)	'ālaʒ	عالج
trazer (vt)	ata bi	أتى بـ
treinar (pessoa)	darrab	درّب
treinar-se (vr)	tadarrab	تدرّب
tremer (de frio)	irta'aʃ	إرتعش
trocar (vt)	tabādal	تبادل
trocar, mudar (vt)	ṣaraf	صرف
usar (uma palavra, etc.)	istaχdam	إستخدم
utilizar (vt)	istanfa'	إستنفع
vacinar (vt)	laqqaḥ	لقّح
vender (vt)	bā'	باع
verter (encher)	ṣabb	صبّ
vingar (vt)	intaqam	إنتقم

virar (ex. ~ à direita)	in'aṭaf	إنعطف
virar (pedra, etc.)	qalab	قلب
virar as costas	a'raḍ 'an	أعرض عن
viver (vi)	'āʃ	عاش
voar (vi)	ṭār	طار
voltar (vi)	'ād	عاد
votar (vi)	ṣawwat	صوّت
zangar (vt)	az'al	أزعل
zangar-se com …	za'al	زعل
zombar (vt)	saχar	سخر